WOO90288

Inhalt

ANHANG

Zu diesem Buch

An einem grauen Hamburger Novembertag fuhr ich in die Zentrale der Öffentlichen Bücherhallen Hamburgs, um in den Regalen zu stöbern. Ich war auf der Suche nach ein paar Anregungen, einer Idee, nach irgendeiner Geschichte. Für einen Journalisten ist diese Methode des scheinbar ziellosen Suchens manchmal genau das Richtige. Mit mäßigem Interesse nahm ich das *Stern-Jahrbuch 1952* aus dem Regal und fing an, darin zu blättern. Ich las, dass Werner Höfer, 38, im Januar 1952 erstmals Journalisten zu seinem »Internationalen Frühschoppen« eingeladen hatte, zu deutschem Wein. Chris Howland, 24, erfüllte als erster deutscher Discjockey Hörerwünsche, mit englischem Akzent. Seine Erkennungsmelodie war ein trabendes Pferd. Das waren so die Themen. Der Petticoat machte Furore, die Musikbox hielt Einzug in die Gaststätten, die deutsche Frau trug »Nylons« und mottete ihre kratzigen Wollstrümpfe ein. Film-Diva Elizabeth Taylor, 19, heiratete zum zweiten Mal, auf Kreta. In Köln lieferten die Ford-Werke den Taunus 12 M aus, 38 PS stark. Der Wagen kostete 7350 Mark. Am 27. März 1952 wurde in München ein Attentat auf Bundeskanzler Konrad Adenauer verübt. Der Bericht, mehr eine Notiz, bestand nur aus wenigen Zeilen. Über den Anschlag sei eigentlich nichts bekannt, hieß es. Ein bisschen wenig Information, fand ich. Der Autor hatte nicht recherchiert und seine Unkenntnis zum Stand der Dinge erhoben. Aber wie sich später zeigte, traf der Autor den Nagel auf den Kopf.

Diese Notiz blieb in meinem Gedächtnis stecken, als hätte sie Widerhaken. Wenn über das Attentat auf Bundeskanzler Adenauer wirklich nichts bekannt war, konnte etwas nicht stimmen. Zweieinhalb Jahre nach Gründung der Bundesrepublik gab es funktionierende Polizeibehörden, die bei einem Kapitalverbrechen den gesetzlichen Auftrag hatten zu ermitteln. Es musste darüber Aktenmaterial geben, zumal das Attentat dem Bundeskanzler gegolten hatte. Warum also war darüber nichts bekannt? Ich war neugierig geworden und beschloss, der Sache nachzugehen.

In den folgenden Tagen schrieb ich alle in Frage kommenden Archive in Deutschland an, zog Adenauer-Biographien zu Rate und rief die Pressestellen einiger Polizeibehörden an. Das Ergebnis war entmutigend. Nur ein Archiv in München hatte nennenswerte Aktenbestände, vor allem kriminaltechnische Gutachten zur Buchbombe und dem Paket, in dem sie verborgen war. Es klang nicht sehr interessant. Als die Anfrage bereits im Sande verlief, schickte mir ein kleines Archiv nachträglich noch einen maschinengeschriebenen Bericht zu, der weder Verfasser noch Ort und Datum nannte.[1] Das Schreiben fasste auf wenigen Seiten wesentliche Umstände des Attentats und der Ermittlungen zusammen und nannte einige Hauptverdächtige. Die Details waren brisant und lasen sich ausgesprochen spannend. Aber ohne Urheber und Datum war der Bericht (fast) wertlos. Daraufhin fuhr ich nach München, sah die Unterlagen durch und war überrascht und enttäuscht zugleich: Mit einem bis dahin ungekannten kriminaltechnischen Aufwand hatte 1952 eine Gruppe von Ermittlern alle nur erdenklichen wissenschaftlichen Analysen der Bombe und des Pakets vorgenommen, um dem Täter oder der Tätergruppe auf die Spur zu kommen. Doch über verdächtige Personenkreise gab es nur Andeutungen – im Gegensatz zu jenem anonymen Bericht, der mir zugesandt worden war.

Ich schrieb einen längeren Beitrag für die *Frankfurter Allgemeine Zeitung*, der prompt abgelehnt wurde. Der zuständige Redakteur, Volker Zastrow, hatte eine gute Begründung: »Das ist Stoff für ein Buch. Schreiben Sie ein Buch!«

Ein Buch also. Da gab es nur einen Haken: Ohne die Akten

der eigentlichen kriminalistischen Ermittlungen war nichts zu machen. Wo also lag diese Akte?

Da das versuchte Attentat einen politischen Hintergrund zu haben schien, gab es für das Fehlen von Akten mehrere Möglichkeiten. Zum einen war denkbar, dass die Unterlagen wegen der Brisanz des Falles oder im Rahmen der fristgemäßen Auslagerungen vernichtet worden waren. Damit hätte sich die Bundesrepublik in diesem Fall jedoch »geschichtslos« gemacht. Zum anderen könnte der Anschlag politisch eine so erhebliche Bedeutung gehabt haben, dass aus Gründen der Staatsräson an eine Freigabe der Akten nicht zu denken war. Die dritte Möglichkeit war ebenfalls nicht von der Hand zu weisen: Die Akten waren in Vergessenheit geraten, sie waren unauffindbar abgelegt oder gar verschlampt worden.

Zunächst ging es darum, irgendwo »ein loses Ende« aufzuspüren – einen Hinweis auf den oder die Täter, den unbekannten Verfasser des Berichts oder die Unterlagen der Ermittler – also irgendeine handfeste Spur, die sich weiterverfolgen ließ. Ich beschloss, das Deutsche Fahndungsbuch aus den frühen fünfziger Jahren durchzusehen. Die betreffende Bibliothek, die mehrere der in Frage kommenden Jahrgänge führte, verweigerte jedoch die Einsicht – »Datenschutz«. Eine ganze Woche zogen sich die Verhandlungen hin, bis schließlich ein leitender Bibliothekar die Bücher freigab. Am Tag darauf schob ein Mitarbeiter der Bibliothek einen mittelgroßen Rollwagen in den Lesesaal: Fünf Jahrgänge des Deutschen Fahndungsbuchs, pro Monat ein kompaktes Werk mit einem schmalen Nachtrag, insgesamt 120 Bücher. Auf jedem Exemplar prangte der Aufdruck »Vertraulich!«. Sie waren jahrgangsweise zu Paketen zusammengeschnürt und mussten, nach der schwarzen Staubschicht zu urteilen, seit vielen Jahren unberührt im Magazin gelegen haben. Obenauf lag leuchtend ein gelber, nagelneuer Lappen.

Auf meiner Liste standen etwa dreißig Namen, die ich nachschlagen wollte. Der erste Tag ging in erschöpfender Monotonie ohne Ergebnis vorüber. Erst am folgenden Nachmittag fand sich der Hauptverdächtige Josef K., geboren am 8. November 1918 in Kiew, mit Alias-Namen Balveket. Es war, als hätte ich nach langer Zeit einen alten Bekannten wiedergetroffen. Vor seinem Namen stand ein schwarzes Dreieck – für Mordverdacht. Auf seinen Bruder Abraham K., geboren am 15. April 1925 in Luzk, stieß ich am dritten Tag. Er wurde Ende 1955 steckbrieflich gesucht, weil er aus unbekanntem Grunde eine Strafe von dreißig Tagen Haft absitzen musste. Da bei diesen Einträgen die ermittelnde Behörde sowie das Aktenzeichen angegeben waren, hatte ich allem Anschein nach »ein loses Ende« in die Hand bekommen.

Doch der Schein trog. Die Angaben ließen sich, rund fünfzig Jahre nach dem Verbrechen, nicht mehr zurückverfolgen. Die Recherche geriet ins Stocken. Abermals forschte ich in jenem Bericht, den mir das Archiv zugesandt hatte, nach irgendwelchen Hinweisen. Der Text war formvollendet geschrieben; komplizierte Zusammenhänge darzustellen, war dem unbekannten Verfasser leicht gefallen. Er hatte professionelle Kenntnisse in Kriminalistik und war bewandert in Fragen der Verwaltung. Doch sein innerer Standort, seine Perspektive, sein Interesse und seine Erwartungen waren kaum oder gar nicht erkennbar. Ein Beamter, der gewandt schreiben konnte, aber glatt und unpersönlich. Er gab nichts von sich preis. Da der Text, wie sich inzwischen herausgestellt hatte, ursprünglich aus dem Nachlass Hans Globkes im historischen Archiv der Konrad-Adenauer-Stiftung stammte, lag die Vermutung nahe, dass Adenauers engster Mitarbeiter, der Leiter des Bundeskanzleramtes, der Verfasser gewesen sein könnte. Aber Globke als Kriminalist? Globke, der Kommentator der Nürnberger Rassengesetze von 1935, als Ermittler gegen eine jüdische Terroristengruppe? Das war grotesk.

Doch in diesem rätselhaften Bericht verbarg sich die Lösung. Nach mehrmaliger Lektüre fiel mir der Name eines Ermittlers auf, der Mitte der fünfziger Jahre beim neugegründeten Bayerischen Landeskriminalamt in München gearbeitet hatte. Der Name war ausgesprochen selten – Gnirs. Der Vorname fand sich – Bernhard. Eine Anfrage bei der bundesweiten Telefonauskunft ergab einen einzigen »Treffer« – in München. Am Telefon meldete sich ein freundlicher Herr mit leicht bayerischem Akzent, der die Frage, ob er in den fünfziger Jahren Ermittler des Attentats auf Adenauer gewesen sei, sofort bejahte. Aber er unterliege der Geheimhaltungspflicht, bis heute. Er dürfe darüber nicht reden.

Nun ist Beamtentreue eine Haltung, die grundsätzlich positiv einzuschätzen ist. Bernhard Gnirs war immerhin bereit, sich jene Personen nennen zu lassen, die in den wenigen bisher erschienenen Publikationen als mögliche Täter aufgeführt waren. So konnte er, ohne jeden Treuebruch, bestätigen, dass die Brüder K. im Zentrum der Ermittlungen gestanden hatten. Er gab weiterhin preis, dass der Hauptverdächtige Josef K. sich der Festnahme durch Flucht entzogen hatte. Mehr wollte Bernhard Gnirs nicht sagen.

Einige Wochen später fragte ich den ehemaligen Kriminalisten, ob ich ihm die Publikationen über das Attentat zusenden könne. Die Bitte war – ich gebe es zu – nicht ganz frei von Hintergedanken. Bernhard Gnirs war bereit, sich die Berichte einmal anzusehen. So kam es, dass der frühere Kriminalinspektor, über zwanzig Jahre nach seiner Pensionierung, wieder Interesse an einem seiner ersten großen Fälle fand, der ihn einige Jahre beschäftigt hatte. In dem Mann erwachte sozusagen das Feuer des Ermittlers aufs Neue. Zunächst klärte er mit der zuständigen Behörde, dass er nicht mehr der Geheimhaltungspflicht unterlag. Dann machte er sich auf die Suche nach »seiner« Akte. Zielstrebig ging er in jenes Archiv, in dem nach seiner Meinung die Ermittlungsakte zum Attentat auf Adenauer liegen musste. Mit der Denkweise von Behörden vertraut, fragte er jedoch nicht nach Unterlagen zum »Attentat auf Bundeskanzler Adenauer«, sondern nach den Akten der Ermittlungen gegen Josef K., den Hauptverdächtigen jenes Sprengstoffanschlags. Und exakt unter diesem Namen waren die Akten im Staatsarchiv München auch ordnungsgemäß registriert und abgelegt.[2] Ein kurzer Gang ins Magazin, und die Unterlagen waren da. Ohne den Namen des Hauptverdächtigen zu kennen (und zu nennen), war es also aussichtslos, die Dokumente einzusehen. So kam es, dass die Ermittlungsakte erst im Sommer 2002 auftauchte, fast 24 Jahre nach Einstellung des Verfahrens. Wie sich herausstellte, waren die Unterlagen bereits 1992 an das Staatsarchiv München gegangen und hatten zehn Jahre völlig unbeachtet im Magazin gelegen. Bei diesem Archiv hatte ich ein halbes Jahr zuvor ebenfalls nach Akten zum Attentat gefragt und eine negative Antwort erhalten.

Mit seinem Fund war Exkriminalist Bernhard Gnirs aber noch lange nicht zufrieden. Er machte sich die Akte zu Eigen, las sich fest, entdeckte seine alten Vernehmungsprotokolle, die er verfasst, erinnerte sich an die zahllosen Verhöre und Befragungen, die er geführt, die Vermerke, die er geschrieben hatte. Vieles war für ihn wieder neu, doch einiges stand frisch in seiner Erinnerung, vor allem die Eindrücke, die er von manchen Personen hatte. Dann brachte er Ordnung in die Akte, sortierte um, legte alles in die richtige Seitenfolge, wie sie der rote Stift der Ermittler, der blaue Schreiber der Staatsanwälte vorgab.

Eingeweiht in den Archivfund, fuhr ich im Juli 2002 nach München. Bernhard Gnirs erläuterte die wichtigsten Berichte der Akte und erzählte einiges aus seiner Erinnerung. Es war hochinteressant, ihm zuzuhören. Doch ich saß wie auf glühenden Kohlen: Ich wollte mich endlich an die Lektüre jener Akte machen, die ich acht Monate gesucht hatte. Keine leichte Sache, denn inzwischen war Emil Weigel zu uns gestoßen, ein ehemaliger Mitarbeiter der Ermittlergruppe, die Bernhard Gnirs geleitet hatte. Er wusste andere, nicht minder interessante Details zu berichten. Da saßen im Archiv drei Wissbegierige um den dicken, zusammengehefteten Stapel Papier herum und wollten nichts anderes als in Ruhe die über vierhundertfünfzig Blatt starke Akte studieren, jeder für sich. Die Kommentare, die beim Durchblättern der Dokumente fielen, waren die von Connaisseuren: »Schau an, der Walbaum war noch '61 an dem Fall dran.« – »Klar, dass die Hintermänner in Paris saßen.« – »Na ja, der Goldberg, das war ein Filou, der hat sich maßlos überschätzt.« – »Mit dem Josef K. wird die Sache klar!«

Es ist nicht einfach, beim Attentat auf Adenauer den Überblick über die jahrelange Arbeit der Polizei zu behalten. Als Hilfe für den Leser seien im Folgenden die verschiedenen Ermittlergruppen genannt, die Akten, die sie hinterließen, und die betreffenden Archive, in denen diese verwahrt werden. Bei den polizeilichen Ermittlungen sind drei Phasen zu unterscheiden, die sich deutlich voneinander abgrenzen. Vom Attentat am 27. März 1952 bis etwa Ende August 1952 arbeitete in München eine Sonderkommission, die sich zusammensetzte aus Beamten des Polizeipräsidiums München, des Zentralamtes für Kriminalidentifizierung und Polizeistatistik des Landes Bayern und der Sicherungsgruppe des Bundeskriminalamtes (BKA) in Bonn. Etwa Ende August 1952 – das genaue Datum ist nicht bekannt – beendete die Sonderkommission ihre Tätigkeit. Mehrere Monate ruhten die Recherchen der Polizei. Erst im Sommer 1953 wurden die Ermittlungen den Kriminalisten Bernhard Gnirs und Emil Weigel vom Sachgebiet »Sprengstoff-Delikte« des neugegründeten Bayerischen Landeskriminalamtes (BLKA) übertragen. Zusätzlich zu diesem Sachgebiet beteiligte sich ab 1955 die neugeschaffene Abteilung »Staatsschutz-Delikte« des BLKA an den Untersuchungen. In all diesen Jahren, gewissermaßen parallel zu den Ermittlungen in München, arbeiteten Beamte der Sicherungsgruppe des BKA in Bonn ebenfalls an dem versuchten Attentat – mal im Einklang mit Bayern, mal ohne jede Absprache.

Was die Akten betrifft, so existieren im Bayerischen Hauptstaatsarchiv München vier Mappen über die Arbeit der Sonderkommission im Jahre 1952. Sie enthalten vor allem kriminaltechnische Gutachten und einen umfassenden Bildteil.[3] Diese Unterlagen werden ergänzt durch eine ehemalige Registratur-Akte des Polizeipräsidiums München, die ebenfalls vor allem den Ergebnissen des Jahres 1952 gewidmet ist. Auch diese Akte, die inzwischen vom Staatsarchiv München verwahrt wird, konnte im Verlauf der Recherchen zum ersten Mal eingesehen werden.[4] Dort fand sich die lange Zeit vermisste Beschreibung des Tatorts im Keller des Polizeipräsidiums München, wo Sprengmeister Karl

Reichert tödlich verletzt wurde. Ebenfalls im Staatsarchiv München liegt die 450 Blatt starke »Original-Ermittlungsakte« der Sachgebiete »Sprengstoff-Delikte« und »Staatsschutz-Delikte« des Bayerischen Landeskriminalamtes aus den Jahren 1953 bis 1964.[5] Da diese Akte auch die wichtigsten Berichte der Sonderkommission und der Sicherungsgruppe enthält, war es nun möglich, das versuchte Attentat auf Adenauer darzustellen. Diese Original-Ermittlungsakte ist ohne Zweifel ein zeitgeschichtliches Dokument der Adenauer-Zeit von hohem Rang. Es liegt in der Natur der Sache, dass die Rekonstruktion des Anschlags zugleich eine Rekonstruktion der komplexen Geschichte der Ermittlungen ist.

Als das Buch geschrieben war, ging ich nochmals in die Öffentlichen Bücherhallen in der Hamburger Innenstadt, um im *Stern-Jahrbuch 1952* jene kurze Notiz nachzulesen, mit der alles begonnen hatte. Zu meinem Erstaunen war die gesamte Buchreihe aus den Regalen verschwunden; auch im Katalog war kein Nachweis zu finden. Die zuständige Bibliothekarin meinte: »Wenn die Buchreihe mal da war, aber jetzt nicht mehr da ist, haben wir sie ausgemustert.« Mein Einwand, dass es über ausrangierte Bücher sicher ein Verzeichnis gebe, in dem sich die bibliographische Angabe recherchieren ließe, stieß bei der Bibliothekarin auf Unverständnis: »Sie können sich nicht im Entferntesten vorstellen, was das für eine Mühe macht!« Daraufhin suchte ich in Online-Katalogen bundesweit, jedoch ohne Erfolg: Die gesamte Buchreihe war praktisch nicht mehr nachweisbar; es existierten nur noch einige Bände aus den neunziger Jahren.

Ich schaute nochmals am gewohnten Standort der Bücher nach, aber die *Stern-Jahrbücher* waren unauffindbar. Dafür stieß ich im benachbarten Regal auf eine ganz ähnlich aufgemachte Reihe von Jahrbüchern. Ich schlug den Band »1952« auf und fand unter dem 27. März einen längeren, zweispaltigen Beitrag über das Attentat auf Adenauer, der die Zeitungsberichte der ersten Tage nach dem Anschlag zusammenfasste. Die Lektüre war irritierend: Der Text gab vor, etwas zu wissen, war aber wenig interessant und hätte mich wohl kaum neugierig gemacht. Ich war mir nicht sicher, ob ich dem Attentat nachgeforscht hätte, wäre mir an jenem grauen Novembertag dieses Werk anstelle des *Stern-Jahrbuches* in die Hände gefallen. Vermutlich nicht.

Ich danke Bernhard Gnirs und Emil Weigel herzlich für die erwiesene Hilfe, Unterstützung und Beratung bei den Recherchen. Weiterhin gilt der Dank Dr. Christoph Bachmann, Archivrat im Staatsarchiv München, Konrad Raab, Peter Reichl und Wolfgang Wenger vom Staatlichen Polizeipräsidium München, Ute Lauermann, Werner Breitschopp, Dr. Paul Frank, Gerhard Schallner und, last but not least, Volker Zastrow von der *Frankfurter Allgemeinen Zeitung*.

Ich danke dem unbekannten Autor für seinen kurzen Beitrag im *Stern-Jahrbuch*.

Henning Sietz
Hamburg, im Mai 2003

Tod eines Sprengmeisters

Donnerstag, der 27. März 1952, versprach ein ganz normaler Tag zu werden. In Bonn wehrte Bundeskanzler Konrad Adenauer noch immer die Note der Sowjetunion an die Westalliierten ab, in der Stalin die Wiedervereinigung Deutschlands in Aussicht stellte. In Paris dachte Wilhelm Hausenstein, der diplomatische Vertreter Deutschlands, über eine Kunstausstellung nach, mit der er den Franzosen den Sinn der Deutschen für Kultur zeigen wollte. In Den Haag verhandelten Deutsche und Israelis über eine milliardenschwere Wiedergutmachung. In Frankfurt beseitigten Feuerwehrleute die letzten Trümmer einer vor Tagen abgestürzten niederländischen Verkehrsmaschine, die unter anderem drei Kisten Gold transportiert hatte. In einem Geschäft am Münchner Hauptbahnhof kaufte am Nachmittag ein etwa dreißigjähriger Mann in Hut und Mantel einen mittelgroßen Reisekoffer. Um die gleiche Zeit putzten zwei aufgeweckte Jungen am Hauptbahnhof die Scheiben einiger amerikanischer Straßenkreuzer. In der Hauptfeuerwache, nicht weit vom Bahnhof entfernt, meldete sich ein Sprengmeister grippekrank und ging nach Hause.

Wichtiges und Alltägliches, staatstragende Angelegenheiten und banale Ereignisse füllten den Tag, liefen scheinbar beziehungslos nebeneinander her. Noch war nicht zu erkennen, dass alles miteinander zusammenhing. Das fehlende Glied, das alle Vorgänge, die wichtigen wie die harmlosen, verbinden sollte, war ein handliches, gut verschnürtes Paket. Der Sprengmeister würde durch den Mann mit Hut ums Leben kommen.

Karl Reichert, der grippekranke Sprengmeister, wohnte hinter der Hauptfeuerwache, im Unteren Anger 12. Den Heimweg legte er zu Fuß in wenigen Minuten zurück. An diesem Nachmittag waren nur seine Frau und die jüngste Tochter zu Hause. Krank wie er war, legte er sich sogleich ins Bett.

Nachdem der Mann mit Hut am Bahnhof den Koffer gekauft hatte, suchte er die Pension »Daheim« in der Schillerstraße auf und reservierte ein Einzelzimmer. Seinen Namen gab er mit Mario Mirelli an, einen Reisepass hatte er nicht bei sich. Kurz darauf verließ er das Hotel und ging zum Bahnhof. Unter dem Arm trug er ein Paket. Es war kurz vor fünf Uhr.

Bei Reichert klingelte am späten Nachmittag das Telefon. Da seine Frau fortgegangen war, ging der Sprengmeister selbst an den Apparat. Es war die Hauptfeuerwache: Ein verdächtiges Paket sei am Stachus abgegeben worden, ob er kommen könne. Reichert zögerte keinen Augenblick und sagte zu. Es war zwanzig vor sechs.

Der Sprengmeister zog seine dunkelblaue Feuerwehruniform an. Da seine Frau bald zurück sein würde, konnte seine kleine Tochter allein bleiben, trotz ihrer drei Jahre. »Papa kommt gleich wieder«, sagte er zu ihr. Sie sollte ihn nie wiedersehen. Als die Katastrophe schon längst über die Familie hereingebrochen war, plapperte das Kind diesen Satz zum Schmerz der Mutter immer wieder nach: »Papa kommt gleich wieder.« Reichert setzte sich die Uniformmütze auf und verließ die Wohnung. Es war Viertel vor sechs.

Für die Strecke bis zum Polizeipräsidium brauchte Reichert mit seinem Wagen knapp zehn Minuten. Er bog in die Ettstraße ein und fuhr durch das Mauttor neben dem Prachtportal des Polizeipräsidiums in den Hof. Er parkte den Wagen und ging zur Funkstreifenzentrale hinüber. Dort lag auf einem Tisch das verdächtige Paket, kaum größer als ein Schuhkarton, aber deutlich flacher. Es war ordentlich in braunes Papier eingepackt und mit einer Schnur fest verzurrt. Eine Längsseite war deutlich gewölbt. Die diensthabenden Sicherheits-Wachtmeister machten Scherze über das vermeintliche »Sprengstoff-Paket«. Fast täglich wurden

Brandmeister Karl Reichert

der Münchner Polizei verdächtige Päckchen gemeldet, die sich
schnell als harmlos erwiesen. Reichert nahm das Paket vorsichtig
auf und hielt es an sein Ohr: Kein Ticken zu hören. »An dem
Bundeskanzler Dr. Konrad Adenauer« stand auf dem Adresszet-
tel. Es war fünf nach sechs.

Reichert erkundigte sich nach einem sicheren Raum. Man
brauchte nicht lange zu überlegen, im Keller gab es mehrere Luft-
schutzräume. Jemand machte den Einwand, man müsse noch auf
den diensthabenden Kripobeamten warten. Doch Reichert bestand darauf, das Paket unverzüglich zu untersuchen. Da es im
Keller kein elektrisches Licht gab, holte ein Polizist zwei starke
Handlampen herbei. Reichert bat die beiden Beamten der Funkstreife, die das Paket gebracht hatten, mitzukommen, er brauche
sie als Zeugen. Daraufhin nahm er das verdächtige Paket. Zwei
Zeitungsreporter, die zufällig anwesend waren, schlossen sich
ebenfalls an. Einer der wachhabenden Polizisten ging der Gruppe
voran zum Eingang an der Löwengrube, wo eine Treppe
zum ehemaligen Luftschutzkeller hinunterführt, der parallel zur

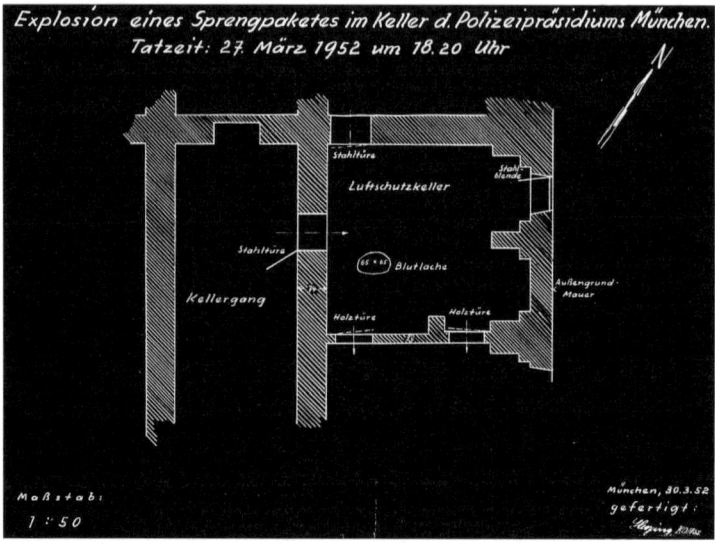

Skizze des Tatorts im Keller des Polizeipräsidiums München

Löwengrube durch den gesamten Bau des Polizeipräsidiums verläuft. Unten wandte sich der Beamte nach rechts, in den nordwestlichen Trakt des Gebäudes. Hinter zwei dicht aufeinander folgenden Stahltüren der ehemaligen Gasdruckkammer erstreckte sich ein etwa 18 Meter langer Gang, an dessen Ende der Polizist rechter Hand eine schwere Stahltür aufhebelte, die sich kreischend öffnete. Dahinter lag ein Raum, etwa fünf mal fünf Meter groß, der bis auf einige Fensterrahmen, ein altes Fahrradgestell und einige amerikanische Stahlhelme völlig leer war. Reichert fand den Raum geeignet, um das Paket zu untersuchen.[1]

Der Sprengmeister bat um einen Hocker, aber nichts dergleichen war zur Hand. Einer der Reporter holte aus dem Kellergang einen knapp fünfzig Zentimeter langen, massiven Rohrstutzen herbei, den er aufrecht vor Reichert hinstellte. Darauf konnte der Sprengmeister das Paket ablegen. Die Beamten stellten die Handlampen an den Wänden ab, so dass Reicherts Arbeitsplatz im Winkel rechts der Stahltür, vor einer hölzernen Tür zu einem benachbarten Kellerraum, hell beleuchtet war. Der Sprengmeister zog einen Schlüssel aus der Tasche und reichte ihn einem der Polizisten: »Der gehört zu meinem Wagen im Hof.« Er musste lächeln, als er sah, dass alle verwundert waren: »Für den Fall, dass mir was passiert.« Dann holte er ein Etui mit Spezialwerkzeug hervor und legte es sich auf dem Boden zurecht.

Reichert erklärte den Umstehenden, wie man ein solches Paket am zweckmäßigsten untersucht. Mit einer Schere schnitt er zunächst vorsichtig die Ecken auf. Dann vergrößerte er die Öffnungen, indem er das Packpapier behutsam mit der Hand fetzenweise abriss. Ein Kriminaltechniker schrieb später in seinem Gutachten, der Sprengmeister habe das Papier gewissermaßen »abgeschält«. Nachdem er sich überzeugt hatte, dass die Schnur nicht mit dem Inneren des Pakets verbunden war, löste Reichert den Knoten und ließ die Kordel neben dem Rohrstutzen auf den Boden fallen. Dann riss er das Papier Stück für Stück weiter ab, bis ein kobaltblauer Pappschuber mit einem Buch zum Vorschein kam. Neugierig traten die Polizisten und die Reporter näher heran. Es war der »Kleine Brockhaus L–Z«. Wer würde dem Bundeskanzler den zweiten Band eines Lexikons schicken? Da musste etwas faul sein. Ein Polizist leuchtete mit einer Handlampe in einen Spalt des Pappschubers hinein. Nichts Verdächtiges zu sehen. Vorsichtig trennte Reichert die Rückseite des Schubers auf, leuchtete hinein. Es schien ein ganz normales Buch zu sein.

Reichert legte das Lexikon auf dem Rohrstutzen ab. Er wandte sich um und forderte die Sicherheits-Wachtmeister und die Reporter auf zurückzutreten. Dann verweilte er einen Augenblick, als würde er nachdenken, und nahm das Buch wieder auf. Es war der Moment, da Reichert sein Leben in der Hand hatte. Noch hätte er es retten können. Er hätte nur den zwanghaften Gedanken aufgeben müssen, eine mutmaßliche Bombe unbekannter Bauart zu untersuchen. Obwohl es keine Vorschrift gab, die ihn zwang fortzufahren, traf der Sprengmeister nun seine Entscheidung. Nach den Aussagen jener Augenzeugen, die die folgenden Abläufe sehen konnten, zog er das Buch ganz aus dem

Pappschuber heraus, sah es sich aufmerksam von allen Seiten an, legte es dann in die rechte Hand, um es mit der linken aufzuschlagen.

Es war zwanzig nach sechs, als die Druckwelle der Bombe Reichert die Unterarme abriss, ihm hunderte Pappstückchen, Papierfetzen, Abrisse von Stoff, Kabelreste, Schrauben und Metallstücke ins Gesicht und den Oberkörper, in den Unterleib und die Beine jagte und seinen Körper herumschleuderte. Er konnte nicht schreien. Bewusstlos blieb er im völlig dunklen Kellerraum liegen, schwach atmend, auf das Schwerste verletzt. Hinter ihm lagen die beiden Streifenbeamten, schwer verletzt, bewusstlos. Der dritte Polizist, der im Moment der Detonation im Türeingang gestanden hatte, war an die gegenüberliegende Wand des Kellerganges geschleudert worden und schrie um Hilfe. Taub geworden und vor Entsetzen stumm, taumelten die beiden Reporter durch den Kellergang in Richtung Treppe.[2]

»Gib Obacht«

Die schwere Detonation im Keller war fast überall im Polizeipräsidium deutlich zu spüren. Aufgeregt liefen Beamte herbei, kaum einer wusste, was geschehen war. Hektik und Chaos bestimmten das Geschehen in der ersten halben Stunde. Der Leiter der Funkstreifenzentrale ordnete die Evakuierung an, er befürchtete weitere Anschläge. »Alles lief aus dem Haus auf die Straße, es geschah jedoch nichts mehr, nur ein Löschzug der Feuerwehr brauste um die Ecke«, schrieb der *Münchner Merkur*. Dessen ungeachtet drangen einige Beamte in den Keller vor, bargen den bewusstlosen Sprengmeister und holten die verletzten Polizisten

Der Kellerraum im Münchner Polizeipräsidium nach der Explosion am 27. März 1952

heraus. Sie wurden unverzüglich in die Chirurgische Universitäts-klinik gebracht.

Der dunkle Kellerraum lag verwüstet da. Den Beamten vom Erkennungsdienst, die knapp eine halbe Stunde nach der Detonation eintrafen, bot sich ein chaotisches Durcheinander tausender Papierschnipsel, Pappstückchen, Stoff-Fetzen, Glasscherben, Holzsplitter, Metallteile, Drahtstücke, Schrauben und Kabelreste, die zerrissen und zerfetzt, zerfasert und zerquetscht, verbeult und verbogen waren. Aus unerfindlichen Gründen war manches ganz und gar heil geblieben. Deckenverputz war herabgefallen. Wo Reichert gelegen hatte, bedeckte eine große, dunkle Blutlache den Boden. Über die Wände zogen sich strahlenartig Schlieren von schwarzem, öligem, übel riechendem Schmauch. Ein beißender Geruch von verbranntem Jagdpulver hing in der Luft und machte das Atmen in dem schlecht belüfteten Keller zur Qual.

Einer der Ersten, die am Unglücksort eintrafen, war Hauptbrandmeister Martin Demmer, der sichtlich erschüttert war vom tragischen Unfall seines engsten Mitarbeiters Karl Reichert. Binnen kurzer Zeit stellte sich die gesamte Führung des Polizeipräsidiums und des Zentralamtes für Kriminalidentifizierung und Polizeistatistik des Landes Bayern ein, um den Tatort zu besichtigen. Nachdem die oberen Dienstgrade sich zurückgezogen hatten, machte sich der Erkennungsdienst an die eigentliche Arbeit: Zunächst wurden die Teile, die offensichtlich zum Bombenpaket gehörten, in eine Kiste gepackt. Dann unterteilte man den Kellerraum in Quadrate und suchte Boden und Wände systematisch ab. Jedes Fundstück, das zur Paketbombe gehört haben könnte, selbst winzigste Teilchen, wurden eingesammelt. Es fanden sich überraschenderweise auch die beiden Adressaufkleber des Pakets, die fast völlig unbeschädigt waren. Spät am Abend traf, von einem auswärtigen Termin kommend, Walter Specht ein, der Chef der »Kriminaltechnik« des Zentralamtes, schon damals ein international bekannter Sprengstoff-Fachmann. Er sollte die gesamte Leitung der kriminaltechnischen Gutachten übernehmen.

Polizeibeamte des Erkennungsdienstes rekonstruieren die Ereignisse kurz vor der Explosion.

Von seinen Mitarbeitern, dem Diplomchemiker Werner Katte und dem Ingenieur und Spektralanalytiker Adolf Schöntag, ließ er sich berichten, was vorgefallen war. Unterdessen traf aus der Universitätsklinik eine schlechte Nachricht ein: Brandmeister Karl Reichert war um halb elf Uhr verstorben, ohne das Bewusstsein wiedererlangt zu haben. Zwei Stunden hatten die Ärzte um sein Leben gerungen. Doch die beiden verletzten Polizisten würden überleben, hieß es. Noch in der Nacht fuhr ein Mitarbeiter der »Kriminaltechnik« in die Chirurgische Universitätsklinik, um Reicherts Uniform abzuholen, die ebenfalls untersucht werden sollte. Unterdessen gingen die mühsamen Arbeiten im Keller weiter voran. Als die Beamten glaubten, nichts Wichtiges mehr finden zu können, schaufelten sie den restlichen Sprengschutt in eine Kiste. Dabei entdeckten sie noch eine 30-Pfennig-Briefmarke, die vom Paket stammen musste. Bis in den frühen Freitagmorgen arbeitete die Gruppe, ohne die mühselige Arbeit ganz abschließen zu können. Am Vormittag würde man die zertrümmerte hölzerne Seitentür mit dem Türrahmen ausbauen und ins Zentralamt in der Türkenstraße 4 bringen.

Noch am frühen Abend des 27. März hatte ein cleverer Reporter der *Abendzeitung* mit dem 13-jährigen Bruno Beyersdorf und dem 12-jährigen Werner Breitschopp gesprochen, die das verdächtige Paket der Polizei gemeldet hatten. Aufgeregt erzählten sie, dass sie nach der Schule oft zum Hauptbahnhof gingen, um sich mit Scheibenputzen ein paar Pfennige zu verdienen. Doch am Donnerstagnachmittag lief das Geschäft schlecht. Etwa um fünf Uhr sprach ein unbekannter Mann Bruno an und bat ihn, ein Päckchen zur Post in der Leopoldstraße in Schwabing zu bringen. Er habe keine Zeit, er müsse zum Zug. Werner, der etwas abseits gestanden hatte, bemerkte die Unterhaltung und trat hinzu. Der Mann wollte aber, dass Bruno den Botengang allein übernehme, und drückte ihm dafür drei Mark in die Hand. Werner protestierte, solche Aufträge würden sie immer gemeinsam erledigen. »Ihr dürft die Zeitung aber nicht abnehmen«, schärfte der Mann Bruno ein und übergab ihm das lose in Zeitungspapier eingeschlagene Paket. »Es ist ausreichend frankiert, du mußt es nur abgeben.«

Die Jungen machten sich auf den Weg zum Stachus. »Drei Mark war für uns damals ungeheuer viel Geld«, erinnert sich Werner Breitschopp fünfzig Jahre danach. »Ein Brötchen kostete 1952 ein paar Pfennige. Wir waren reich, und wir waren deswegen ziemlich durcheinander. Und das war wohl auch die Absicht des Mannes.« Es half nicht viel: Der Unbekannte begleitete die

Jungen noch bis zum Bahnhofsvorplatz, wo er sich verabschiedete. An der Ampel zum Telegraphenamt mussten die Jungen auf einer Verkehrsinsel einen Augenblick warten. Als sie sich umdrehten, sahen sie den Mann hinter sich, der verlegen mit einer Handbewegung grüßte und dann schnell die Treppe zum Pissoir hinunterging. »Aber er ist dann gleich wieder auf der anderen Seite raufgekommen«, berichteten die Jungen. In der Bayerstraße, beim Schuhhaus Tretter, bemerkten sie, dass der Mann ihnen gefolgt war, obwohl er angeblich keine Zeit hatte. Er verbarg sich hinter einigen Fußgängern. »Da hab ich mir 'denkt, da stimmt doch was nicht«, erzählte Bruno dem Reporter. »Und mei Mutter hat immer gsagt, sei vorsichtig mit fremde Männer«, ergänzte Werner. Außerdem hätten sie mal einen Schmugglerfilm gesehen, in dem auch ein Paket vorgekommen sei, das hinterher explodiert sei. Sie bekamen es mit der Angst zu tun und sprachen sich ab, zur Polizei zu gehen. Am Stachus wandten sie sich, Uniform ist Uniform, an den Stationsbeamten der Straßenbahn. Ein Schutzpolizist, der zufällig vorbeikam, nahm die Zeitung ab und sah, dass das Paket an Bundeskanzler Konrad Adenauer adressiert war. Das kam ihm sonderbar vor. Er rief eine Funkstreife, die das Paket und die Buben mit Blaulicht zum Polizeipräsidium brachte.[1]

Am frühen Abend nahmen sich die Kriminalbeamten die Jungen vor. Dringlichste Aufgabe war, eine genaue Personenbeschreibung von ihnen zu bekommen. Bruno und Werner wurden einzeln vernommen, von zwei Teams, die verschiedene Fragetechniken anwandten. Dabei zeigte sich, dass die Jungen das Alter des Unbekannten nur schwer schätzen konnten. So mussten sie zunächst an verschiedenen Beamten Altersstudien treiben und Vergleiche anstellen. Bruno sagte, der Mann habe hochdeutsch gesprochen, und er habe das Wort »Päckchen« benutzt. Ausgesprochen böse habe ihn der Mann angesehen. Über die Haarfarbe konnten sie nichts sagen, denn der Unbekannte hatte den Hut tief ins Gesicht gezogen. Und da war noch die linke Hand: Die Spitzen des Zeige- und Mittelfingers waren bräunlich, berichtete

Bruno, und am Mittelfinger war der Nagel eingedrückt oder verletzt.[2]

Noch am Donnerstagabend konnte die Polizei folgende Beschreibung des Täters herausgeben: »Etwa 30 Jahre alt, 1,70 bis 1,75 Meter groß, schlank, blasses, mageres, ovales Gesicht, blaue Augen, unrasiert, Koteletten bis zur Höhe des Jochbeins. Er trug einen hellen Trenchcoat, mittelgrauen Hut mit breitem Hutband, schwarze, abgetragene Schuhe. Gesamteindruck: ungepflegt. Besondere Kennzeichen: An der linken Hand starke Bräunung der Spitzen von Zeige- und Mittelfinger. Ein Fingernagel – vermutlich an der linken Hand – wahrscheinlich der Mittelfinger ist offenbar durch eine Verletzung eingedrückt. Der Mann sprach schriftdeutsch.« Gegen 22 Uhr 15 hatten die Rundfunkanstalten die offizielle Täterbeschreibung, um 22 Uhr 30 waren alle Polizeidienststellen und Grenzpolizeistationen informiert. Die größte Fahndung seit Kriegsende konnte beginnen.

Bundeskanzler Adenauer nahm die Nachricht über das versuchte Attentat auf seine Person zunächst völlig ruhig entgegen. Noch in der Nacht zum Freitag wurden in Bonn die Weichen für die polizeilichen Ermittlungen gestellt. Bundesinnenminister Robert Lehr beauftragte die Bundesanwaltschaft in Karlsruhe mit der Leitung der Ermittlungen, bereits am Freitag reiste Bundesanwalt Hubert Schrübbers nach München. Das wenige Monate zuvor gegründete Bundeskriminalamt (BKA) setzte noch in der Nacht aus Hamburg zwei Sprengstoffspezialisten in Marsch. Am Freitag traf, aus Bonn kommend, Dr. Josef Ochs in München ein, der künftige Leiter der Sonderkommission, die mit zwanzig Ermittlern des Bundeskriminalamtes, des Zentralamtes für Kriminalidentifizierung und Polizeistatistik des Landes Bayern sowie des Münchner Polizeipräsidiums besetzt wurde. Das bedeutete, das der Bund die Ermittlungen dominierte. In München war man darüber wenig erfreut, doch die Kröte musste man schlucken. Das Bundesinnenministerium warnte vor weiteren Bombenanschlägen und setzte eine Belohnung von 5000 Mark aus. Für einen Anschlag auf den Bundeskanzler war das etwas mickrig.

Bei einem Lokaltermin am Münchner Hauptbahnhof stellen die beiden Jungen die Übergabe des Paketes mit der Bombe nach.

Der Freitagvormittag verlief für die beiden »Detektivbuben« sehr arbeitsreich. Um 9 Uhr mussten sie bei einem Lokaltermin am Südausgang des Hauptbahnhofs an der Bayerstraße den Kripobeamten die Paketübergabe bis in die letzten Einzelheiten demonstrieren. Wer wo gestanden hatte, wer wann was gesagt hatte, ob ihnen noch etwas einfallen würde und welchen Weg sie in Richtung Stachus gegangen waren. Anschließend wurden sie von mehreren Kriminalbeamten im Polizeipräsidium noch einmal vernommen. Unterdessen fertigte ein Zeichner der *Abendzeitung* nach ihren Angaben eine Phantomskizze des unbekannten Mannes an, die in der Samstagausgabe des Blatts veröffentlicht wurde.[3] Um die Jungen vor den Tätern zu schützen, verordnete man ihnen vier Wochen schulfrei. Doch wie sich später zeigte, hatten sie zu Hause keine ruhige Minute: Zeitungsjournalisten und Rundfunkreporter gaben sich die Türklinke in die Hand, selbst ausländische Zeitungen und Radioanstalten schickten ihre besten Leute zu den Kindern. Vorläufiger Höhepunkt war die Einladung von Konrad Adenauer für Dienstagnachmittag ins Bundeskanzleramt nach Bonn.

Unterdessen standen die Mitarbeiter des Zentralamtes unter starkem Druck. Sie mussten die Kleidung der beiden verletzten Polizisten besorgen und im Kellerraum des Polizeipräsidiums die Tür und den Türstock ausbauen. Im Gerichtsmedizinischen Institut wurde der Leichnam des verstorbenen Sprengmeisters obduziert, wobei sich die eigentliche Todesursache herausstellte: Eine Stoff-Faser war durch das linke Auge ins Gehirn eingedrungen.[4] Eine der wichtigsten Aufgaben der Gerichtsmediziner bestand darin, Teile der Bombe aus dem Körper des Toten zu bergen – für die Rekonstruktion des Sprengpakets eine unerlässliche Maßnahme. Ermittler des Zentralamtes nahmen die Partikel sofort an sich und brachten sie ins Zentralamt, wo die Vorbereitungen zur Rekonstruktion der Bombe schon auf Hochtouren liefen.

Noch am Freitagvormittag meldete sich die Eigentümerin der Pension »Daheim« in der Schillerstraße bei der Polizei. Ein Mann, auf den die Beschreibung passte, hatte bei ihr am Donnerstagnachmittag ein Zimmer gemietet und sich recht sonderbar verhalten. Von Käthe Bachmann*, einer Hotelangestellten, erfuhren die Beamten weitere Einzelheiten: Der Mann habe seinen Namen mit »Mario Mirelli« angegeben, einen Pass habe er nicht vorgelegt. Der sei beim italienischen Generalkonsulat, habe er gesagt, am nächsten Morgen könne er ihn vorweisen. Da er einen Koffer dabei hatte, wurde ihm der Zimmerpreis von sechs Mark nicht sofort abverlangt. Käthe Bachmann rief das Zimmermädchen Hanni Fromm*, das Mirellis Koffer nahm und den Gast auf Zimmer 15 im dritten Stock brachte. »Der Koffer hatte kein besonderes Gewicht«, berichtete das Zimmermädchen der Polizei. Sie bat Mirelli, später beim Empfang im ersten Stockwerk den Meldezettel auszufüllen. Nach etwa fünf Minuten kam Mirelli wieder herunter. Käthe Bachmann füllte den Meldezettel

* Name geändert

Phantomzeichnung von Mario Mirelli in
der »Abendzeitung« vom 29. März 1952

Meldeschein von Mario Mirelli in der Pension »Daheim« vom
27. März 1952. Nur die Unterschrift stammt vom Tatverdächtigen selbst.

nach den Angaben des Mannes selbst aus. Er gab an, er sei am 19. November 1920 in Rom geboren, wohne dort in der Via Rabotcie und sei von Beruf Maler. Dass Mirelli Italiener sei, nahm Käthe Bachmann dem Mann nicht ab – seines Äußeren wegen, vor allem aber wegen seiner akzentfreien deutschen Aussprache. Nur das »ch« sprach er »mehr mit dem Kehlkopf«. »Die Juden sprechen diesen Buchstaben mit der gleichen Betonung«, meinte die Hotelangestellte gegenüber der Polizei. »Hastig-unruhig« sei der Mann gewesen, »es ging ihm nicht schnell genug«. Seinen Hut habe er die ganze Zeit nicht abgenommen. Und dann dieser stechende Blick!

Mario Mirelli ging auf sein Zimmer und kam ein paar Minuten später die Treppe herunter. Käthe Bachmann bemerkte, dass er unter dem linken Arm, auf der ihr abgewandten Seite, ein Paket trug, das er zu verbergen schien. Beim Hinuntergehen sah er sich noch einmal misstrauisch um. Da ihr das Verhalten des Mannes sonderbar vorkam, schärfte sie am Abend dem Nachtportier ein: »Gib auf den Obacht, i glaub, dös is a Bazi.«[5] Doch der Mann tauchte nicht wieder auf.

Zimmer 15 war völlig unbenutzt, wie die Ermittler feststellten. Weder am Wasserhahn noch am Trinkglas oder am Türgriff fanden sich Fingerabdrücke. Seinen Koffer, einen nagelneuen, braunen, gerippten Vulkanfiberkoffer mit Nickelbeschlägen, hatte er zurückgelassen. Eine Tüte Äpfel lag darin. Penibel zählten die Ermittler nach: Es waren dreizehn Stück. Das in seiner Berufsehre gekränkte Zimmermädchen versicherte, dass sie die Äpfel im leeren Koffer sicher bemerkt hätte. Sie konnte aber feststellen, dass der Koffer nun wesentlich leichter war. Das bedeutete, dass Hanni Fromm dem Maler Mirelli mit dem Koffer die Bombe auf das Zimmer getragen hatte. Der Unbekannte hatte das Hotel, die Paketbombe unter dem Arm, gegen Viertel vor fünf verlassen. Drei Minuten später stand er an der Bayerstraße am Südausgang des Hauptbahnhofs und suchte nach einem Opfer, das er mit dem Paket zur Post schicken konnte.

Käthe Bachmann bestätigte die Beschreibung des Täters,

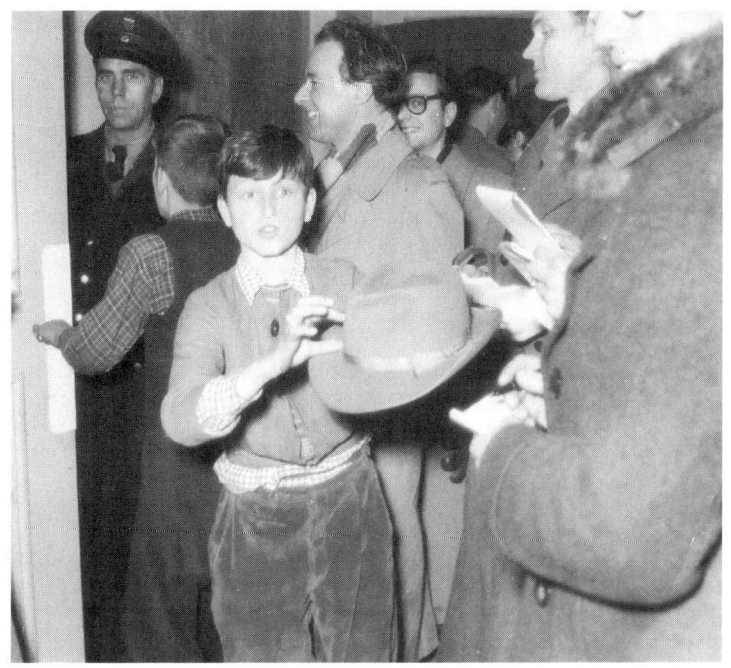

Werner Breitschopp zeigt Reportern, wie breit das Band von Mirellis grauem Hut war; hinter ihm steht Bruno Beyersdorf.

auch das geschätzte Alter von etwa dreißig Jahren. Ihre Aussage, das »ch« des Mannes habe sie an Juden erinnert, blieb unbeachtet. Der Hinweis wurde weder erörtert noch in Zweifel gezogen, geschweige denn öffentlich bekannt gegeben. Die Personenbeschreibung ergänzte man für den Dienstgebrauch um die Formulierung, der Täter habe eine »etwas harte Aussprache der Kehllaute«. Dafür schien der Polizei anderes wichtiger. Warum hatte sich der Unbekannte ein Zimmer besorgt, das er nicht brauchte? Alles deutete auf ein Ablenkungsmanöver hin, um die polizeilichen Ermittlungen zu erschweren. Wo hatte er den neuen Koffer gekauft? Und warum hatte er die Jungen zur Leopoldstraße in Schwabing geschickt, wo es doch im Hauptbahnhof ebenfalls ein Postamt gab? Ein Mario Mirelli war beim italienischen Generalkonsulat in München unbekannt, ein Pass auf diesen Namen wurde dort nicht verwahrt. Also war der Name falsch. Wer war der Mann wirklich? Wer hatte die Bombe gebaut, und wer hatte sie Mirelli übergeben? Wo war ein »Brockhaus L–Z« abhanden gekommen? Die Ermittler waren überzeugt, dass sie es mit mehreren Tätern zu tun hatten.

Am Freitag trafen aus der ganzen Bundesrepublik zahllose Glückwunschschreiben an den Bundeskanzler in Bonn ein. John J. McCloy, der amerikanische Hochkommissar, und sein britischer Kollege Ivon Kirkpatrick gratulierten zum glücklichen Ausgang des Attentats; Winston Churchill und Anthony Eden schlossen sich an. Am Abend äußerte sich Adenauer öffentlich zu dem versuchten Anschlag auf ihn. Eigentlich wollte er auf der Kundgebung der Christlich-Demokratischen Union in der Mensa der Universität Bonn über die Deutschland-Note der Sowjetunion sprechen, ging aber zunächst auf den Anschlag ein. Adenauer sagte, dass der Versuch eines Attentats ihn »eigentlich … zunächst nicht besonders tief berührt« habe. »Aber als ich gestern abend um 22 Uhr [sic] hörte, daß nun ein Menschenleben, ein Familienvater, ein Vater von drei Kindern, diesem Versuch zum Opfer gefallen ist, dem Versuch, mich zu töten, da gestehe ich Ihnen offen, habe ich zutiefst Mitleid empfunden mit der Frau und den Kindern und mit den verwundeten Männern …«[6] Schließlich kam er auf das eigentliche Thema seiner Rede zu sprechen: die Deutschland-Note vom 10. März 1952, in der die Sowjetunion den Westalliierten die Wiedervereinigung Deutschlands als ein neutraler Staat sowie Friedensverhandlungen angeboten hatte, an denen die Bundesrepublik aber nicht teilnehmen sollte. Die eigentliche Absicht dieser Note sei doch die »Neutralisierung Deutschlands«, beschwor Adenauer sein Publikum. Er stellte klar, dass er nicht daran denke, den »Soffjets« auf den Leim zu gehen, für ihn kam nur die volle und uneingeschränkte Integration Deutschlands in die Gemeinschaft der westlichen Staaten in Frage.

Über das Wochenende waren die Spezialisten der kriminaltechnischen Abteilung des Zentralamtes in der Türkenstraße 4 fieberhaft mit der Rekonstruktion der Bombe beschäftigt. In der

Werner Breitschopp und Bruno Beyersdorf mit einem Extrablatt der
»Abendzeitung«.

Eingangshalle des Gebäudes wurden alle Fundstücke auf großen Tischen ausgebreitet und einander zugeordnet. Die Ermittler konzentrierten sich vor allem auf die Zündanlage der Bombe. Eine der naheliegendsten Fragen war, ob die Sprenganlage jenen Höllenmaschinen ähnelte, die der Bombenleger Erich von Halacz

35

Ende November 1951 in drei norddeutschen Städten verschickt hatte.[7] »Es gibt etwa 200 verschiedene Arten, solch eine Anlage zu bauen«, verriet Direktor Franz Meinert der Presse. Nach kurzer Zeit war jedoch sicher, dass das Münchner Sprengpaket mit den Bomben von Halacz' nichts zu tun hatte. Weiterhin waren die beiden Aufkleber aus hellem Papier aufschlussreich, die fast unbeschädigt im Sprengschutt gefunden worden waren. Die Beschriftung lautete:

Sender: Prof. Dr. ERICH BERGHOF
FRANKFORT a/M
Bernheimer LandsTr. 26

An dem Bundeskanzler
Dr. KONRAD ADENAUER
BUNDESHAUS
BONN

Absender und Adresse enthielten einige Fehler sowie eine unmissverständliche Anspielung. Eine »Bernheimer Landstraße« gab es in Frankfurt nicht – »Bornheimer Landstraße« wäre korrekt gewesen. Die Wörter »Sender« und »Frankfort« deuteten auf einen englischsprachigen Täter hin, konnten aber auch Täuschung sein. Dagegen schien »An *dem* Bundeskanzler« eine grammatikalische Schwäche des Schreibers zu offenbaren. In Bonn kannten sich die Attentäter offensichtlich nicht gut aus, denn im »Bundeshaus« (dem Bundestag) war Adenauer nicht oft anzutreffen, sein Amtssitz war das Palais Schaumburg. Einen Professor Berghof in Frankfurt gab es nicht. Es handelte sich vermutlich um eine Anspielung auf Hitlers Berghof in Berchtesgaden. Wahrscheinlich stammte die Paketbombe nicht von einem Verrückten, sondern von Attentätern mit einem politischen Ziel.

Unterdessen war die Fahndung auch auf das Ausland ausgedehnt worden. Über das Wochenende gingen hunderte Hinweise aus der Bevölkerung ein. Über 70 Verdächtige konnten bis Montagabend festgenommen werden, viele wurden Käthe Bach-

Die Adressaufkleber auf dem Sprengpaket konnten unbeschädigt geborgen werden.

mann aus der Pension »Daheim« vorgeführt. Doch die »gutmütige Münchnerin«, wie eine Zeitung die »Beschließerin« nannte, musste ein ums andere Mal abwinken: Keiner von ihnen war Mirelli. Allerdings gab es unter den Hinweisen eine auffallende Konzentration im Gebiet Weilheim–Murnau–Bad Kohlgrub. Am Samstagmittag war ein Mann, der mit der Zeichnung in der *Abendzeitung* große Ähnlichkeit zeigte, auf dem Bahnsteig von Weilheim gesehen worden. Er fuhr in Richtung Garmisch-Partenkirchen weiter. Am Nachmittag desselben Tages wurde ein Verdächtiger auf dem Murnauer Bahnhofsgelände bemerkt. »Von München aus erging Weisung, dieser Spur nachzujagen«, schrieb die *Abendzeitung*. Stolz berichtete das Blatt, dass sich einer der Hinweise aufgrund der eigenen Phantomskizze ergeben hatte. Eine Überprüfung der Hotels in der Region blieb ergebnislos.

Am Montagnachmittag um vier Uhr wurde Brandmeister Karl Reichert auf dem Westfriedhof unter großer Anteilnahme der Münchner Bevölkerung zu Grabe getragen. »Über viertausend Menschen, viele von ihnen mit einer Blume in der Hand, bildeten das schweigende Ehrenspalier, als der Trauerzug durch den ganzen Friedhof zum Grab der Familie Reichert zog«, schrieb die *Abendzeitung*. Den Trauerzug eröffnete die Vereinigung ehemaliger Angehöriger der Berufsfeuerwehr, gefolgt von Feuerwehrleuten sowie einer Abordnung der Schutzmannschaft. Bereitschaftspolizisten trugen die Kränze, die Bundeskanzler Konrad Adenauer und der bayerische Ministerpräsident geschickt hatten. Unmittelbar hinter dem Sarg schritt Hermine Reichert, begleitet von ihrer Schwiegermutter, Sohn Günther und der älteren Tochter Ilse. Konrad Adenauer ließ der Witwe durch Ministerialrat Dr. Rudolf Petz sein aufrichtiges Beileid ausrichten. Der Ministerpräsident und der Innenminister Bayerns sowie Münchens Oberbürgermeister hatten hochrangige Vertreter geschickt. Auch Martin Demmer erwies seinem verunglückten Mitarbeiter die letzte Ehre. Stadtpfarrer Max Zistl von St. Peter hielt eine bewegende Grabrede, in der er das Verbrechen scharf verurteilte. Branddirektor Walther Thürauf hob in seiner Ansprache hervor, dass Karl Reichert durch seine langjährige Arbeit viele Münchner Bürger vor dem Tod bewahrt habe. Man sprach Worte, die an solcher Stelle aus dem gegebenen Anlass zu erwarten sind. Dass der tote Sprengmeister schnell vergessen sein würde, hatte sicherlich niemand erwartet.

Karl Reichert war kaum zu Grabe getragen, da hatten die Ermittler eine erste heiße Spur. Ein Buchhändler aus Murnau in Oberbayern meldete der Polizei, dass ihm Anfang März des Jahres der zweite Band eines zweibändigen »Brockhaus« abhanden gekommen war. Das Buch sei vermutlich gestohlen worden, versicherte der Mann. Dies war schon der dritte Hinweis aus der Region. Josef Ochs, der Leiter der Sonderkommission, zögerte nicht lange und setzte einen Sachbearbeiter auf den »Murnauer Verdachtskreis« an.

Dass 5000 Mark Belohnung bei einem Anschlag auf den Bundeskanzler zu gering waren, hatte man inzwischen eingesehen. Die bayerische Staatsregierung und die Stadtverwaltung München setzten ebenfalls Beträge aus, so dass sich die Belohnung für die Festnahme der Attentäter auf 15 000 Mark erhöhte (nach heutigem Wert etwa 75 000 Euro). Es war die höchste Geldsumme, die seit Kriegsende zur Klärung eines Verbrechens ausgeschrieben wurde. Der Betrag schien angemessen.

Am 1. April erhielten die Pariser Büros der amerikanischen Nachrichtenagenturen UPI und AP per Post gleichlautende, in Französisch abgefasste Bekennerschreiben einer »Organisation des Partisans Juifs« (Organisation Jüdischer Partisanen), die am 29. März in Genf und Zürich abgeschickt worden waren. Darin hieß es: »Am 27. 3. 52 haben unsere Kameraden ihre erste Aktion auf deutschem Boden ausgeführt. Ein mit Sprengstoff gefülltes Buch ist an den Kanzler des Volkes der Meuchelmörder, Dr. K. Adenauer, geschickt worden. (...) Wir haben die Ehre, der Weltöffentlichkeit folgende Tatsachen zur Kenntnis zu geben:

1.) Das deutsche Volk, das kaltblütig sechs Millionen Juden hingemetzelt, Frauen den Hals abgeschnitten, Kinder erwürgt, Greise lebendig begraben hat, dieses Volk möchte die Verzeihung unseres Volkes erlangen unter dem trügerischen Vorwand, dass es ihm einen Teil der geraubten Güter ersetzt. (...)

2.) Das deutsche Volk weiß, dass die Erinnerung an den Meuchelmord an unserem Volk, der in der Geschichte der Menschheit ohne Beispiel ist, ein Hindernis auf dem Wege zur Wiedererlangung seines Platzes unter den zivilisierten Nationen bildet ...«

Daraufhin kündigten die Verfasser an: »Wir befinden uns im Krieg mit dem Volk der Meuchelmörder. Ein Krieg bis zum Ende der Generationen, ein Krieg, den die deutschen Väter und Söhne an ihrem eigenen Fleisch spüren werden. Reparationen? Ja, wir werden sie ihnen zahlen (...). Die erste Rate haben wir ihnen gerade geschickt, und viele andere werden folgen.«

Doch nicht nur die Bundesrepublik Deutschland war der Adressat des Schreibens: »Keine jüdische Vertretung, keine israelitische oder Weltvertretung hat die Macht, Reparationen in Geld oder Gütern in Empfang zu nehmen. Kein jüdisches Parlament hat die Berechtigung, den Geldbetrag in Mark festzusetzen, die wir erhalten müssten für eine vergaste oder verbrannte alte Frau oder ein erdrosseltes jüdisches Kind.« Das Ziel der »Aktion«

hätte deutlicher nicht ausgedrückt werden können: »Die Welt soll wissen, dass das jüdische Volk niemals die Rückkehr des Volkes der Deutschen in die Gemeinschaft der Völker zulassen wird.«[8]

Das Kommuniqué war ein Bekennerschreiben und eine Kriegserklärung zugleich. Spätestens bei der Lektüre muss den Ermittlern bewusst geworden sein, welch eminent politische Bedeutung das Sprengpaket hatte. Die Bundesrepublik Deutschland war 1952, knapp drei Jahre nach ihrer Gründung, noch kein souveräner Staat. Sie war ein von fremden Truppen besetztes Land, das sich aufmachte, die politische Isolierung zu überwinden. Bundeskanzler Adenauer war fest davon überzeugt, dass am Beginn einer Integration Deutschlands in die Gemeinschaft der westlichen Staaten ein Ausgleich mit Israel stehen musste. Nach langwierigen Vorgesprächen hatten am 22. März 1952 in Wassenaar bei Den Haag die Wiedergutmachungsverhandlungen zwischen der Bundesrepublik Deutschland und Israel begonnen. Offensichtlich war eine Gruppe jüdischer Terroristen fest entschlossen, diese Gespräche zu stören, wenn nicht zu verhindern. Dass die Täter die Absichten Deutschlands bekämpften, war deutlich genug, dass sie aber ebenso die Politik Israels ablehnten, konnte man dagegen leicht übersehen.

Man war gewarnt. Ein neuer Anschlag konnte jederzeit kommen.

Der Vorhang wird vorgezogen

Am Montag, dem 31. März 1952, waren die Verhandlungen in Wassenaar erst seit gut einer Woche im Gange. Eine Einigung lag noch in weiter Ferne. An diesem Tag traf in der Deutschen Botschaft in Den Haag nachmittags um 16 Uhr eine Postsendung ein, die imstande gewesen wäre, die so langwierig vorbereiteten Gespräche zu gefährden. Die mehrmals am Tag eingehende Post wurde gewöhnlich in der Passstelle in der Nieuwe Parklaan bearbeitet. Öffnen, vorsortieren, weiterleiten – reine Routinearbeit. In der Eile und bei der anfallenden Menge konnte man leicht etwas übersehen. So auch an diesem Montag: Erst im letzten Moment fiel einem Angestellten auf, dass er gerade ein großes Kuvert aufschlitzte, das nicht für die Botschaft bestimmt war. Er hielt inne – und rettete vielleicht sein Leben. Adresse und Absender lauteten:

AMBASSADE DER BUNDESREPUBLIEK DUITSLAND
für
die Deutsche Delegation für Wiedergutmachung
(Deutschland – Israel)
GRAVENHAGE
Wagenaarw. 14

Der Angestellte schickte einen Boten mit dem halbgeöffneten Brief zum Hotel Wittebrug, wo die deutschen Delegierten der Wiedergutmachungsverhandlungen untergebracht waren. Dort nahm Sekretärin Unkel die Sendung entgegen, Mitarbeiterin von Abraham Frowein, dem Delegierten des Auswärtigen Amtes. Als sie das Kuvert ganz öffnen wollte, fiel ihr ein Stück Draht auf. Misstrauisch geworden, wandte sie sich an Frowein. Der spähte vorsichtig in den Umschlag, entdeckte auf einem Schreiben die Bezeichnung »Organisation des Partisans Juifs« und wusste genug. Erst am Montagmorgen hatte die niederländische Polizei die beiden Delegationen vor einem Anschlag gewarnt.[1]

Die niederländische Kriminalpolizei nahm sofort die Ermittlungen auf, der Nachrichtendienst des Landes schaltete sich ein. Die Sendung war am 29. März in Amsterdam abgestempelt worden und nannte als »Sender« einen »Prof. Dr. Max der Reeicher, Amsterdam, Wittenburgw. 56«. Wie zu erwarten, war ein Professor Reeicher dort nicht bekannt, einen Wittenburgweg gab es ebenfalls nicht. Obwohl die Behörden Stillschweigen bewahrten, bekam am 1. April ein Reporter einer Nachrichtenagentur Wind von der Sache und setzte eine Meldung über die Briefbombe ab. Einige Zeitungsredaktionen erkundigten sich, ob es sich um einen Aprilscherz handele. Gerüchte machten die Runde, die Presse fragte bei der Polizei nach. Schließlich mussten die Behörden den versuchten Anschlag bestätigen. Die Nachricht von der Briefbombe schlug in Den Haag ein wie ein Blitz aus heiterem Himmel.

Da die Bombe nicht explodiert war, konnten niederländische Fachleute die Art der Konstruktion rasch ermitteln: Die Briefbombe bestand aus 30 Gramm des hochwirksamen Sprengstoffs Trotyl (Trinitrotoluol) in gegossener Form ohne Beimengungen, einer sehr kleinen, flachgedrückten Batterie, einer Zündpille britischer Herkunft und einem Zünder, der durch einen innerhalb des Kuverts festgeklebten Faden ausgelöst werden sollte. Hätte Sekretärin Unkel die Sendung herausgenommen, wäre der Sprengsatz explodiert. An diesem Faden hatte gewissermaßen ihr Leben gehangen. So miniaturhaft die Bombe auch war, die Menge von 30 Gramm Sprengstoff hätte ausgereicht, die Sekretärin und in der Nähe stehende Personen zumindest schwer zu verletzen.

Zwei Mitarbeiter der Münchner Sonderkommission reisten unverzüglich in die niederländische Hauptstadt. Es war offensichtlich, dass der Sprengstoffbrief von Den Haag nicht nur wesentlich kleiner war als die Münchner Höllenmaschine, sondern auch anders konstruiert. Darüber hinaus waren die verwendeten Materialien unterschiedlich, und sie zeigten andere Arbeitsspuren. Die Bomben mussten also von verschiedenen Personen hergestellt worden sein. Doch das in schlechtem Französisch abgefasste Schreiben, das der Briefbombe beilag, schien mit dem Kommuniqué übereinzustimmen, das bei den amerikanischen Nachrichtenagenturen in Paris eingegangen war. Ein Vergleich der beiden Schriftstücke stellte den Tatzusammenhang her: Die Schreiben stimmten im Wortlaut genau überein und waren auf derselben Schreibmaschine geschrieben worden. Mehr noch, sie waren in ein und demselben Schreibvorgang mit Durchschlagpapier getippt worden. Die Ermittler hatten es also mit einer Gruppe von Tätern zu tun, die die Verhandlungen zwischen Deutschland und Israel stören oder verhindern wollten. Wie bei dem Münchner Sprengpaket sah man in der Beschriftung der Sendung eine Anspielung: »Max der Reeicher« schien für die Ermittler »Max der Rächer« zu bedeuten. Wieder war das Wort »Sender« für »Absender« verwendet worden. Aufgrund des Buchstabens »t«, der in einem weitgeschwungenen Bogen auslief, nahm man an, dass Adresse und Absender auf einer amerikanischen Schreibmaschine geschrieben worden waren, einer »Underwood« oder einer »Remington« alten Typs. Die Täter waren in Arbeitsteilung vorgegangen.[2]

Über die Ereignisse in Holland enthalten die Akten nur wenige Informationen. So fehlen die Vernehmungsprotokolle sowie die kriminaltechnischen Gutachten zur Briefbombe. Deren Untersuchung lag allem Anschein nach in Händen des Bundeskriminalamtes Hamburg und muss maßgeblich von dem Sprengstoff-Experten Dr. Christfried Leszczynski vorgenommen worden sein, einem früheren Mitarbeiter des Kriminalpolizeiamtes der Britischen Zone (KPABrZ) in Hamburg. Diese Protokolle und Gutachten wurden anscheinend nicht zu den Ermittlungsakten der Münchner Sonderkommission genommen, sondern an anderer Stelle abgelegt. Daher fehlt in den verfügbaren Akten ein wichtiges Detail, das erst Mitte September 1952 von der *New York Times* bekannt gemacht und zwei Wochen später von der *Süddeutschen Zeitung* übernommen wurde: Es gab eine dritte Bombe.[3]

Nach dem Bericht der *New York Times* geschah Folgendes: Einen Tag, nachdem die (erste) Briefbombe entdeckt worden war, suchte ein Mitarbeiter eines israelischen Geheimdienstes mit einigen niederländischen Polizeioffizieren das Hotel »Wittebrug« auf, in dem die deutsche Delegation untergebracht war. Der Israeli sah, wie ein Hotelangestellter die Post sortierte, die bereits von niederländischen Polizei-Experten kontrolliert worden war. Eine an die deutsche Delegation adressierte Sendung erregte sein Misstrauen. Doch der Mann, den die Zeitung als »counter intelligence expert«, also als Experten für Gegenspionage bezeichnete, stieß bei den niederländischen Polizeibeamten auf taube Ohren. Beharrlich bestand er darauf, die Sendung zu überprüfen. In die Technik von Briefbomben eingeweiht, öffnete der Israeli vor aller Augen den Brief: In dem Umschlag steckte tatsächlich eine Miniaturbombe. Damit waren zwei Bomben, die die Wiedergutmachungsverhandlungen ernsthaft hätten gefährden können, durch glückliche Fügung entschärft worden. Von diesen Ereignissen wird noch zu reden sein.

Trotz der Arbeit und Verantwortung, die auf Adenauer lasteten, ließ der Bundeskanzler es sich nicht nehmen, am Dienstagnachmittag nach dem Münchner Anschlag Bruno Beyersdorf und Werner Breitschopp im Bundeskanzleramt in Bonn zusammen mit ihren Müttern zu empfangen. Die Jungen brachten artig Blumensträuße mit. Der Kanzler war in aufgeräumter Stimmung und informierte sich bei den »Detektivbuben« aus erster Hand über die Ereignisse am Münchner Hauptbahnhof. Er muss dabei den Eindruck gewonnen haben, dass das Pressespektakel den Jungen etwas zu Kopf gestiegen war. Fragte deshalb mit gespielter Strenge nach den Zeugnissen. Bekam zu hören, das gehe schon in Ordnung. War davon vielleicht nicht ganz überzeugt. Griff dann links und rechts in seine Hosentaschen und zog je ein Etui mit einer goldenen Armbanduhr hervor. Band den glücklichen Jun-

Konrad Adenauer empfängt Werner Breitschopp (links) und Bruno Beyersdorf im Bundeskanzleramt in Bonn und schenkt ihnen goldene Armbanduhren.

gen die Uhren eigenhändig um. Schlug vor, sie gravieren zu lassen. Müssten aber dableiben, die Uhren, kämen dann per Post nach, mit Gravur. Danach Kakao und Kuchen. Fotos für die Presse, freundliche Mienen, die *Wochenschau* machte Filmaufnahmen, Reporter mit den immergleichen Fragen. Anschließend Besichtigungsfahrt durch Bonn. Der Alte gab seinen schwarzen Daimler her, mit Chauffeur. Blieb aber im Kanzleramt, Wassenaar und die Deutschland-Note brauchten ihn.

Am selben Tag klärte sich in München, woher Mirellis Koffer stammte: Der Überbringer der Bombe hatte ihn am Tag des Attentats gegen vier Uhr bei Mathias Quirxtner erworben, einem Fachgeschäft für Lederwaren und Reiseartikel in der Bayerstraße 13. Der Mann habe »einen einfachen Koffer für das Wochenende« verlangt und sich für einen Hartplattenkoffer der Größe 45 zum Preis von 7,50 Mark entschieden, erinnerte sich das Lehrmädchen. »Die Tüte mit Äpfeln hatte er bei sich.« Nun war deut-

45

Der Koffer Mario Mirellis, den er in der Pension zurückließ.

lich, wie dicht die Ereignisse am Donnerstag der Vorwoche aufeinander gefolgt waren: Der Täter kaufte den Koffer, verstaute darin die Paketbombe, ging zur Pension »Daheim«, wo er ein Zimmer mietete, und machte sich nach kürzester Zeit zum Bahnhof auf, um jemanden zu suchen, dem er die Paketbombe übergeben konnte. All dies hatte kaum länger als eine Stunde gedauert. Der Täter handelte in großer Eile, und er stand unter Stress. Doch woher hatte er die Bombe? Jemand musste sie ihm nach dem Kauf des Koffers ausgehändigt haben. Es gab also eine zweite Person, die vielleicht ebenfalls am Bahnhof war und die Übergabe der Bombe beobachtete. Und ein Dritter, ein Fachmann, musste sie gebaut haben. Die Ermittler waren mehr denn je überzeugt, dass sie es nicht nur mit Mario Mirelli zu tun hatten, sondern mit einer Gruppe von Attentätern. Das Postamt in der Leopoldstraße in Schwabing hatten sie ausgewählt, weil dort zwischen 17 und 18 Uhr der größte Kundenandrang des Tages herrschte: Ein Paket an den Bundeskanzler wäre kaum aufgefallen. Die Täter kannten sich in München aus.

Am Donnerstag, genau eine Woche nach dem Münchner Anschlag, äußerte Josef Ochs in einer Pressekonferenz die Überzeugung, dass die Täter mit größter Präzision gearbeitet hätten und die Fahndung durch verschiedene Tarn- und Ablenkungsmanöver erschweren wollten. »Es kommen die verschiedensten Gruppen und Organisationen als Täterkreis in Frage.« Viel hatte der erst am Tag zuvor offiziell eingeführte Leiter der Münchner Sonderkommission der Presse aber nicht zu bieten. Es könnten »wirtschaftlich Entgleiste« sein, meinte Ochs, politische Sektierer oder eine politische Organisation, die innerhalb der Bundesrepublik oder vom Ausland aus tätig sei. Die Ansicht, dass eine Gruppe jüdischer Terroristen hinter den Anschlägen stehen könnte, sprach Ochs nicht aus, obwohl israelische und britische Nachrichtendienste vor Attentaten radikaler jüdischer Terroristen gegen die Wiedergutmachungsverhandlungen gewarnt hatten. Dies musste ihm bekannt gewesen sein.

Die Reaktion von jüdischer Seite ließ nicht lange auf sich warten. Unmittelbar nach dem Münchner Attentat hatte der Zentralrat der Juden in Deutschland Bundeskanzler Adenauer seinen »tiefen Abscheu« vor dem Bombenanschlag ausgesprochen. Am Freitag, dem 4. April, bezog die *Allgemeine Wochenzeitung der Juden in Deutschland* eine klare Position: Es liege »aber auch nicht der geringste Anhaltspunkt dafür vor, daß eine ›Organisation jüdischer Partisanen‹ überhaupt existiert. (…) Weder die israelische Gesandtschaft in Paris noch maßgebliche jüdische Kreise in der Schweiz und in der Bundesrepublik haben je von einer Organisation dieses Namens gehört.« Menachem Begin, Vorsitzender der Cheruth-Partei, die vehement gegen die Wiedergutmachungsverhandlungen protestiert hatte, bestreite jede Verantwortlichkeit für die Bombenattentate. Das Blatt vergaß nicht zu erwähnen, dass Begins Untergrundorganisation während der Mandatszeit in Palästina sich stets zu ihren Taten bekannt habe. Irritiert stellte die Zeitung fest, dass »britische Quellen« die Bundesregierung vor einem Anschlag auf ein Kabinettsmitglied gewarnt hatten, bei dem »rechtsradikale jüdische Organisationen möglicherweise ihre Hand im Spiel haben könnten«. Den Urhe-

bern des Kommuniqués bescheinigte die Zeitung eine »faschisti-
sche Geisteshaltung« und verwies auf die »in jüdischen Kreisen«
aufgetauchte Vermutung, es handele sich bei dem Schreiben um
eine »antisemitische Fälschung mit dem Ziel, die deutsch-jüdi-
schen Reparationsverhandlungen in Den Haag zu torpedieren«.
Es war eine deutliche Anspielung darauf, dass auch Nazis als Täter in Frage kommen könnten.[4]

Die Ermittler der Münchner Sonderkommission wollten das
gefährliche Terrain politischer Verdächtigungen gar nicht erst be-
treten und hielten sich mit Vermutungen deutlich zurück. Mehr
noch, Josef Ochs vertröstete die Journalisten in München: »In
unserem Fall ist es manchmal wie im Theater. Man muss den
Vorhang vor der Bühne zuziehen, um umgruppieren zu können
…« Einige Reporter fragten nach, was er denn damit meine.
Doch Ochs war nicht zu bewegen, sein Bild des vor einer Szenerie
zugezogenen Theatervorhangs näher zu erläutern.

Wenn es eine Bühne gab, auf der im Verborgenen umgrup-
piert wurde, so blieb weiterhin eine kleine Vorbühne erhalten,
auf der für jedermann sichtbar gespielt wurde. Es war allerdings
ein sonderbares Spiel, das da gegeben wurde, denn die Akteure
der Vorbühne waren von der Polizei bereitgestellt, sie waren
harmlose Figuren, während doch alle wussten oder zumindest
ahnen mussten, dass die wichtigen Dinge hinter dem Vorhang
passierten. Das Ochs'sche Wort vom vorgezogenen Theatervor-
hang ließ keine andere Interpretation zu. Obwohl den Ermittlern
bekannt war, dass sie es mit einer sehr intelligent operierenden
Tätergruppe oder Organisation zu tun hatten, speisten sie die
Presse weiterhin mit einigen harmlosen Verdächtigen ab, alle
mehr oder weniger mit sich und der Welt verkrachte Existenzen.
Dankbar schnappte die Presse nach den mageren Knochen und
schrieb brave Berichte.

So erfuhren die Münchner am Mittwoch nach dem versuchten Attentat aus ihren Lokalzeitungen, dass vor kurzem in einem
Hamburger Hotel ein 28-jähriger kaufmännischer Angestellter festgenommen worden war, auf den die Täterbeschreibung

passte. Er sei erst kürzlich aus sowjetischer Kriegsgefangenschaft geflohen, habe er der Hamburger Polizei versichert, daher habe er auch keine Papiere. Da er sich in erhebliche Widersprüche verwickelte, angeblich einen deformierten rechten Mittelfinger hatte (es hätte eher der linke sein müssen, aber da war man nicht kleinlich), am Tag der Tat in München gewesen war, was er verschwiegen hatte, schien er der Tat verdächtig zu sein. Und abrasierte Koteletten hatte der Mann auch noch. Am Donnerstag lasen die Münchner, dass Karl Georg Reiter – so sein Name – nicht erst kürzlich, sondern schon vor längerer Zeit aus der Gefangenschaft zurückgekehrt sei und sich in Rom aufgehalten habe. Er werde umgehend zur Gegenüberstellung mit den Zeugen nach München gebracht. Am Freitag erfuhr man, dass die Sonderkommission erst den Bericht der Hamburger Polizei abwartete, bevor sie den Verdächtigen nach München holen wollte. Offensichtlich war man skeptisch geworden, ob Reiter als Täter in Frage kam. Amtmann Johannes Schmid, Chef des Morddezernats, hielt mit seiner Meinung nicht hinter dem Berg: Reiter komme als Attentäter wahrscheinlich nicht in Frage, doch sei der Mann zweifellos in »verschiedene dunkle Geschichten« verwickelt, darunter Schmuggel und Devisenschiebung. Trotzdem fuhren zwei Polizeibeamte am Freitagnachmittag nach Hamburg, um »Marion« – so sein allerneuester Name – zu holen. »Ein merkwürdiges Hin und Her zwischen den Polizeibehörden in Hamburg und München«, mäkelte der *Münchner Merkur* am Samstag. Marion, ein Sudetendeutscher, sei Reisender in italienischen Weinen, erfuhr man nun. Am folgenden Montag berichteten die Zeitungen über die Ankunft des Verdächtigen, dessen Vorname »Wolfgang« mittlerweile bekannt war. Bei bester Laune traf Wolfgang Marion am Sonntagabend um 19 Uhr 53 auf dem Münchner Hauptbahnhof ein und genoss sichtlich das Blitzlichtgewitter der Fotografen. Nun erfuhren die Leser endlich den wahren und echten Namen: Der Mann hieß Georg M. alias Karl Georg Reiter alias Wolfgang Marion und war nicht der Attentäter. Wie erwartet, war die Gegenüberstellung mit den Zeugen negativ verlaufen. Aber da zog die Polizei schon den nächsten Verdächtigen aus dem Hut: Heinrich C., Sportlehrer aus Graz, 30 Jahre, der Täterbeschreibung auffallend ähnlich, in Österreich zur Fahndung ausgeschrieben, kürzlich in Duisburg verhaftet ...

Auch dem vermeintlichen »Verdachtskreis Murnau« gingen die Beamten mit höherem Diensteifer nach. Sachbearbeiter Alfons D. betrieb eingehende Feldforschung vor Ort. Der »in Murnau ansässige Buchhändler, der das Fehlen eines Brockhaus-Bandes L–Z mitteilte, wurde auf Grund einwandfreier Feststellungen als Aktivist der kommunistischen Untergrundbewegung hier bekannt«, schrieb er in seinem Bericht. »Durch sein Verhalten verstand er es, völlig unauffällig und als politisch uninteressiert im Orte zu gelten.« Kurz vor dem Attentat, fand der Beamte heraus, habe der Buchhändler außerdem einen unbekannten Mann beherbergt, der der Täterbeschreibung ähnlich sei. Das bedeutete, dass der Ermittler einen Bürger, der eine von der Polizei erbetene Beobachtung bereitwillig gemeldet hatte, kurzerhand zum Tatverdächtigen umkrempelte und ihm die Unbescholtenheit als perfide Tarnung zur Last legte. D.s messerscharfe Schlussfolgerung: »Der Buchhändler B. kann kaum als entlastet angesehen werden.« Außerdem habe sich im Ort eine männliche Person in einem Geschäft nach einer bestimmten Batteriesorte erkundigt und eine Feile sowie einen Halter für ein Rasiermesser erworben.[5] So schnell konnte sich in der Adenauer-Zeit ein Verdacht gegen einen Kommunisten erhärten. Erst viel später wurde bekannt, dass der Buchhändler wirklich etwas auf dem Kerbholz hatte. Der Mann hatte einen Lexikon-Band unterschlagen und dem Verlag als Verlust gemeldet. Durch seinen Hinweis an die Polizei wollte er seine Position verbessern.[6]

Unterdessen waren die technischen Untersuchungen ein gutes Stück vorangekommen. Nicht ohne Stolz auf die Leistungen seiner Fachleute, verkündete Walter Specht, Leiter der Kriminaltechnischen Abteilung des Zentralamtes, dass man sich ein recht genaues Bild von der Konstruktion und der Wirkung der Bombe habe machen können. So wisse man inzwischen, dass der Zünder

Der »Kleine Brockhaus L–Z« mit einem nachgebauten Schuber.

auf zweifache Weise ausgelöst werden konnte: beim Herausziehen des Buches aus dem Schuber und – im Falle eines Versagens – beim Aufklappen des Buchdeckels. Specht musste allerdings einräumen, dass man noch nicht wisse, wie die Bombe tatsächlich gezündet worden war – beim Herausziehen oder erst beim Aufklappen. Der Zünder sei auf einer festen Kunststoffplatte angebracht worden, wie sie nach dem Krieg aus ehemaligen Wehrmachtsbeständen in Radiogeschäften häufig angeboten wurden, erklärte er. Diese Platte sei maschinell zugeschnitten und per Hand nachbearbeitet worden. Der Zündkontakt habe aus einer Feder und einem Stift bestanden, meinte er. Man habe mikroskopisch kleine Metallteilchen gefunden, die nicht von der Bombe, sondern vermutlich aus der Werkstatt des Konstrukteurs stamm ten. In der gedrillten Paketschnur, dem »Spagat«, habe man eingelagerten Staub entdeckt. Hätte Specht damals gewusst, welche Probleme die Rekonstruktion der Zündanlage noch bereiten würde, wäre er vermutlich zurückhaltender gewesen.[7]

Große Hoffnung setzte die Sonderkommission auf die fünfundzwanzig Fahndungstableaus, die in Schaufenstern ausgestellt werden sollten. Für diese großformatigen, zweiteiligen Tafeln war je ein originalgetreues Muster des kobaltblauen Pappschubers, einige Materialproben sowie einige der herausgeschnittenen Lexikonseiten zusammen mit einem Fahndungsplakat vorgesehen. Die Sonderkommission erhoffte sich dadurch eine noch größere Beteiligung der Bevölkerung an der Fahndung. Bei der Herstellung der Pappschuber waren die Kriminalbeamten auf einen Experten angewiesen. Sie fanden ihn in Josef Kiefer, dem Obermeister der Buchbinder-Innung München.

Kiefer war ein strenger Meister seines Fachs. In einem Gutachten für das Zentralamt beschrieb er zunächst das Werkstück auf penible Weise. Für die 260 × 165 × 56 Millimeter große Kassette, die vom Lexikon-Verlag nicht mitgeliefert worden war, hatte man fünf 1,5 Millimeter starke Pappnutzen zurechtgeschnitten und mit 30 Millimeter breiten Leinenstreifen zusammengeklebt. Innen war der Schuber mit weißem Futterpapier ausgekleidet, außen mit kobaltblauem Kalikogewebe beklebt. Zusammen ergab das eine Wandstärke von zwei Millimetern. Da die Klebestreifen auf der einen Seite eine Webkante, auf der anderen aber eine Schnittkante zeigten, schloss der Experte auf Abfallmaterial eines Betriebes. Bei dem abwaschbaren Kalikogewebe, das in keinem Musterbuch zu finden war, vermutete er Vorkriegsmaterial, ebenso bei der Graupappe des Schubers, einem »leicht aufblätternden«, durchgearbeiteten Naturkarton von 450 Gramm Gewicht pro Quadratmeter. Kiefer war der Ansicht, dass der Schuber vermutlich lange Zeit vor dem im Herbst 1950 gedruckten Lexikon angefertigt worden war, vielleicht für einen anderen Zweck. Man hatte ihn verwendet, weil er zufällig passte.

Was die Qualität der Arbeit anging, so war der Obermeister nicht ganz zufrieden. Der Hersteller könne unmöglich eine Lehre abgeschlossen haben. Eher habe er eine Spezialausbildung, »wie sie etwa in Buchbindereien von Lagern oder Gefängnissen vermittelt werden«. Kiefer gestand zwar »eine ausgezeichnet gekonnte Verwendung des Heißleims« zu, doch beim Futter komme Heißleim nicht in Frage, man hätte Kleister nehmen müssen. Überhaupt sei das Papierfutter völlig unnötig, weil es beim Einschieben des Buches hinderlich sei. Auch die Einschläge des Kalikogewebes mochte Kiefer nicht hinnehmen: viel zu breit. Und die Ecken seien nicht eingeschnitten, sondern »mit einer Falte herübergequetscht« worden. Grollend fällte der in seinem Arbeitsethos verletzte Obermeister das Urteil: »Bei der ganzen Arbeit mischen sich fachliche Kenntnisse mit schlampiger Arbeitsweise, so daß sich das Bild einer Dilettantenarbeit ergibt.«[8] Als hätte das Handwerk nicht schon genug Schmach hingenommen, mussten einige Münchner Buchbinder über die Osterfeiertage fünfundzwanzig Exemplare des Pappschubers nachbauen, und zwar genauso schlampig und dilettantisch wie das Original. Ab Mitte April wurden sie auf den Fahndungstableaus in München und Umgebung in Schaufenstern ausgestellt. Zusammen mit den 5000 gedruckten Plakaten konnte sich die Sonderkommission nun auf gute Fahndungsmaterialien stützen.

Kriminalrat Ochs hatte es nicht leicht in München. Um seine Position gab es im Hintergrund ein politisches Gerangel, so dass der Kriminalist im Grunde an zwei Fronten kämpfte. Gegen den Widerstand der Bayern hatte das Bonner Innenministerium auf der Entsendung von Beamten des Bundeskriminalamtes (BKA) bestanden, handelte es sich doch immerhin um ein Attentat auf den Bundeskanzler, das möglicherweise internationale Fahndungsmaßnahmen erforderlich machte. Obwohl von Anfang an als »Leiter der Sonderkommission« angekündigt, wurde Josef Ochs der Presse tagelang lediglich als »Verbindungsmann« zwischen dem BKA und den Münchner Ermittlern präsentiert. »München war nicht erfreut über Ochs, man hat ihn als Aufsicht empfunden«, erinnert sich heute Emil Weigel, der ab April 1951 in der Kriminalpolizei-Abteilung im Präsidium der Bayerischen Landespolizei in München arbeitete. Es nützte wenig, dass Ochs sich zurückhaltend verhielt und verbindlich auftrat. »Sie haben ihn nicht so gut mitkommen lassen«, schildert Weigel die Situation. Der Leiter der Sonderkommission wurde von Informationen abgeschnitten. Sicher ist aber auch, dass umgekehrt Ochs den Münchner Kriminalbeamten brisante Erkenntnisse vorenthielt, die er von seinen Mitarbeitern der Sicherungsgruppe in Bonn erfahren hatte. Alles in allem kann die Stimmung in München nicht gerade angenehm gewesen sein.

Unterdessen begann die Sonderkommission die Münchner Presse zu langweilen. Man war es leid, immer wieder verkrachte Existenzen, Eigenbrötler, Weinreisende und Kommunisten vorgesetzt zu bekommen, die sich ein, zwei Tage darauf als reisende Kleinbetrüger herausstellten oder gänzlich harmlos waren. Die Kriminalbeamten hatten immer weniger zu berichten, und die Presse hörte langsam nicht mehr hin, was verkündet wurde. Irgendwann Mitte April 1952 entschied sich die Sonderkommission deshalb, überhaupt nichts mehr bekannt zu geben, ohne je einen offiziellen Informationsstopp zu verhängen. Die Fahndung, versicherte man, werde »mit unverminderter Energie« fortgesetzt. Das war's. Hinter den Kulissen hörte sich das anders an: Ein ungenannter Ermittler erklärte gegenüber der Presse: »Wir sind an einem toten Punkt.« Amtmann Johannes Schmid, Leiter der Mordkommission und Mitarbeiter der Sonderkommission, musste eingestehen: »Dies ist der schwierigste Fall, den ich in den dreizehn Jahren, die ich in der Mordkommission tätig bin, zu bearbeiten hatte.« So wurde die Berichterstattung der Zeitungen immer dünner und brach irgendwann völlig ab. Die *Abendzeitung* veröffentlichte ihren letzten Beitrag zum Attentat am 10. April, der *Münchner Merkur* berichtete bis zum 17. April, die *Süddeutsche Zeitung* publizierte am 19. April eine letzte kleine Notiz. Die Vorbühne war leer, und der Vorhang war und blieb vorgezogen.

Ein Armutszeugnis für die Behörden? Nicht ganz. Die Bundesrepublik steckte in einem Dilemma, sie war in ein gefährliches Fahrwasser geraten. Keiner wusste dies so gut wie Josef Ochs, der in München nicht gern gesehene Leiter der Sonderkommission, den man von Informationen abgeschnitten hatte. Doch es war Ochs, der die besseren Informationen hatte und der nicht daran dachte, sie den Bayern bekannt zu geben.

»Nous voulons vous parler, Fritz«

Wenn der Präsident des Bundeskriminalamtes dem Bundesinnenministerium in einem Ermittlungsfall »Ergebnisse ... von so delikater Natur und von so erheblicher politischer Bedeutung und Auswirkung« ankündigt, dass er zu mündlichem Vortrag rät, dann ist mit brisanten Erkenntnissen zu rechnen. Es gebe »Aufklärung über den vermutlichen Täterkreis« des Attentats auf Adenauer, deutete Hanns Jess in seinem geheimen Schreiben vom 24. Mai 1952 an.[1] Alles Weitere sollte in Bonn besprochen werden.

Über das angekündigte Gespräch, das am 29. Mai im Bonner Innenministerium stattfand, gibt es in der Ermittlungsakte nicht den geringsten Hinweis; der Brief blieb als Einzelstück erhalten. Nachdem Kriminalrat Ochs, Leiter der Sonderkommission, seinen Vortrag beendet hatte, entschied Bundesinnenminister Lehr, die Öffentlichkeit »bis auf weiteres nicht zu unterrichten«. Diese Verfügung wurde bis heute offiziell nicht aufgehoben. Was besprochen wurde, ist nicht bekannt. Doch die Erkenntnisse, um die es ging, lassen sich anhand der Akte rekonstruieren.

Am Morgen des 2. April 1952 suchte ein etwa 30-jähriger Mann das deutsche Generalkonsulat in Marseille auf, um eine Erklärung abzugeben. Er war mittelgroß, schlank, gut gekleidet und hatte Manieren. Busch, ein Angestellter des Generalkonsulats, nahm sich seiner an. Der Besucher zog einen Zeitungsartikel hervor, einen Bericht der Kontinentalausgabe der britischen *Daily Mail* vom Vortag über das Kommuniqué der »Organisation Jüdischer Partisanen«, das zwei Pariser Nachrichtenagenturen per

Post erhalten hatten. Der Mann versicherte, er könne eine Aussage über die Täter machen. »Wenn etwas Wahres daran ist, kann es sich nur um Jakov Farshtej handeln. Der ist staatenloser Emigrant und lebt in Paris.« Busch bat um den Namen, doch der Besucher lehnte freundlich, aber bestimmt ab. Er sei jüdischer Emigrant aus der Slowakei, das solle genügen. Er werde wieder vorsprechen, versicherte der Unbekannte und verabschiedete sich. Daraufhin informierte Busch die deutsche Diplomatische Mission in Paris in einem Schreiben. Dort war man bereits durch einen anonymen, in Französisch geschriebenen Brief des Emigranten im Bilde. Der Verfasser berief sich auf das Gespräch in Marseille und schlug vor, falls eine Kontaktaufnahme gewünscht sei, möge man in der nächsten Kontinentalausgabe des *Daily Mail* eine Anzeige auf Englisch veröffentlichen: »Jeune homme, nous voulons vous parler, Fritz.«[2]

Am Samstag, dem 5. April, gingen bei der Sicherungsgruppe des Bundeskriminalamtes in Bonn zwei Hinweise ein, deren Urheber bis heute nicht ganz geklärt sind. »Von vertraulicher französischer Seite« traf die Information ein, dass ein Israeli mit Namen Jacob Liothan, 29 Jahre alt, wohnhaft Tel Aviv und Paris, etwas mit dem Attentat zu tun haben könnte. Der Mann sei von Paris mehrmals nach Deutschland gereist. Ebenfalls vertraulich wurde »von anderer ausländischer Stelle« mitgeteilt, dass ein gewisser Samuel Bernstein*, ein in Frankfurt lebender Jude, vermutlich mit dem Münchner Anschlag in Verbindung stehe. Der Attentäter habe in seiner Wohnung übernachtet[3] – vermutlich mit der Bombe im Gepäck. Bei der zweiten Quelle handelte es sich vermutlich um den britischen Geheimdienst.[4]

Man war beeindruckt, um es zurückhaltend zu sagen. Noch am selben Tag, einem Samstag, fragte die Sicherungsgruppe bei der Frankfurter Kriminalpolizei an, was über Samuel Bernstein bekannt sei. Innerhalb weniger Stunden hatte man die wichtigsten Daten beisammen: Samuel Bernstein, 1918 in Stryj in Polen

* Name geändert

(heute Ukraine) geboren, selbständiger Kaufmann, verheiratet, zwei Kinder. Ab 1946 in Darmstadt wohnhaft, hatte er eine berufliche Fachschule für jüdische »Displaced Persons« geleitet, entwurzelte Juden aus Osteuropa, die sich auf die Emigration nach Palästina vorbereiteten. Viermal war er mit dem Gesetz in Konflikt geraten – wegen Schwarzhandels, Wechselangelegenheiten und schwerer Körperverletzung. In Frankfurt, wo er mit seiner Familie seit 1950 lebte, betrieb er eine Textilgroßhandlung. Die Sicherungsgruppe wusste genug: Den Mann würde man sich mal vorknöpfen. Noch am Samstag fuhr eine Gruppe von Ermittlern nach Frankfurt.

Auf den ersten Blick war die Sicherungsgruppe nichts anderes als eine Abteilung des Bundeskriminalamtes, die für den Schutz der Politiker in der Bundeshauptstadt zuständig war. Doch tatsächlich war (und ist) die Sicherungsgruppe eine politische Polizei, sozusagen ein Verfassungsschutz mit polizeilichen Exekutivrechten, durchdrungen von einem ausgeprägten Elite-Bewusstsein. Ihr Herkommen erklärt sich aus der Gründungsgeschichte des Bundeskriminalamtes (BKA), das am 8. März 1951 durch ein eigenes Gesetz ins Leben gerufen wurde. Die neue Behörde entstand zunächst an drei Orten: Präsident Hanns Jess residierte im »Bundeskriminalamt Hamburg«, das Ende Oktober 1951 aus dem Kriminalpolizeiamt der Britischen Zone (KPABrZ) gebildet worden war. Diese »Außenstelle Hamburg« sollte später, Mitte 1952, nach Wiesbaden verlegt werden, in die künftige Zentrale. In Wiesbaden bauten Sachbearbeiter in provisorischen Unterkünften bereits die technischen Abteilungen auf, verwalteten die Zehnfinger-Datei und gaben das Deutsche Fahndungsbuch heraus, während in Bonn die Sicherungsgruppe des BKA waltete. Die Nähe zur Macht, vor allem aber die Vorlieben Paul Dickopfs, der im Bundesinnenministerium den Aufbau des BKA plante, brachten es mit sich, dass die Sicherungsgruppe sich schon bald als Elite-Einheit fühlte, die stets etwas spöttisch auf die »Schreibtischkriminalisten« in Hamburg und Wiesbaden herabsah.

Die Präsidenten des BKA mochten heißen, wie sie wollten –

Paul Dickopf, Präsident des Bundeskriminalamtes, Aufnahme von 1965

die graue Eminenz, die im Hintergrund die Fäden zog, war Paul Dickopf, »zweifellos die geheimnisvollste Gestalt der bundesdeutschen Kripogeschichte«.[5] Dickopf verfügte über genügend Macht und Einfluss, um jedem Präsidenten, der ihm nicht passte, den Dienst zur Hölle zu machen. Dahinter verbarg sich ein abgrundtiefer Groll und Neid, schließlich hielt sich Dickopf für den einzig richtigen Mann, das BKA zu führen. Im Januar 1965, nach fast fünfzehn Jahren des Wartens, war er endlich am Ziel und konnte das Bundeskriminalamt nach seinen – durchaus antiquierten – Vorstellungen formen. Erst Horst Herold erkannte in den siebziger Jahren die Rückständigkeit der Behörde und baute das BKA zu einer modernen Bundespolizei aus.

Wer Paul Dickopf war und welch abenteuerliche Karriere er hinter sich hatte, erfuhr die interessierte Öffentlichkeit erst ab den neunziger Jahren durch eine Reihe von Buchpublikationen, unter denen Dieter Schenks profundes Werk »Auf dem rechten

Auge blind. Die braunen Wurzeln des BKA« an erster Stelle zu nennen ist.[6] Schenk, in den achtziger Jahren selbst Mitarbeiter des BKA, legte in seinem Buch die trübe Vorgeschichte des Expräsidenten offen. Dickopf besuchte 1938/39 den 13. Kriminalkommissaranwärter-Lehrgang der Führerschule der Sicherheitspolizei in Berlin-Charlottenburg und wechselte nach einem Zwischenspiel bei der Reichskriminalpolizei zum »Amt Ausland/Abwehr«, dem von Canaris geführten Geheimdienst der Wehrmacht. Mit der Legende eines geflohenen Abwehr-Mannes ging er 1943 in die Schweiz, um als Doppelagent fremde Nachrichtendienste zu unterwandern. Es gelang ihm ein fast unglaubliches Glanzstück: Obwohl er nach seiner Enttarnung zum Schein für den Schweizer Nachrichtendienst arbeitete, den er mit Spielmaterial abspeiste, und sich das Vertrauen des amerikanischen Geheimdienstes Office of Strategic Services (OSS) erwarb, für den er ab Ende 1944 ebenfalls tätig war, hielt er weiterhin Kontakt zu den deutschen Nachrichtendiensten und organisierte in den letzten Kriegswochen die Flucht einiger hoher NS-Funktionäre nach Italien. Die Amerikaner schöpften keinen Verdacht und akzeptierten ihn auch nach Kriegsende als Informanten und vermeintlichen Fachmann beim Aufbau der neuen Polizeibehörden. Da es letztlich die amerikanische Besatzungsmacht war, die über die künftige deutsche Polizei entschied, wuchs Dickopf in eine einzigartige Schlüsselposition hinein: In zahlreichen Plänen entwarf er den Aufbau der künftigen Bundespolizei, die sich stark an das ehemalige Reichskriminalpolizeiamt (RKPA) im Reichssicherheitshauptamt (RSHA) anlehnte, dementsprechend zentral organisiert war und mit weitgehenden Exekutivrechten gegenüber den Ländern ausgestattet werden sollte. Dies ging den Amerikanern jedoch zu weit: Im »Polizeibrief« vom 4. April 1949 an den Parlamentarischen Rat legten die Militärgouverneure fest, dass die Polizei Angelegenheit der Länder sei und dass die Bundespolizei keine Weisungsgewalt gegenüber den Polizeibehörden der Länder haben dürfe. Seinen Plan einer politischen Polizei mit starken Exekutivrechten konnte Dickopf zunächst nicht verwirklichen.

Damit war der Konflikt um die Frage, wie die Macht der zentralen Polizeibehörde wirksam einzugrenzen sei, aber noch nicht entschieden. Erst der siebte Entwurf des BKA-Gesetzes passierte das Bundeskabinett und ging den Ländern zur Stellungnahme zu, die fast ohne Ausnahme Einwände erhoben, vor allem wegen der Exekutivrechte. Die Hauptgegner waren die Bayern, die bereits im Oktober 1949 unmissverständlich deutlich machten, dass die Entsendung von Bundeskriminalpolizeibeamten in die Länder zu Amtshandlungen aus eigenem Recht absolut unerwünscht sei.[7] Mühsam kam schließlich ein Kompromiss zustande: Das Bundeskriminalamt durfte in den Ländern ermitteln, wenn eine zuständige Landesbehörde darum ersuchte oder wenn der Bundesinnenminister aus schwerwiegenden Gründen dies entschied. Nur im letzteren Fall war das BKA gegenüber den Landespolizeibehörden auch weisungsbefugt. Beim Adenauer-Attentat sah Bundesinnenminister Lehr schwerwiegende Gründe gegeben, woraufhin Josef Ochs als Leiter der Sonderkommission nach München beordert wurde – und prompt auf eine Mauer von Ablehnung stieß.

Konnte Dickopf seinen Plan einer politischen Polizei 1947/48 noch nicht verwirklichen, so stellte sich die Lage vier Jahre später wesentlich günstiger dar. Dickopf, ab Mai 1950 im Bundesinnenministerium als Referent für Polizeiangelegenheiten tätig, übernahm im April 1952 – also wenige Tage nach dem Attentat auf Adenauer – interimistisch die Leitung der Sicherungsgruppe, zusätzlich zu seinen übrigen Pflichten im Ministerium. Noch im gleichen Monat schuf er innerhalb der Sicherungsgruppe eine politische Polizei im Kleinformat, indem er parallel zum Referat »Schutz- und Begleitdienst«, das für die Sicherheit der Politiker zuständig war, ein neues Referat »Ermittlungsdienst« aufbaute, das Fälle von Hoch- und Landesverrat bearbeitete und mit Exekutivrechten ausgestattet wurde. Diese neue Gruppe begann unverzüglich mit eigenen Ermittlungen im Attentat auf Adenauer. Zum Leiter des neuen Ermittlungsdienstes ernannte Dickopf am 28. April einen Kameraden aus Charlottenburg: Dr. Josef Ochs,

Mitarbeiter der Sicherungsgruppe von der ersten Stunde an, seit kurzem Chef der Münchner Sonderkommission. Dickopf nannte ihn »Seppl«.[8] Damit hatte Ochs, der in München gegen durchsichtige Wände lief, in Bonn seine eigene, ständige »Sonderkommission«.

Es ist allgemein bekannt, wie stark die Bundesrepublik Deutschland in ihren ersten zwanzig Jahren in der Politik und der Verwaltung, in der Diplomatie und der Justiz, an den Universitäten, im Ärztewesen und im Journalismus von altgedienten Nationalsozialisten, SD-Mitarbeitern und SS-Leuten geprägt wurde. Ohne die »Pg.'s« und ihre Fachkenntnisse, so die einhellige Meinung im Bund, bei den Ländern, den Kommunen und bei den Alliierten, ließ sich kein neuer Staat aufbauen. Auch Konrad Adenauer wollte auf seinen Globke[9] nicht verzichten, den Kommentator der Nürnberger Rassengesetze von 1935, und förderte nicht selten die Karrieren der alten Kämpfer, versprachen die Leute doch willige und loyale, um nicht zu sagen erpressbare Mitarbeiter zu sein, die alles tun würden, um nicht noch einmal vor dem Ende ihrer Laufbahn zu stehen. Beim Aufbau der Polizeibehörden wurde diese Praxis besonders deutlich. Wen Dickopf aus alten Zeiten beim Reichskriminalpolizeiamt kannte und für gut befand, wer den richtigen Stallgeruch hatte, den forderte der Referent im Bundesinnenministerium nachdrücklich auf, sich um eine Stelle beim BKA zu bewerben. Besonders am Herzen lagen Dickopf die alten Kameraden vom 13. Kriminalkommissaranwärter-Lehrgang der Führerschule der Sicherheitspolizei, aus dessen Kreis er seine engsten Mitarbeiter und Vertrauten rekrutierte. Die Lebensläufe der Kriminalisten vom RKPA, fand Dieter Schenk heraus, wurden bedenkenlos umgeschrieben, bereinigt, frisiert und verniedlicht, wobei der für die Personalauswahl zuständige Dickopf in eigener Sache beispielhaft voranging.

So sammelten sich beim BKA die »Charlottenburger« als verschworene Seilschaft, die wie Pech und Schwefel zueinander hielten und rund zwanzig Jahre den Dienstalltag und die Atmosphäre des Hauses prägten. Die meisten von ihnen hatten zeitweilig in

Heydrichs Reichssicherheitshauptamt (RSHA) gearbeitet, der obersten Sicherheitsbehörde des Deutschen Reiches, die den Sicherheitsdienst (SD) der SS, die Gestapo und das Reichskriminalpolizeiamt (RKPA) unter einem Dach vereinte. Aus Mitarbeitern dieses Amtes wurden nach Kriegsbeginn die berüchtigten Einsatzgruppen und -kommandos zusammengestellt, die in Polen, im Baltikum und in der Sowjetunion unmittelbar hinter den Kampfverbänden hunderttausende Juden, Intellektuelle und alle möglichen »deutschfeindlichen Elemente« umbrachten. Ein beträchtlicher Teil der leitenden BKA-Beamten entstammte dem RSHA, das als oberste deutsche Mordbehörde maßgeblich den Holocaust organisierte.

Im Fall des Frankfurter Juden entschieden sich die Ermittler der Sicherungsgruppe für einen schnellen Zugriff am nächsten Tag, dem 6. April. Es war ein Sonntag. Morgens um 6 Uhr 30 klingelten sie Samuel Bernstein* und seine Frau aus dem Bett und begannen unverzüglich mit der Hausdurchsuchung.[10] Als sich die erste Überraschung gelegt hatte, meinte Bernstein resigniert, es wolle sich wohl jemand an ihm rächen und habe ihn denunziert, erst vor zwei Monaten habe er die Steuerfahnder im Haus gehabt. Die Durchsuchung ergab keine Verdachtsmomente, woraufhin die Ermittler sich mit Bernsteins Einwilligung die Geschäftsräume vornahmen – ebenfalls ohne Erfolg. Die Dame des Hauses machte sich verdächtig, als sie ein Schreiben aus ihrer Handtasche verschwinden lassen wollte. Es war ein Brief ihres Mannes nach Paris, wo sie vor kurzem gewesen war.

Bei der getrennten Vernehmung im Frankfurter Polizeipräsidium erklärte Sophie Bernstein*, sie habe vor kurzem ihren Freund in Paris besucht und bitte dringend darum, dass ihrem Mann nichts über ihr Verhältnis mitgeteilt werde. Vielleicht um sich den Ermittlern erkenntlich zu zeigen, deutete sie an, dass ihr Mann in Polen als Partisan gegen die deutschen Besatzer gekämpft haben könnte. Die Berufsschule für jüdische Auswande-

* Name geändert

rer, die er nach dem Krieg in Darmstadt gegründet hatte, sei nicht gut gelaufen. Als Anhänger des gemäßigten Flügels der Zionistisch-Revisionistischen Partei wurde er von radikalen Parteimitgliedern angefeindet. »Aus diesem Grund habe ich damals Angst um das Leben meines Mannes gehabt. Sie haben ihm damals sogar Drohungen geschickt, und später wurde mir bestätigt, daß die Absicht bestanden hat, ihn umzubringen«, berichtete sie. Nachdem fast alle Schüler nach Israel gegangen waren, musste die Schule geschlossen werden. Manche von ihnen hätten geplant, ihn umzubringen, falls er sich im Lande blicken lasse.[11]

Samuel Bernstein stritt entschieden ab, mit dem Attentat in München irgendetwas zu tun zu haben. Bereitwillig packte er über die Zionistisch-Revisionistische Partei aus. Die Cheruth-Partei habe 1948 durch Verleumdung der gemäßigten Mitglieder der Zionistisch-Revisionistischen Partei versucht, die Parteispitze zu übernehmen. Es sei zu einem »Putsch« in München gekommen, bei dem die Cheruth die Parteizentrale 24 Stunden blockiert habe. »Mit meinen gesamten Schülern fuhr ich seinerzeit nach München und besetzte ... die Zentralstelle«, berichtete er, der »Putsch« konnte niedergeschlagen werden. Als Folge sei er von der Cheruth mit etwa zehn anderen Leuten seiner Partei auf die »Schwarze Liste« gesetzt worden. Er bestätigte, dass es Morddrohungen gegen ihn gegeben habe. Er könne aber nicht behaupten, dass die Cheruth-Leute ihn wegen des Attentats belastet hätten, versicherte er. »Sollten ... Juden das Verbrechen begangen haben, dann sind es nach meiner Ansicht Leute, die einer ganz kleinen Gruppe ... angehören und die Tat aus eigener Entschließung verübt haben.«[12]

Da weder die Hausdurchsuchungen noch die Vernehmung Bernsteins einen dringenden Verdacht ergaben, wurde das Verhör beendet. Am Tag darauf schrieb einer der Ermittler, sein Name ist Saevecke, einen abschließenden Bericht. Demnach könnte Bernstein Opfer eines »Racheakts« gewesen sein, »aus geschäftlichen oder politischen Gründen«. Das würde bedeuten, dass ehemalige Schüler oder Parteigegner die Information lanciert hatten, er habe

*Theo Saevecke in SS-Uniform
(undatiert)*

einige Tage vor dem Anschlag in München den Täter beherbergt. Da eine Festnahme nicht zu rechtfertigen gewesen wäre, sei Bernstein am Sonntagabend um 19 Uhr 30 »in seine Wohnung entlassen« worden, schrieb Saevecke.[13] Eine bemerkenswerte Formulierung, die an alte Zeiten erinnert.

Leitender Ermittler der Aktion in Frankfurt war Kriminalkommissar Theo Saevecke. Stellt man sich die Situation im Frankfurter Polizeipräsidium vor, wie der blonde, jungenhaft wirkende Saevecke Samuel Bernstein vernahm, so stellt sich Unbehagen ein: Theo Saevecke, ein Kriminalbeamter in der Probezeit, aber mit großer Erfahrung in einschlägigen Vernehmungen, verhörte den ehemaligen Partisan Samuel Bernstein, einen Juden. Man würde viel darum geben zu erfahren, wie Bernstein Saevecke wahrnahm, ob er intuitiv spürte, welche Vergangenheit der Mann hatte. Die wog schwer: Theo Saevecke hatte Juden zu Hunderten gejagt und sie in Viehwaggons nach Auschwitz transportieren lassen. Insofern war die Begegnung im Frankfurter Polizeipräsidium grotesk. Aber es war eine Situation, wie sie sich in der Adenauer-Republik nicht nur einmal ereignete. Begegnungen dieser Art gehörten zum Behörden-Alltag. Sie mussten als normal angesehen werden. Mit ihnen war zu rechnen.

Über Theo Saevecke[14] sind seit Mitte der fünfziger Jahre in zyklischen Wellen hunderte Berichte und Reportagen erschienen, die einige Aktenordner füllen. Es kann hier nicht erörtert werden, ob Saevecke tatsächlich der Einsatzgruppe VI unter SS-Oberführer Naumann angehörte, die im September 1939 im Raum Posen im Rahmen der »Aktion Tannenberg« Angehörige der polnischen Intelligenz, Juden und »deutschfeindliche Elemente« zu Tausenden umbrachte. Saevecke hat die Teilnahme bestritten. Auch die Frage, ob er ab März 1941 innerhalb des Reichskriminalpolizeiamtes (RKPA) des RSHA im berüchtigten Referat V A 2 (»Vorbeugung«) eingesetzt wurde, das zuständig war für die Einweisung von »Asozialen, Prostituierten und Zigeunern« in Konzentrationslager, kann an dieser Stelle nicht abgehandelt werden. Saevecke hat dies bestritten, obgleich er im Behördenverzeichnis für dieses Referat aufgeführt ist.[15] Weiterhin kann die nicht ganz unwichtige Frage, für welche Taten Saevecke in Mailand am 20. April 1944 mit dem Kriegsverdienstkreuz I. Klasse mit Schwertern ausgezeichnet wurde, nur gestreift werden. Saevecke soll von November 1942, als er dem Einsatzkommando der Sicherheitspolizei und des Sicherheitsdienstes Afrika angehörte, »mit großem Erfolg die Judenfrage im tunesischen Raum bearbeitet« haben. Dies konnte Saevecke nicht bestreiten, denn so steht es in der offiziellen Begründung.[16]

In all diesen Einsätzen war Saevecke mehr oder weniger in untergeordneter Stellung tätig. Doch Anfang Juli 1943 wurde er zum Befehlshaber der Sicherheitspolizei (Kripo und Gestapo) und des Sicherheitsdienstes (SD) in Verona ernannt, im September des Jahres zum Kommandeur der Sicherheitspolizei in Mailand, die der »Gruppe Oberitalien West« unter SS-Chef Rauff angehörte, dem Erfinder der Gaswagen. Damit bekleidete er erstmals einen bedeutenden Posten, auf dem er Verantwortung für eine große Region hatte. Mit seinen 33 Jahren verfügte Saevecke über beträchtliche Macht, hatte zahlreiche Untergebene und Spielraum für eigene Entscheidungen.

Im Juli 1943 war Mussolini gestürzt worden, zwei Monate später schloss die Regierung des italienischen Königs mit den Alliierten einen Waffenstillstand. Deutsche Truppen besetzten Norditalien einschließlich Rom, befreiten in einem Husarenstück Mussolini, der daraufhin von seinem Sitz in Saló am Gardasee in völliger Abhängigkeit von Deutschland den nördlichen Teil des Landes regieren konnte. In der »Republik von Saló« hatten die deutschen Truppen das Sagen – Leute wie Theo Saevecke. Im Hotel »Regina«, einem spätbarocken Palast gegenüber dem Mailänder Dom, schlug der SS-Hauptsturmführer sein Quartier auf, richtete Diensträume, Verhörzimmer und Haftzellen ein. Durch Stacheldraht und Betonwände geschützt, nachts von Scheinwerfern angestrahlt, war das »Regina« für die Mailänder der Inbegriff des deutschen Terrors. In diesem Gebäude und im Zentralgefängnis San Vittore fanden die verschärften Verhöre statt: Die Häftlinge wurden an den Stuhl gefesselt, Schläge mit dem Ochsenziemer waren der Normalfall. Wenn ein Häftling nicht reden wollte, folgte die Rache auf dem Fuß. Erich Wachtor, ein jüdischer Flüchtling, gab nach dem Krieg zu Protokoll, wie er im August 1944 ins Hotel »Regina« gebracht wurde, zum Verhör bei Saevecke. Er sollte andere Juden verraten, doch Wachtor schwieg. Saeveckes Untergebener, Unterscharführer Klimm, schlug ihm danach im Gefängnis San Vittore »mit dem Pistolengriff langsam und sorgfältig 26 Zähne aus«.[17]

Vom faschistischen Polizeichef Coglitore verschaffte sich Saevecke Listen der in Mailand und der Provinz gemeldeten 7500 Juden. Bei den Verhaftungen arbeitete er eng mit illegalen Polizeitrupps zusammen, die in vornehmen Villen Privatgefängnisse und Folterkammern einrichteten, Geschäftsleute erpressten und auf Menschenjagd gingen. Ein lohnendes Geschäft: Ein abgelieferter Jude brachte als Fangprämie einen Monatslohn ein. Saevecke betrieb Fahndung und Beschlagnahmung von jüdischem Eigentum zum Teil persönlich. Im Fall des Ernesto Reinach, damals 88 Jahre alt, erkundigte er sich im Mai 1944 schriftlich bei der Mailänder Provinzverwaltung: »Ich bitte, von dort die Vermögenswerte des Juden Reinach sicherzustellen. Reinach wurde von mir am 6. Dezember 1943 in die Evakuierungsmaßnahmen einbezogen.« Reinach starb bereits wenige Tage nach der »Evakuierung« im vollgepferchten Waggon, der Transport endete in Auschwitz. Nach den Recherchen des Jüdischen Dokumentationszentrums in Mailand war Saevecke zumindest für die ersten beiden Transporte aus Mailand verantwortlich: Im ersten Zug, der am 6. Dezember 1943 abging, wurden 265 Namen gezählt, im zweiten Transport vom 30. Januar 1944 stellte man 650 deportierte Juden fest. Der Zielort war Auschwitz.

Am 8. August 1944 zerstörten in Mailand zwei Sprengsätze einen deutschen Militär-Lkw, neun unbeteiligte italienische Passanten starben. Zwei Tage darauf folgte die Rache: Auf dem mitten in Mailand gelegenen Loreto-Platz wurden fünfzehn Geiseln erschossen – Arbeiter, Ingenieure, Lehrer, meist Kommunisten, die seit Monaten in San Vittore eingesperrt waren und mit dem Anschlag nichts zu tun hatten. Die Todesschützen: Angehörige der faschistischen Legion Muti. Die Leichen blieben zur Abschreckung unter Bewachung bis zum Nachmittag in der Sonne liegen, als Leichenberg. Dieser Racheakt sollte Saevecke zum späten Verhängnis werden.

Nach Kriegsende saß Saevecke drei Jahre in Internierungshaft, eine Spruchkammer verurteilte ihn im Juli 1950 zu einem Bußgeld und 18 Monaten Berufsverbot. Nach seiner Einstellung suspendierte ihn das Bundesinnenministerium 1954 und 1963 für viele Monate vom Dienst und leitete zwei Disziplinarverfahren mit umfangreichen Ermittlungen im Ausland ein, die beide ergebnislos verliefen. Nach der *Spiegel*-Affäre vom Oktober 1962, in der er als Chef des Referats für Hoch- und Landesverrat der Sicherungsgruppe an leitender Stelle eingesetzt war, kehrte die Presse in seinem Leben das Unterste zuoberst. Saevecke wurde bitter darüber. Das Bundesinnenministerium versetzte ihn Anfang 1963 in die Wiesbadener Zentrale auf einen unpolitischen Posten. Es sah aus wie eine Strafversetzung, entsprach aber dem alten Wunsch Saeveckes, endlich wieder »Mordsachen« zu bearbeiten – wie 1938, als er bei der berühmten Mordkommission Gennat am Alexanderplatz in Berlin anfing. 1998 sah es ein Turiner Militärgericht als erwiesen an, dass Saevecke, der »Henker von Mailand«, die Hinrichtungen in Mailand am 10. August 1944 angeordnet hatte, und verurteilte den pensionierten Kriminalbeamten in Abwesenheit zu fünfzehn Jahren Gefängnis. Es war das einzige Gerichtsurteil gegen Saevecke. Die Haftstrafe trat er nicht an. Zwei Jahre später starb er.

Bleibt die Frage, wie einer vom Schlage Saeveckes überhaupt zum Bundeskriminalamt kommen konnte. Er war dem Bundesinnenministerium als BKA-Mann nicht gerade genehm, seine Bewerbung galt als heikel und wurde von den leitenden Beamten bis zur Ministerebene beraten. Der Grund war jedoch nicht seine zweifelhafte Laufbahn im Zweiten Weltkrieg: »Offensichtlich war diese Personalsache damals so hoch angesiedelt, weil Saevecke nach dem Krieg für die CIA (nach anderen Quellen für das CIC [Counter Intelligence Corps, der militärische Geheimdienst der USA; der Verf.]) in Berlin tätig war und die Amerikaner auf Einstellung Saeveckes in das Bundeskriminalamt drängten. Die interessante Frage, ob Saevecke je aufhörte, für CIA oder CIC zu arbeiten, läßt sich ... zur Zeit noch nicht beantworten ...«, schrieb Dieter Schenk 2001.[18]

Saevecke sah sich stets als Opfer. Im Grunde war er ein unpolitischer, ja naiver Mensch, der an seiner Vergangenheit in der Mordmaschinerie des NS-Staates nicht das Mindeste auszusetzen hatte. Beruflich wollte er nur Mordfälle aufklären – unpolitische Morde, klare, eindeutige Morde. Als Ermittler des Attentats auf Adenauer war er schon deshalb fehl am Platz: Der Anschlag war hochpolitisch, und eindeutig war er schon gar nicht. Nach dem Verhör in Frankfurt taucht sein Name in der Akte nicht mehr auf. Warum er von den Ermittlungen abgezogen wurde, ist nicht bekannt. Auch auf die Gefahr hin, die Adenauer-Zeit in ihrem politischen Taktgefühl zu überschätzen: Vielleicht hatten einige Beamte begriffen, dass einer wie Saevecke in diesem hochpolitischen Fall ein unkalkulierbares Risiko darstellte. Andererseits könnte es schlicht Zufall gewesen sein: Man hat ihn ja eingestellt in Kenntnis seiner schwierigen Biographie.

Dr. Ochs fährt nach Paris

Während die Sonderkommission in München der Presse einen verdächtigen Sonderling nach dem anderen präsentierte, geriet Frankreich immer mehr ins Blickfeld der Bonner Ermittler. Da gab es den mysteriösen slowakischen Emigranten in Marseille, der einen gewissen Farshtej als mutmaßlichen Täter angegeben hatte – und seinen eigenen Namen nicht nennen wollte. Da war Sophie Bernsteins* Reise nach Paris – auf ihren Ehemann war in Verbindung mit dem Attentat hingewiesen worden. Schließlich war »von vertraulicher französischer Seite« ein Verdächtiger mit Namen Liothan genannt worden, der von Paris gelegentlich nach Deutschland gereist war. Über ihn hatte man noch nichts in Erfahrung bringen können. Und dann stand in der Pariser Tageszeitung *France Soir* am 5. April ein Bericht, der die Ermittler geradezu alarmierte.[1]

Unter dem Titel »Ein israelischer Bürger verhaftet – vier ausgewiesen« berichtete das Blatt, dass fünf israelische Staatsangehörige, die sich mehrere Wochen in Paris aufgehalten hatten, verdächtigt wurden, an dem fehlgeschlagenen Attentat auf Adenauer teilgenommen zu haben. In der Wohnung des Verhafteten seien fünf Pistolen, eine Maschinenpistole und Munition gefunden worden. Nachdem sie einen Tag lang verhört worden waren, wurden vier der Männer binnen 24 Stunden des Landes verwiesen, der fünfte blieb in Haft. Gemäß dem Zeitungsbericht handelte es sich um den israelischen Parlamentsabgeordneten M. Shostak,

* Name geändert

den Journalisten Fekler, einen gewissen Prager, den Abgeordneten der israelischen Jugendbewegung Farstez und den wegen Waffenbesitzes festgenommenen M. Sodit.

Welche Rolle die fünf israelischen Staatsangehörigen bei dem fehlgeschlagenen Attentat auf Bundeskanzler Adenauer spielten, habe noch nicht festgestellt werden können, berichtete *France Soir* weiter. Der gegen sie vorliegende Verdacht sei jedenfalls Grund der Ausweisung. Vier der Festgenommenen gehörten der Cheruth-Partei an, die aus der palästinensischen Freiheitsbewegung Irgun Zwai Leumi hervorgegangen war. Der Bericht ließ erkennen, dass »Sûreté Nationale«, der Nationale Sicherheitsdienst, weitere ehemalige Mitglieder des Irgun verhört hatte. Umgehend legte Menachem Begin, der Vorsitzende der Cheruth, beim französischen Botschafter in Israel Protest gegen die insgesamt 18-stündige Festnahme der Parteimitglieder ein. Er versicherte, dass alle vier sich geschäftlich in Paris aufgehalten hätten, und er sei überzeugt, dass sie nichts mit dem an Adenauer gerichteten Bombenpaket oder einem sonstigen Attentat zu tun hätten.

Bevor die deutschen Behörden von der Festnahme der fünf Israelis aus der Zeitung erfahren hatten, waren vier von ihnen bereits außer Landes. Deutlicher hätte Frankreich nicht demonstrieren können, dass an einer Amtshilfe gegenüber Deutschland kein Interesse bestand. Josef Ochs sah sich die Namen der fünf Festgenommenen im Bericht des *France Soir* an und stellte fest, dass keiner ihm etwas sagte. Mit einer Ausnahme: Farstez. Hatte nicht der slowakische Emigrant in Marseille einen ähnlichen Namen genannt? Ochs holte das Schreiben von Busch hervor, das ihm von der deutschen Diplomatischen Mission in Paris übermittelt worden war: »Farshtej« nannte ihn der Mann in Marseille, »Farstez« lautete der Name in *France Soir* – vermutlich ein und dieselbe Person. Wer war Farshtej oder Farstez? Und wer war dieser slowakische Emigrant?

Mitte April 1952 bat Ochs in einem Fernschreiben der Münchner Sonderkommission den Polizeipräfekten von Paris um die Personalien der Israelis, Einzelheiten über die Ein- und Ausreise sowie ihren augenblicklichen Aufenthalt. An das Pariser Büro von Interpol schickte er eine Anfrage über Personenbeschreibungen, Lichtbilder und Fingerabdruckbögen.[2]

Die Pariser Kriminalpolizei stellte kurz darauf Lichtbilder von Farshtej, Fekler, Prager und Sodit zur Verfügung, jedoch keine Fingerabdrücke. Interpol Paris funkte die Personalien der fünf Festgenommenen.[3] Nun hatte man endlich etwas in der Hand.

Die fünf Festgenommenen waren:

Jakob Farshtej, geboren am 10. Mai 1919 in Luzk (damals Polen), war Anfang Januar 1952 nach Frankreich gekommen. Er sei »Europa-Abgesandter der Cheruth-Partei«, sagte er gegenüber der Polizei, und halte sich in seiner Eigenschaft als Abgeordneter einer israelischen Jugendbewegung in Paris auf.

Hermann Fekler, geboren am 17. November 1909 in Czernowitz (damals in Österreich-Ungarn), seit 1947 in Frankreich, gab seinen Beruf als »Journalist« an und arbeitete beim Welt-Sekretariat der Zionistisch-Revisionistischen Partei in Paris.

Itzchak Prager, geboren am 14. September 1896 in Budapest, Abgeordneter der zionistisch-revisionistischen Jugendorganisation Betar. Er war am 18. Januar 1952 über den Hafen Marseille in Frankreich eingereist.

Elizier Shostak, geboren am 16. Dezember 1921 in Wlodzimierze in Polen, Abgeordneter der Knesset, war am 21. März 1952 über Marseille in Frankreich eingetroffen.

Während diese vier Israelis Frankreich am 4. April 1952 verlassen mussten, behielten die Behörden den fünften im Bunde »hinter Schloß und Riegel«, wie *France Soir* schrieb. Denn bei Eliezer Sudit, geboren am 4. Januar 1924 in Bender (Bessarabien), eingereist am 13. März 1952, waren Schusswaffen und Munition gefunden worden. Sudit wurde zu drei Monaten Haft verurteilt.[4]

Kaum war der Bericht in *France Soir* erschienen, meldete sich der unbekannte jüdische Emigrant erneut beim deutschen Generalkonsulat in Marseille. Wie Busch umgehend nach Paris meldete, versicherte der Mann, er kenne alle »jüdischen Terroristen«, die in dem Zeitungsbeitrag erwähnt seien. Er bitte um eine Beschreibung des Münchner Attentäters, den er möglicherweise identifizieren könne. Seinen Namen wollte der Mann immer noch nicht nennen, er werde wieder vorsprechen.[5]

Die französischen Behörden hatten zwar Personalien und Fotos der ausgewiesenen Israelis zur Verfügung gestellt, hatten aber über den Verdacht der Teilnahme dieser Männer am Attentat auf Adenauer und die Hintergründe nichts mitgeteilt. Wie waren die Franzosen auf die Gruppe aufmerksam geworden? Was war bei den Männern gefunden worden? Josef Ochs, der Leiter der Münchner Sonderkommission, beschloss, nach Paris zu fahren.

Es ist nicht bekannt, mit welchen Erwartungen der Kriminalrat nach Frankreich reiste. Man weiß nicht einmal, ob ihm die französischen Verhältnisse vertraut waren, vor allem das schwierige Verhältnis zwischen Frankreich und Deutschland. Die Tatsache, dass die Bundesrepublik Deutschland nach ihrer Gründung am 21. September 1949 ein Staat war, dessen Schicksal ganz in der Hand der Alliierten Hohen Kommission (AHK) lag, des gemeinsamen Organs der drei westlichen Siegermächte, sagt wenig aus über die politische Lage. Die Alliierten kontrollierten und regelten das gesamte Wirtschaftsleben und die Finanzpolitik, den Aufbau der Polizeibehörden, die Gesetzgebung – und die Außenpolitik. Die gesamten äußeren Beziehungen der Bundesrepublik, vom Abschluss internationaler Verträge über die Akkreditierung diplomatischer Vertretungen ausländischer Staaten in Deutschland bis hin zum normalen Geschäftsverkehr der ausländischen Missionen mit deutschen Behörden, liefen über die AHK, die im Grunde der Souverän der Bundesrepublik war. Es gab keinen deutschen Außenminister; dessen Funktionen nahm bis auf weiteres Konrad Adenauer wahr. Allen Beteiligten war klar, dass diese Abhängigkeit keine Dauerlösung sein konnte. In dem Maße, wie Deutschland in ein Geflecht internationaler Verträge eingebunden wurde, die den Aufbau einer Demokratie garantierten, übergaben die Alliierten Schritt für Schritt Rechte der Souveränität an die Bundesrepublik. Erst mit dem Inkrafttreten der

Die Champs-Élysées in den fünfziger Jahren.

Pariser Verträge am 5. Mai 1955 war dieser langwierige Prozess abgeschlossen: Die Bundesrepublik Deutschland war ein souveräner Staat. Bis dahin sollten noch drei Jahre vergehen.

Zahllose kleine Schritte waren notwendig, bis es so weit war. So stellten die Alliierten im Petersberger Abkommen vom 22. November 1949 unter anderem eine »stufenweise Wiedererrichtung von Konsular- und Handelsbeziehungen« der Bundesrepublik zu einer Reihe von Staaten in Aussicht. Bereits drei Tage später nahm das »Organisationsbüro für die konsularisch-wirtschaftlichen Vertretungen im Ausland« seine Tätigkeit auf, das im Juni 1950 in »Dienststelle für Auswärtige Angelegenheiten« umbenannt wurde und den Kern des künftigen Auswärtigen Amtes darstellte. Die Anfänge waren bescheiden, man hauste in einer schlecht belüfteten Baracke in Bonn. Die ersten Konsulate sollten in Paris, London und New York eröffnet werden und zunächst nur mit konsularischen und wirtschaftlichen Befugnissen ausgestattet werden, also keinen diplomatischen Status haben.

Der Prozess der Annäherung an die früheren Gegner war schwierig, aber bei keinem Land so kompliziert wie bei Frankreich. Dafür gab es mehrere Gründe: die alte »Erbfeindschaft«, vor allem aber die militärische Niederlage Frankreichs im Sommer 1940 und die beschämende Besatzungszeit und Ausplünderung des Landes durch die Wehrmacht und den deutschen Verwaltungsapparat. Mit Mühe und Not, mehr als Gnadenakt der Verbündeten denn aus Notwendigkeit konnte de Gaulle, ein General ohne Armee, sein Land unter die Siegermächte einreihen. Der Triumph, auf den Champs-Élysées eine Siegesparade abhalten zu können, konnte die Schmach nicht ausgleichen, die Frankreich durch Nazi-Deutschland erlitten hatte. Das Selbstverständnis Frankreichs war in seinem Innersten erschüttert und verletzt.

Insofern ist es verständlich, dass die Franzosen Deutschland als barbarisches Land ohne jede Kultur ablehnten: Von »Outre-Rhin« konnte einfach nichts Gutes kommen. Damit der westliche Nachbar die Tür der Ablehnung auch nur einen Spalt weit öffnen würde, bedurfte es besonderer Mittel und außergewöhnlichen Taktgefühls. In dieser Lage konnte das einzig Verbindende nur die Kultur sein: Man musste den Franzosen auf beiläufige Weise zeigen, dass Deutschland trotz allem eine Kulturnation mit langer Tradition war, deren Reichtum durch den Nationalsozialismus zwar gelitten, aber überlebt hatte und nach wie vor sehr lebendig war. Dies auf charmante Art zu zeigen, sah Adenauer als die wichtigste Aufgabe des ersten deutschen Vertreters in Paris an. Ein Berufsdiplomat der alten Schule, womöglich unter einem Außenminister von Ribbentrop im Dienste ergraut, hätte an der Seine eine unmögliche Figur abgegeben. Ein ausgewiesener Mann der Kultur musste her, ein »homme de lettres« mit lupenreiner Vergangenheit, integer und überzeugend, mit Frankreich innig vertraut. Adenauer fand ihn in dem »Kunstschriftsteller« Wilhelm Hausenstein. Dass er kein ausgebildeter Diplomat war, störte den Bundeskanzler nicht, Kunst kam hier vor Politik.

Hausenstein, im Jahre 1882 in Hornberg im Schwarzwald geboren, hatte klassische Philologie, Philosophie und Geschichte

*Wilhelm Hausenstein war der erste diplo-
matische Vertreter der Bundesrepublik
Deutschland nach dem Zweiten Weltkrieg
in Frankreich (1950 bis 1955).*

studiert und sich nach der Promotion der Kunstgeschichte zuge-
wandt.[6] Im Jahre 1906 war er als Vorleser der im Exil lebenden
Königin Marie-Sophie von Neapel-Sizilien zum ersten Mal nach
Paris gekommen. Ab 1916 schrieb er für die *Frankfurter Zeitung*,
deren Literaturblatt er nach 1934 redigierte. 1936 wurde er
aus der Reichsschrifttumskammer ausgeschlossen, 1943 aus der
Reichspressekammer, was praktisch einem Berufsverbot gleichkam. Nach dem Ende des Krieges setzte er seine schriftstelleri-
schen Arbeiten fort, 1950 wählte ihn die Bayerische Akademie
der Schönen Künste zu ihrem Präsidenten. Hausenstein hatte sich
als Journalist und Schriftsteller mit Vorliebe französischen The-

men gewidmet, hatte das Land viele Jahre bereist, war ein intimer Kenner des französischen Lebens und besaß ein feines Gespür für die Kultur und Mentalität der Nachbarn. Für die Aufgabe, die Adenauer ihm stellte, war Hausenstein geradezu prädestiniert.

Die Alliierte Hohe Kommission stimmte der Personalie Hausenstein zu, und nachdem auch die französischen Behörden das Vorleben des »Kunstschriftstellers« auf das Gründlichste durchleuchtet hatten und keinen Makel entdecken konnten, der ihr Veto gerechtfertigt hätte, fing Hausenstein im Juli 1950 in Paris an. Es war ein bescheidener Beginn, denn im künftigen Generalkonsulat in der Avenue d'Iéna (de Jena) 34 arbeiteten noch die Handwerker, Hausenstein selbst bewohnte in einem Hotel ein kleines Appartement mit zwei Räumen. Einer davon war sein Arbeitszimmer, in dem er Besucher empfing. Zu seinem engsten Mitarbeiter wählte er den frisch promovierten Staatswissenschaftler Paul Frank, der später im diplomatischen Dienst der Bundesrepublik eine beachtliche Karriere vollbrachte: Von 1970 bis 1974 war er als Staatssekretär im Auswärtigen Amt unter Außenminister Walter Scheel maßgeblich an den Verhandlungen über die Ostverträge beteiligt, 1974 bis 1979 leitete er für Scheel das Bundespräsidialamt. »Die diplomatische Arbeit in Paris in den frühen fünfziger Jahren«, schrieb Frank in seinen Erinnerungen[7], »war für einen Deutschen kein Honigschlecken.« So musste der junge Diplomat erleben, wie sein Ersuchen abgelehnt wurde, Räumlichkeiten im Maison de l'Amérique Latine für einen Empfang zu mieten: Nicht für Deutsche, beschied ihn der Direktor und wies auf ein Foto aus dem Konzentrationslager Auschwitz. Auf die Gemahlin Wilhelm Hausensteins wartete eine besondere Provokation: Als sie in halboffiziellem Auftrag das Musée d'Art Moderne besuchte, um eine Kunstausstellung vorzuschlagen, wurde sie von der Assistentin des Museumsleiters empfangen und sah sich, als belgische Jüdin, mit einer Hakenkreuzfahne konfrontiert, die bei dem Gespräch halb verdeckt, aber deutlich genug sichtbar war. Hausenstein musste ebenfalls viel einstecken. Nachdem im Juli 1951 der Bundestag den Vertrag über die Gründung der Montanunion ratifiziert hatte, wollte er mit Frank die Ratifizierungsurkunde dem Generalsekretär des Quai d'Orsay, Alexandre Parodi, persönlich überbringen. Ein großer Tag für den Generalkonsul, war dies doch »der erste offizielle Kontakt von Bedeutung nach so vielen Jahren des Streits und der Feindschaft«, wie Frank schreibt. Parodi ließ sie über eine Stunde warten, empfing sie ohne ein Wort der Entschuldigung, sagte zu Hausenstein kurz »Bonjour, Monsieur«, nahm die Urkunde entgegen, »Au revoir, Monsieur«. Das war's.

Obwohl Hausenstein in Bonn als Mimose angesehen wurde, ließ er sich durch die tagtäglichen Schwierigkeiten nicht verdrießen und widmete sich mit Ausdauer und Hingabe seiner eigentlichen Arbeit, dem behutsamen Öffnen demonstrativ verschlossener Türen. Und er hatte Erfolg: Hier eine erste Einladung in einen literarischen Salon, dort ein freundliches Gespräch über französische und deutsche Schriftsteller, eine kleine Aufmerksamkeit, ein scheinbar belangloses Gespräch, dann ein eigener Empfang in freundlicher Atmosphäre. Der deutsche Generalkonsul wurde eingeladen und organisierte Kunstausstellungen, darunter eine vielbeachtete Bilderschau »Impressionistische Werke in deutschen Museen« in Paris. »Ein provozierender Titel war das!«, erinnert sich Paul Frank. Es sei dabei besonders auf die Jahreszahlen angekommen: »Vor 1933 erworben, das war wichtig.«[8] Es war eine Arbeit, die sich nur in Nuancen messen ließ. Und ganz allmählich brach das Eis. Der Erfolg zeigte sich auch darin, dass das deutsche Generalkonsulat in Paris im Juli 1951 zur Diplomatischen Mission erhoben wurde, deren Chef den Titel »Botschafter« tragen durfte (aber keiner war), 1955 schließlich zur Deutschen Botschaft mit einem voll akkreditierten Botschafter. Doch da war Adenauer an Hausenstein nicht mehr interessiert und ersetzte den Kunstschriftsteller durch einen professionellen Diplomaten.

In dieses Paris, das mannigfache Gründe hatte, Deutsche reserviert zu behandeln, fuhr Kriminalrat Josef Ochs. Ihm brannten einige Fragen unter den Nägeln. Am Morgen des 23. April suchte er zunächst die deutsche Diplomatische Mission in der Avenue d'Iéna 34 auf und ließ sich von den Herren Gebhardt von Walther, dem Vertreter des Missionschefs, und Paul Frank, dem persönlichen Referenten Hausensteins, über die Pariser Verhältnisse berichten.[9] Noch am selben Tag wollte er sich im Innenministerium mit einem Mitarbeiter des Zentralen Nachrichtendienstes DST treffen, der die Festnahme der Israelis und ihre Ausweisung veranlasst hatte. Von Walther und Frank informierten Ochs über den DST und wer seine Mitarbeiter waren: Zum großen Teil bewährte Leute der Résistance, die jahrelang gegen die Deutschen gekämpft hatten. Ochs hatte einen schweren Gang vor sich.

Josef Ochs (Jahrgang 1905) entstammte einer katholischen Familie aus Schmitten im Taunus.[10] An seiner frühen Laufbahn ist wenig bemerkenswert: Studium der Jurisprudenz, 1933 Promotion an der Universität Erlangen, Jahre als Gerichtsreferendar. Bereits 1933 trat er in die SA ein, 1937 wurde er Mitglied der NSDAP. Nach Jahren im kriminalpolizeilichen Dienst in Frankfurt am Main und Düsseldorf besuchte er ab Oktober 1937 den 12. Kriminalkommissaranwärter-Lehrgang der Führerschule der Sicherheitspolizei in Berlin-Charlottenburg.[11] Als fertiger Kriminalkommissar wurde er Mitte Oktober 1939 in das polnische Thorn entsandt – um unter dem dortigen Polizeipräsidenten eine Dienststelle der Kriminalpolizei aufzubauen, wie er später aussagte. Dieter Schenk vermutet hingegen, dass er einer der berüchtigten Einsatzgruppen der »Aktion Tannenberg« angehörte, die hinter den Frontlinien die polnische Intelligenz, Juden und »deutschfeindliche Elemente« liquidierte und 60 000 bis 80 000 Mordopfer zurückließ. Schenk nimmt an, dass Ochs der Einsatzgruppe IV/1 angehört haben könnte, die Mitte September 1939 Thorn erreichte und im November 1939 aufgelöst wurde. Seine Vermutung stützt er auf ein damals übliches Verfahren: Mitte November 1939 wurden die Einsatzgruppen und -kommandos aufgelöst und bildeten den Personalstamm der neuen, örtlichen Dienststellen der Staatspolizei. Zum 1. Dezember 1939 wurde Ochs von Thorn zum Reichskriminalpolizeiamt (RKPA) in Berlin abgeordnet, dem Amt V des Reichssicherheitshauptamtes (RSHA).

Über mehrere Jahre hinweg ähnelt die Laufbahn von Josef Ochs auf frappierende Weise der von Theo Saevecke: Beide wurden nach ersten Berufserfahrungen als Kriminalkommissare für einige Monate in Polen eingesetzt und nach vollbrachter Arbeit ins Reichskriminalpolizeiamt (RKPA) in Berlin abgeordnet. Ochs war für die berüchtigte »Vorbeugung« tätig, Saevecke konnte die Zugehörigkeit zu V A 2 nicht nachgewiesen werden, obwohl er im Fernsprechverzeichnis des RSHA aufgeführt ist.[12] Die »Vorbeugung« trug 1939 noch die Bezeichnung »Gruppe V B« und wurde erst später in »Referat V A 2« umbenannt. Die bei der »Vorbeugung« eingesetzten Kriminalisten ordneten landesweit die Einweisung von Personen in Konzentrationslager durch so genannte Vorbeugungshaftbefehle[13] an und waren für »Asoziale, Prostituierte und Zigeuner« zuständig. Laut einem Arbeitszeugnis von seinem Vorgesetzten Dr. Friedrich Riese bearbeitete Ochs eigenverantwortlich Fälle der »vorbeugenden Verbrechensbekämpfung« sowie »Zigeunerangelegenheiten«.[14] Zu den Dimensionen: Die Reichskriminalpolizei – und *nicht* die Gestapo – schickte bis 1945 rund 80 000 Kriminelle, Asoziale und Arbeitsunwillige in die Konzentrationslager, außerdem 30 000 Sinti. Die meisten von ihnen wurden gegen Kriegsende durch sinnlose Schwerstarbeit umgebracht.

Ende Juli 1941, nach über eineinhalb Jahren beim RKPA, ließ sich Ochs zur Kriminalpolizei-Leitstelle Düsseldorf versetzen, wo er bis Kriegsende als Direktionskommissar und Inspektionsleiter IV tätig war. Zu dieser Inspektion gehörten das 13. bis 16. Kommissariat, zuständig für Erkennungsdienst, Meldedienst und Vorbeugung. Das bedeutete, dass Ochs in Düsseldorf jene »Vorbeugungshaftbefehle« beantragte, im Klartext Anträge auf Einweisung in ein Konzentrationslager zum Zweck der vorbeugenden Verbrechensbekämpfung, die sein früheres Referat V A 2 in Berlin an zentraler Stelle für das Reich bewilligte.

Im Oktober 1946 wurde Ochs von den Briten interniert. Er

konnte verschiedene Persilscheine vorweisen, darunter ein Entlastungsschreiben des nordrhein-westfälischen Ministerpräsidenten Arnold.[15] Ein britisches Militärgericht sprach ihn wegen der Erschießung von Fremdarbeitern Anfang 1945 frei, da es sich um standrechtliche Hinrichtungen von Plünderern gehandelt habe. Anfang 1947 entlassen, wurde er im Januar 1948 in Neuengamme bei Hamburg erneut interniert. Diesmal interessierten sich die Briten dafür, wie Ochs zu seinem Dienstgrad eines SS-Obersturmführers gekommen war. Der frühere Kommandeur der Führerschule in Berlin-Charlottenburg Otto Hellwig, ehemals SS-Brigadeführer und Teilnehmer an der »Aktion Tannenberg«, gab eine eidesstattliche Erklärung für ihn ab, dass bei der Übernahme in den höheren Dienst der Kriminalpolizei die so genannte Dienstgradangleichung, also die zusätzliche Verleihung eines SS-Dienstgrades, automatisch durchgeführt worden sei und nicht auf Antrag der Lehrgangsteilnehmer.[16] Die Praxis war jedoch anders: Die Lehrgangsteilnehmer der Führerschule hatten die Aufnahme in die SS selbst zu beantragen, ein recht aufwendiges Verfahren.

Nachdem eine Spruchkammer Ochs 1951 als »Mitläufer« anerkannt hatte, forderte Dickopf »Seppl« Ochs auf, sich für eine Stelle im Bundeskriminalamt zu bewerben, und sorgte dafür, dass sein Freund eingestellt und der Sicherungsgruppe zugeteilt wurde. Noch am späten Abend des 27. März 1952 wurde Ochs zum Leiter der Sonderkommission zur Ermittlung des Attentats auf Adenauer berufen. Vier Wochen später, am 28. April 1952, machte Dickopf ihn zum Leiter des neuen Referats »Ermittlungsdienst« der Sicherungsgruppe. Josef Ochs, der vermutlich hunderte Menschen in Konzentrationslager eingewiesen hatte, saß nun an einer Schaltstelle der politischen Polizei Deutschlands. Sein Fachgebiet waren keineswegs Bombenattentate und Terroristen, seine Domäne waren vielmehr die vorbeugende Verbrechensbekämpfung, also das Wegschließen von Menschen auf bloßen Verdacht hin, sowie »Zigeunerangelegenheiten«, mithin die kollektive Bestrafung ethnischer Gruppen und Minderheiten. Ochs war ein klassischer Schreibtischtäter.

Ein Herr, der seinen Namen mit »Spinelli« angab, empfing den ehemaligen Kriminalkommissar des Reichskriminalpolizeiamtes und SS-Obersturmführer Josef Ochs. Monsieur Spinelli machte nicht viele Worte. Die Frage jüdischer Untergrundbewegungen in Paris sei nicht aktuell. Es gebe infolgedessen weder sachdienliches Material noch Erkenntnisse über Personen. Man habe leider nur »totes Material«, das ohne jeden Wert sei. Nein, auch über Farshtej lägen keine Erkenntnisse vor. Damit war das Gespräch, sehr zum Bedauern des Monsieur Spinelli, beendet. Konnte es in der Frage der Identität möglicher Terroristen »veraltetes Material« geben, wie Spinelli sich ausgedrückt hatte? Wohl kaum, für einen Kriminalisten ist prinzipiell alles wichtig. Die Bitte des Kriminalrats Ochs respektive der Bundesrepublik Deutschland um Informationen über die fünf Israelis war abgewiesen worden.[17]

Spätestens nach diesem Gespräch muss für Ochs festgestanden haben, dass die Ermittlungen des Attentats auf Adenauer eine hochpolitische Angelegenheit waren.

Ochs rief daraufhin das deutsche Generalkonsulat in Marseille an, erfuhr aber auch dort nichts Neues. Der jüdische Emigrant habe sich nicht wieder gemeldet, hieß es, weder sein Name noch seine Adresse seien bekannt. Enttäuscht fuhr Ochs zurück nach Bonn. Am 25. April rief Paul Frank aus Paris an und teilte ihm mit, dass der »V-Mann«, wie er genannt wurde, sich nun doch »offen gemeldet« habe. Ochs hielt Rücksprache mit dem BKA-Präsidenten Hanns Jess und seinem unmittelbaren Vorgesetzten Paul Dickopf, dem Leiter der Sicherungsgruppe, und sandte ein konspiratives Telegramm an die deutsche Diplomatische Mission in Paris. Darin bat er Frank dringend, den »Bekannten anzuhören«. Je nach Wichtigkeit erbitte er Nachricht per Kurier oder fernmündlich. Anfang Mai traf aus Paris die Mitteilung ein, die Befragung des Emigranten habe nichts Neues ergeben. Ein Besuch sei daher nicht erforderlich.[18]

Nach diesem Kontakt Anfang Mai 1952 blieben die Besuche und Vorsprachen des slowakischen Emigranten für längere Zeit aus; erst im Oktober 1952 sollte er wieder vorsprechen. Aus Gründen, die sich nur schemenhaft abzeichnen, sah er sich entweder nicht ernst genommen oder war aufgrund einiger Andeutungen ihm gegenüber sicher, dass die Ermittlungen aus politischen Gründen niedergeschlagen würden. Es sollten zweieinhalb Jahre vergehen, bis die Ermittler wieder den Anschluss an seine Informationen vom Mai 1952 finden würden.[19]

Die Bombe: »Im Ganzen genial, sprunghaft variierend«

Der Sommer 1952 war für Kriminalrat Josef Ochs keine angenehme Zeit. War er noch Anfang April sicher gewesen, dass man die Attentäter rasch aufspüren werde, so war seine Zuversicht allmählich verflogen. Noch lief die Fahndung auf Hochtouren, doch sie blieb ohne greifbares Ergebnis, nichts kam voran. 1400 Hinweise aus der Bevölkerung, 200 verdächtige Personen vorübergehend festgenommen – und keine heiße Spur. Und das bei einer ausgesetzten Belohnung von 15 000 Mark. In Frankreich kamen sie nicht weiter, die Behörden zeigten den deutschen Ermittlern die kalte Schulter. Die einzige Chance, die ihnen dort blieb, waren persönliche Kontakte zu französischen Kriminalisten und Leuten vom Geheimdienst. Kontakte aus der deutschen Besatzungszeit gab es noch, manchmal auch Sympathie und Verständnis, aber das war eine heikle Angelegenheit. Wegen dieser »Kollaboration« mit den Deutschen riskierten die Leute Kopf und Kragen. So wartete der Leiter der Sonderkommission im Juli täglich auf ein kriminaltechnisches Gutachten, das per Kurier aus München eintreffen sollte. Ochs, der nun meist an seinem Bonner Dienstsitz in einer Remise der zerbombten Villa Selve in der Koblenzer Straße 139 zu finden war, in direkter Nachbarschaft zum Palais Schaumburg des Bundeskanzlers, musste zugeben, dass die Lage verfahren war. Während man in Münchner Polizeikreisen noch immer an einen Einzeltäter glaubte, war er zu der Überzeugung gelangt, dass eine bestimmte ausländische Terror-Organisation für das Attentat verantwortlich war. Der Fall war hochpolitisch.

Ochs konnte nicht wissen, dass Walter Specht, Leiter der »Kriminaltechnik« des Zentralamtes in München, noch einige Zeit brauchen würde: Erst Ende September 1952 sollte das abschließende Gutachten endlich vorliegen. Der Kriminalrat musste mit kleinen Zwischenberichten vorlieb nehmen – und sah mit Sorge Anfragen der Presse entgegen. Ein *Spiegel*-Reporter wollte von ihm Einzelheiten der Ermittlungen erfahren. Der *Spiegel* als solcher war nicht das Problem, schließlich galt das Magazin seit der legendären 30-teiligen Serie »Das Spiel ist aus – Arthur Nebe. Glanz und Elend der deutschen Kriminalpolizei« als ausgesprochen kripofreundlich. Trotzdem konnte er jetzt so gut wie nichts sagen. Nichts über die Hinweise aus Frankreich. Doch das würde ihm leicht fallen, zumal der Bericht des *France Soir* vom 5. April über die aus Frankreich ausgewiesenen Israelis in der deutschen Presse kaum beachtet worden war. Keine Silbe würde ihm zu Samuel Bernstein* in Frankfurt über die Lippen kommen. Der Informant aus Marseille? Über den würde er schweigen wie ein Grab. Keine Andeutung darüber, ob der Sprengstoff der Briefbomben in Den Haag übereinstimmte mit dem in München verwendeten Trotyl. »Aus politischen Gründen«, erklärte er gegenüber dem *Spiegel*, könne er nichts über die Ermittlungen sagen. So lautete die vereinbarte Sprachregelung der Behörden.

Was konnte Kriminalrat Ochs dem Mann vom *Spiegel* überhaupt anbieten? Wenig, so gut wie nichts. So tat er das einzig Naheliegende und zeigte dem Journalisten die Leitz-Ordner mit den vorläufigen Ermittlungsergebnissen: zwölf Stück an der Zahl, prall gefüllt mit Protokollen, Berichten, Gutachten und Hinweisen aus der Bevölkerung, ein Beweis des Fleißes der Münchner und Bonner Ermittler.[1] Solch eine Phalanx von Ordnern beeindruckte die Presse jedes Mal aufs Neue. Ochs erklärte, dass die Fahndung nach wie vor auf Hochtouren laufe, dass das Attentat keineswegs eine Dilettantenarbeit, sondern Routinesache einer Gruppe sei, dass es kein privates Tatmotiv gebe und dass die At-

* Name geändert

tentäter nicht geglaubt hätten, den Bundeskanzler tatsächlich zu töten, sondern offensichtlich auf einen politischen Eklat abzielten. Mehr konnte er nicht sagen. Doch Ochs schien unsicher zu sein. Ihm rutschte die Bemerkung heraus, dass die Attentäter »bemerkenswert intelligente Burschen« seien. In dem *Spiegel*-Bericht, einer der wenigen Publikationen des Magazins zum Adenauer-Attentat[2], klang die Aussage wie ein Armutszeugnis: Wenn wir die Täter bisher nicht geschnappt haben, müssen sie schon bemerkenswert intelligent sein. Es war das Eingeständnis, nicht weit gekommen zu sein.

Ende September 1952 lag das Gutachten des Zentralamtes[3] endlich vor. Der Bericht wurde unverzüglich zur Geheimsache erklärt, kurz darauf aber zur »Verschlusssache« herabgestuft. Über den Inhalt ist, soweit bekannt, nie berichtet worden. Für die 89 Einzeluntersuchungen, die seit dem Bombenattentat am 27. März 1952 zu allen Details des Sprengpakets erstellt worden waren, sowie für das 102-seitige, abschließende Gutachten galt das strikte Prinzip der Unabhängigkeit von der Fahndungsarbeit der Sonderkommission. Die Gutachter hatten alle Aspekte des Sprengstoffpakets behandelt: Die eigenartige Herstellung des Pappschubers, Druckauflage und Auslieferung des »Brockhaus«, das Packpapier und die Schnur, die Handschrift auf dem Paket, die Herkunft der Sprengkapsel und der Batterie, Art und Herkunft des Sprengstoffes, vor allem aber die Funktionsweise der Zündanlage.

Für den Laien ist es meist unverständlich, warum Ermittler unbedingt wissen wollen, wie eine Bombe gebaut ist. Die Rekonstruktion eines detonierten Sprengsatzes stellte zumindest damals eine der schwierigsten Aufgaben der Kriminaltechnik überhaupt dar. Einer der Gründe ist die Vielzahl der möglichen Konstruktionsarten – damals rund zweihundert –, ein anderer das schwierige Auffinden der Bombenteile in der Masse des Sprengschutts und deren richtige Auswahl. Ein fremder Bestandteil macht die Rekonstruktion unmöglich. Die Situation im Keller war insofern ideal, als in dem massiv gebauten Raum vermutlich alle Teile vorhanden waren, was jedoch die Frage der richtigen Auswahl unberührt ließ. Der eigentliche Grund für die penible Rekonstruktion einer Zünd- und Sprenganlage ist die Suche nach individuellen Merkmalen. Eine Bombe kann primitiv geplant und nachlässig zusammengesetzt sein. Sie kann offenbaren, dass es dem Konstrukteur auf Einfachheit und Zuverlässigkeit ankam. Es gibt Zünder, deren ehrgeizige Konstrukteure erkennbar neue technische Varianten ausprobieren wollten. Manche Zündanlagen zeigen einen unnötigen kreativen Aufwand, als ob sich der Konstrukteur profilieren wollte. Manche Bomben sollen besonders sicher funktionieren und werden daher mit zwei Kontaktschlüssen ausgestattet – falls einer versagen sollte. »Nahezu in jedem Fall verwirklicht der Täter beim Bau seiner Höllenmaschine individuelle Prinzipien ...«, schrieb Specht in seinem Gutachten. Um diese individuellen Merkmale ging es – besondere Feinheiten der Konstruktion, Arbeitsspuren bestimmter Werkzeuge, eigenwillige handwerkliche Prinzipien beim Zusammenbau. Alle diese Merkmale lassen Erkenntnisse über die Fähigkeiten und das Fachwissen des Urhebers zu, über seine Persönlichkeit und Denkweise, sein Milieu – und nicht zuletzt seine Werkstatt. Da Bombenbauer meist einem bewährten Konstruktionstyp treu bleiben, lautete eine der wichtigsten Fragen, ob der betreffende Typ schon einmal eingesetzt wurde.

Ein Sprengsatz besteht im Grunde aus zwei Komponenten: der Sprenganlage, die aus dem Sprengstoff, der eingebetteten Zündkapsel und einer Stromquelle besteht, und der Zündanlage, die in einem bestimmten Moment den Kontaktschluss herstellt, also den Stromkreis schließt. Der Stromstoß der Batterie bringt innerhalb der Sprengkapsel einen dünnen Draht zum Glühen, die so genannte Glühbrücke, so dass der hochbrisante Explosivstoff innerhalb der Kapsel detoniert und die Hauptsprengstoffladung explodieren lässt. In der Praxis kommt alles darauf an, den Stromkreis erst im erwünschten Moment zu schließen.

Die Rekonstruktion der Zündanlage nahm der Diplomchemiker Werner Katte vor, der mehrere Nachbauten anfertigte.

Das Buch, die Bombe und der Schuber: Im unteren Teil der Ausschach-tung liegt der Sprengstoff mit der Zündkapsel, im oberen Teil die Zünd-anlage.

Zunächst schien alles ganz einfach zu sein: Die Täter hatten eine 200 × 110 Millimeter große Fensterung aus dem Buchdeckel her-ausgeschnitten und die Buchseiten 43 Millimeter tief ausgeschach-tet, bis hinunter zur Seite 625. Die Papierstege rundherum waren nur etwa 20 Millimeter breit. Wie sorgfältig die Täter gearbeitet hatten, zeigte das Blatt 147/148: Ein Riss des schmalen Papier-streifens war mit einem selbstklebenden Zellophanstreifen über-brückt worden. Um keine Fingerabdrücke zu hinterlassen, hatte der Konstrukteur dabei einen Marderhaarpinsel verwendet, von dem ein Härchen am Zellophan haften geblieben war. Im unteren Teil der Ausschachtung war der Sprengstoff eingebaut, im oberen die Zündanlage. Der Zünder wurde auf einer so genannten Pertinax-Platte aus braunem Kunststoff montiert, die mit dem Lexikon ab der Seite 625 durch mehrere Schrauben fest verbunden war. Eine Besonderheit der Höllenmaschine war eine ebenfalls aus Pertinax gefertigte, flache Brücke in der Form eines Handgriffs, die auf der Grundplatte angebracht war. Brücke und Platte waren über Stege verbunden, die mit Hilfe von Stiften aus einer Fahrradspeiche vernietet wurden. In dieser Brücke steckten in symmetrischer Anordnung zwei Schrauben, die an der Oberseite der Brücke die Zuleitungsdrähte der Batterie aufnahmen und an der Unterseite zwei rechteckige Messingplatten hielten. Berührte ein Metallstück die beiden Messingplatten, war der Stromkreis geschlossen, so dass die Zündkapsel den Sprengstoff zur Detonation brachte.

Damit hatten die Kriminaltechniker eine Grundlage für die weiteren Untersuchungen. Doch die eigentlichen Probleme begannen erst. Die Gretchenfrage lautete: Wie kam der Kontaktschluss zustande? Eines der Messingplättchen zeigte einen hellen Streifen, eine Aussparung der Schmauchspuren. Dort musste ein längliches Metallstück montiert gewesen sein. Eine im Sprengschutt gefundene elastische Silberlotfeder nach Art einer Blattfeder »ließ sich zwanglos in die … Abdruckspur einpassen«, wie Specht schrieb. In den Nachbau der Bombe eingepasst, reichte sie von ihrer Halterung unter einer der Messingplatten bis zur Mitte der gegenüberliegenden Messingplatte. Mit Hilfe einer drei Zentimeter langen Spiralfeder als Auslöser schien der Kontaktschluss möglich zu sein. Bereits am 1. April verkündete Werner Katte, dass der Zündvorgang damit rekonstruiert sei.[4]

Kattes Theorie hatte nicht lange Bestand. Beim Nachbau der Bombe ergaben sich Zweifel, wie die Spiralfeder die unter Spannung stehende Silberlotfeder auslösen sollte. Bei einer späteren Untersuchung des Kellerraumes im Polizeipräsidium fanden die

Erste Theorie der Rekonstruktion der Zündanlage (mit Fundstücken): Deutlich zu sehen sind die beiden Schrauben, die unterhalb der handgriffartigen Brücke zwei Messingplättchen halten. Für den Kontaktschluss, nahmen die Fachleute an, würde die Spiralfeder die querstehende Silberlotfeder an das gegenüberliegende Messingplättchen drücken.

Zweite Theorie der Rekonstruktion der Zündanlage (Nachbau): Nun ist die Spiralfeder auf der Oberseite der Brücke montiert, darunter stellt das wippenartige Messingstück den Kontaktschluss mit den Messingplättchen her. Die Zündanlage ist gesichert.

Experten ein längliches, wippenähnliches Messingstück mit zwei Höckern an den Enden, die genau zu den beiden Messingplatten passten. An diesem Metallstück haftete in der Mitte noch ein Rest Pertinax, der sich mit einem anderen aufgefundenen Pertinax-Stück ideal ergänzte: Zusammengesetzt ergab sich ein Werkstück, das aussah wie ein tief eingeschlitzter Kopf mit einem langen Hals. Das wippenartige Messingstück ließ sich problemlos zwischen den Backen des geschlitzten Kopfes einfügen, wo es mit einem Nagel vernietet worden war, während der Hals des Werkstücks genau durch eine viereckige Bohrung in der Mitte der Pertinax-Brücke passte. Im Gegensatz zur ersten Theorie ließ sich nun die Spiralfeder nicht mehr unterhalb der Brücke anbringen – dort saß das Messingstück –, sondern wanderte auf die Oberseite der Brücke. Sie passte exakt auf den Hals des Werkstücks und konnte mit einem Dorn durch eine vorhandene Bohrung unter Spannung arretiert werden.

Aus dieser zweiten Theorie[5] ergab sich folgende Funktionsweise: Der Druck der gespannten Spiralfeder presste die Messingwippe gegen die Messingplatten, wodurch der Kontaktschluss erfolgte. Also musste zunächst ein Gegendruck dafür sorgen, die Feder unter Spannung zu setzen und so das Messingstück von den Messingplatten fern zu halten. Da der Buchdeckel gefenstert war, hatte der Täter eine feste Papp-Einlage hinter dem Einband eingezogen, die die Spiralfeder niedergedrückt, also gespannt halten sollte. Damit der schmale Hals des Pertinax-Werkstücks die Pappe nicht aufwölbte, war ein dünner Kupferstreifen zwischenmontiert worden, der zum Seitenrand der Fensterung führte. Eine der bis heute ungelösten Fragen besteht darin, ob der Gegendruck des zwar gefensterten, aber durch die Pappe verstärkten Buchdeckels ausreichte, die Spiralfeder gespannt zu halten. Die Aussagen der Zeugen, die Reichert in den letzten Sekunden vor der Detonation beobachtet hatten, lassen dies vermuten: Der Sprengmeister hielt das ganz aus dem Schuber herausgezogene, in einen gelblichen Papierumschlag eingehüllte Buch in den Händen. Dann öffnete Reichert das Lexikon, die Spiralfeder entspannte sich und drückte das auf der Unterseite der Brücke sitzende Messingstück gegen die Kontaktstellen. Specht bestritt dies entschieden, wozu noch einiges zu sagen ist.

Die zweite Theorie war überzeugend, doch sie hatte einen Mangel: Sie beantwortete nicht die Frage, welche Funktion die Silberlotfeder hatte, die »sich zwanglos in die … Abdruckspur (der Messingplatte) einpassen« ließ. Unterhalb der Pertinax-Brücke saß bereits das wippenartige Messingstück, der Platz schien besetzt zu sein. Im Laufe des Mai 1952 fanden die Techniker die endgültige Lösung: Die auf Sicherheit bedachten Täter hatten eine Bombe mit zwei Kontaktschlüssen gebaut, bei einem Stromkreis. Auslöser des zweiten Kontakts waren ein dünner Hanffaden und eine drei Millimeter starke Gummischeibe von acht Millimetern Durchmesser, deren Mantelfläche eine Längsrille aufwies. Daraus ergab sich, dass die geeignet zurechtgebogene Silberlotfeder tatsächlich, wie in der ersten Theorie angenommen, zwischen einer der Messingplatten und der Unterseite der Pertinax-Brücke eingeklemmt war und bis zur gegenüberliegenden Messingplatte reichte. Den Kontaktschluss verhinderte die Gummischeibe, die zwischen dem freien Ende der Silberlotfeder und der Messingplatte festgeklemmt war. Sie konnte nur durch eine Zugvorrichtung entfernt werden, die aus einer dünnen, um die Gummischeibe herumgelegten und mehrfach verdrillten Hanfschnur bestand. Die beiden Enden der Schnur waren an der Innenseite des Schubers zu einer Schlinge gelegt und mit einem Leukoplaststreifen festgeklebt worden, wozu der Konstrukteur den Pappschuber an der Rückseite hatte öffnen müssen.[6] Das bedeutete, dass zwei voneinander unabhängige Kontaktschlüsse den Stromkreis schließen konnten: Ein Zugkontakt mit Hilfe der Silberlotfeder und Gummischeibe sowie ein Druckkontakt durch Messingwippe und Spiralfeder. Der Zugkontakt war primär, gemäß der Konstruktion trat er zuerst in Aktion. In diesem Auf-Nummer-sicher-Gehen lag die Raffinesse der Bombe – oder die Heimtücke. Der Sprengsatz war nicht zu entschärfen. Mit dieser dritten Theorie hatten die Kriminaltechniker endlich die Zünd- und Sprenganlage vollständig rekonstruiert. Über zwei Monate hatten sie dafür benötigt.

Jeder der beiden Kontaktschlüsse hatte also einen eigenen Auslöser: Die Silberlotfeder wurde durch Herausziehen des Lexikons aus dem Schuber betätigt, das wippenartige Messingstück – vermutlich – durch Aufschlagen des Buches. Da alle im Kellerraum anwesenden Zeugen, die Reichert in den letzten Sekunden beobachten konnten, übereinstimmend aussagten, dass der Sprengmeister das ganz aus dem Schuber gezogene Buch in Händen hielt, musste der primäre Kontaktschluss, die Silberlotfeder, versagt haben. Specht bestritt dies in seinem Gutachten entschieden, die Aussagen bezeichnete er als »kärgliche Beobachtungen« von Zeugen, deren Erinnerungs- und Beurteilungsvermögen durch die heftige Detonation beeinträchtigt worden war. Nach seiner Überzeugung explodierte der Sprengsatz bereits, als Reichert begann, das Lexikon aus dem Schuber zu ziehen. Weiterhin war er sich sicher, dass bei einem Versagen der zweite Kontaktschluss – die Messingwippe – ebenfalls erfolgen musste, bevor das Buch ganz aus dem Schuber herausgezogen war. Der Kriminalwissenschaftler stützte sich dabei auf die Konstruktion, nicht auf Spuren an den Fundstücken, zum Beispiel die Art der Zerstörungen des Pappschubers. Im Grunde war es eine akademische Auseinandersetzung. Was zählte war, dass die Bombe detoniert war und einen Menschen getötet hatte.

Bei der Ermittlung des Sprengstoffs wandte Werner Katte ein völlig neues Verfahren an. Der Diplomchemiker hatte zunächst Schmauchproben von der Kleidung des Sprengmeisters, von den Kellerwänden, der Tür und vom Türrahmen genommen. Nach deren Trocknung konnte er durch ein geeignetes Lösungsmittel einen Sprengstoffanteil extrahieren – ein halbes Gramm einer salbenartigen Substanz. Nach längerem Stehen bildeten sich büschel- und fiederartige Kristall-Konglomerate von ranzigem Geruch, die bitter schmeckten, in Aceton lösbar waren und schwach sauer reagierten. Nachdem der Schmelzpunkt der Kristalle mit exakt 82 Grad Celsius bestimmt war, stand das Ergebnis eindeutig fest: Es handelte sich um Trotyl, auch Trinitrotoluol oder TNT genannt, einen beliebig knet- und formbaren Plastiksprengstoff, unempfindlich gegen Stoß und Schlag. Welche Zusätze beigemischt waren, ob also militärischer oder gewerblicher Sprengstoff verwendet worden war, konnte der Chemiker nicht herausfinden.

Bei aller Perfektion war den Konstrukteuren jedoch ein Fehler unterlaufen. Katte fand bei seinen Untersuchungen einen Anteil nichtdetonierten Sprengstoffs – ein Phänomen, das unter Fachleuten als »Deflagration« bekannt ist. Die wahrscheinlichste Ursache war, dass das Zündhütchen nicht die volle Energieleistung erbracht hatte, weil es aufgrund mangelhafter Wartung feucht geworden war. Vielleicht hatte der Sprengstoff aber auch in einer weniger geeigneten Form vorgelegen, nämlich gegossen oder als Granulat. Trotz der nicht vollständigen Detonation des Trotyls war die Druckwelle stark genug, um ein 0,22 Gramm schweres, etwa 1,2 Quadratzentimeter großes Pappstückchen über 1,5 Meter Entfernung drei Millimeter tief in eine Holzleiste der Tür zu jagen. Die Geschwindigkeit des Pappstückchens muss etwa 230 Meter pro Sekunde betragen haben, was ausgesprochen langsam war. Wäre die Sprengstoffmenge von fünfhundert Gramm, die der Chemiker errechnete, vollständig durchdetoniert, wäre Reichert in Stücke gerissen worden. Das kleine Pappstückchen hätte dann die Holztür etwa mit der zehnfachen Geschwindigkeit getroffen.

Bei ihren Recherchen ließen sich die Ermittler von Spezialisten der Dynamit-AG in Troisdorf beraten, des einzigen Herstellers von Zündkapseln in Westdeutschland. Da die Zuleitungen der Sprengkapsel aus verzinntem Kupferdraht mit blauer Isolierung bestanden, kam das Unternehmen als Hersteller nicht in Frage: In Troisdorf verarbeitete man ausschließlich Eisendraht. Blau isolierte, verzinnte Kupferdrähte, wussten die Spezialisten, würden in Großbritannien verwendet. Auch der hohe Mangangehalt der Bleche war ein Indiz dafür, dass die Zündkapsel nicht aus westdeutscher Produktion stammte.

Da die Fachleute des Zentralamtes recht viele Messdaten über die beiden verwendeten Trockenbatterien hatten bestimmen können, schien die Suche nach dem Hersteller leichtes Spiel zu sein. Sie kannten die Wandstärke des Zinkbechers von 0,23 Millimetern, hatten einen Zinkgehalt von rund 99,6 Prozent bestimmt mit auffallend geringen Beimengungen von Kupfer und Cadmium, es gab Vergleichsproben der Braunsteinfüllung (Manganoxid), der verwendeten Gaze und des Wickelfadens, sie hatten den Kohlestift, die Messingkappe und den Pappstern vom Boden der Batterie gefunden, der sechs Zacken aufwies. Doch die Suche nach dem Hersteller erwies sich als weitaus langwieriger als erwartet: Das Gesamtbild der Daten stimmte mit keinem Batterietyp eines deutschen Herstellers überein – allein schon wegen des Pappsterns, der in Deutschland nur mit vier oder fünf Zacken verwendet wurde. Im Laufe des Sommers wurden die Ermittler schließlich fündig: Der Hersteller der Batterie war ein französisches Unternehmen, die Fabrikmarke war »Pile Wonder«, der Batterietyp »Gnoma«. Mit diesem Batterietyp stimmten alle Messdaten hundertprozentig überein. Weiterhin stellte sich heraus, dass die Täter Leitungsdraht des französischen Batterieherstellers verwendet hatten. Auch der Lötzinn stammte aus französischer Produktion. Die Sachverständigen schlossen daraus, dass die Bombe mit großer Wahrscheinlichkeit in Frankreich gebaut oder dort aus vorproduzierten Teilen zusammengesetzt worden war, wobei einzelne Teile im Handel gekauft worden waren. Andere Teile kamen jedoch aus Italien, zum Beispiel die beiden Paketaufkleber. Der verwendete Zellstoff stammte von der Schilfart »Arundo Donax«, die nur in der Po-Ebene wuchs. Specht war überzeugt, dass die Bombe erst kurz vor dem Einsatz gebaut worden war.

Ein eigenes Ermittlungsfeld waren die beiden Adressaufkleber, die fast unversehrt im Sprengschutt gefunden worden waren. Ein Graphologe erkannte in der Schrift Anzeichen von Eile und mangelnder Konzentration. Die Aufschriften seien unter schwierigen Umständen entstanden. Zum Teil habe der Schreiber die

Blockbuchstaben regelrecht gemalt, dies aber nicht durchgehalten und sei zu einer stark stilisierten, verstellten Kurrentschrift übergegangen. Die »Schriftverstellung ist nur mäßig geglückt«, urteilte der Gutachter, »persönliche Schrifteigentümlichkeiten sind erkennbar«. So verfüge der Täter über »gute durchschnittliche Schreibgewandtheit«, die Raumaufteilung und die Proportionen der Buchstaben und ihre Abstände seien gelungen. Privat würde der Täter ebenfalls derart harmonisch schreiben, er habe »ein besonderes Geschick für technische Zeichnungen«, meinte der Fachmann. Der inkorrekte Ausdruck »An dem Bundeskanzler« könnte Verstellung sein. Die falsche Schreibweise »Frankfort« sowie »Sender« für »Absender« deuteten auf einen Ausländer hin, ebenso die Tatsache, dass der Urheber die damals in Deutschland übliche Abfolge »Ort vor Straße« umgekehrt hatte.[7]

Walter Specht, der verantwortliche Autor des Hauptgutachtens, fällte sein Urteil: Der Täter habe mit »geringsten Schaltkapazitäten« gearbeitet und sei »mit den elementaren Grundlagen der Schalttechnik vertraut«, schrieb der Kriminaltechniker. »Bisher einmalig ... ist der Aufbau der Zündsprenganlage in der gewählten Art (Pertinaxplatte mit Brückenaufbau)«, lobte er. Angesichts dieses Sachverstandes mochte der Ermittler seinen Respekt nicht versagen: »Die Zündsprenganlage hat der Täter mit einer gewissen Pedanterie, im Ganzen genial, sprunghaft variierend, jedoch ohne künstlerische Intuition, völlig zwecksprechend, d. h. aus einer definierten konstruktiven Vorstellung heraus zusammengebaut.« Es sei eine »schnelle Arbeit gewesen«, schrieb Specht, »bei der das Schwergewicht unverkennbar auf die sorgfältige Fertigung des elektrischen Stromkreises und der Kontaktanschlüsse verlagert war!«. Eine »sehr gut durchdachte Kombinationsanordnung«, lobte der Fachmann. Der Konstrukteur hatte dabei auch an seine eigene Sicherheit gedacht: Im Hals des Pertinax-Werkstücks gab es eine Bohrung für einen Sicherheitsdraht, der den Kontaktschluss des wippenartigen Messingstücks verhinderte. Erst im letzten Moment, wenn die Bombe eingebaut war und fast vollständig im Pappschuber steckte, wurde der Sicherheitsdraht herausgezogen. Diese Art der Sicherung war bei Sabotage-Apparaturen im Zweiten Weltkrieg üblich, wusste Specht. Da es für die Silberlotfeder jedoch keine Sicherung gab, arbeitete der Konstrukteur mit einem beträchtlichen Risiko.

Für eine solche handwerklich solide Arbeit musste der Täter, den der Kriminalwissenschaftler in den Reihen von Rundfunkamateuren, Elektrikern, Handwerkern und Technikern, technisch vorgebildeten Bastlern und geschickten, intelligenten Autodidakten vermutete, über eine Werkstatt »etwas über dem durchschnittlichen Rahmen« verfügen. Da zwei Bestandteile der Bombe von Fahrrädern stammten – Fahrradspeichen und Unterlegscheiben von Speichen – war es möglich, dass es sich um eine einschlägige Werkstatt handelte. »Zusammenfassend ergibt sich das Bild nicht nur einer raffiniert konstruierten und auf Sicherheit in der Wirkung durch Zug und Druck abgestellten Höllenmaschine, sondern auch einer Täterpersönlichkeit bzw. Tätergruppe, die bei systematischer Zielsetzung von vornherein die Fahndungsmöglichkeiten zu erschweren bedacht war und damit überdurchschnittliche Sicherungsmaßnahmen getroffen hatte. Eine solche Kombination reift erfahrungsgemäß nur in einer Sabotageschulung heran.«[8]

Die Münchner Gutachter hatten eine beachtliche Leistung vollbracht: Mit einem kriminaltechnischen Aufwand, der in der Bundesrepublik Deutschland bisher einmalig war, hatten die Sachverständigen aus hunderten winziger Teilchen ermitteln können, dass die Bombe vermutlich in Frankreich gebaut worden war. Specht vergaß nicht die Erkenntnis niederländischer Experten zu erwähnen, dass jüdische Untergrundkämpfer Briefbomben vom Typ der beiden Sprengsätze von Den Haag 1947 an britische Offiziere in Großbritannien verschickt hatten. Ein deutlicher Hinweis auf den mutmaßlichen Täterkreis.

Bei diesen Ermittlungsergebnissen hätte man erwarten können, dass die Fahndung nun mit größtmöglicher Entschiedenheit weitergeführt würde. Doch es kam anders. Ende August 1952 kehrte Josef Ochs München endgültig den Rücken. Hämisch schrieb die *Neue Zeitung* in einer Neun-Zeilen-Meldung, Kriminalrat Ochs sei »nach Bonn, ohne Erfolg zu haben, zurückgereist«.[9] Immerhin stellten in der zwanzigköpfigen Sonderkommission bayerische Kriminalbeamte die Mehrheit, Ochs war also nicht der Einzige, der keinen Erfolg hatte. Ende September, als das Gutachten bereits vorlag, häuften sich die Berichte. Der *Münchner Merkur* meldete am 29. September, dass eine illegale jüdische Terror-Organisation für das Attentat verantwortlich sei; die Aufklärung werde von Bonn aus fortgesetzt. Dies berichtete am Tag darauf ebenfalls die *Süddeutsche Zeitung* und berief sich dabei auf Bonner Regierungsstellen, »die ungenannt zu bleiben wünschen«. Josef Ochs mochte gemäß dieser Meldung weder bestätigen noch dementieren. Der – vermutlich – ehemalige Leiter der Sonderkommission meinte: »Diese Sache ist immer hochpolitisch gewesen, wir sind nur Fachleute auf dem Gebiet der Kriminalistik. Uns steht es nicht zu, unsere Ergebnisse in einem so hochpolitischen Fall von uns aus zu veröffentlichen.«[10]

Die Sache sei »immer hochpolitisch« gewesen! So harmlos war Ochs nicht, dass er nicht wusste, was er in Bayern damit anrichtete. Der Kriminalrat kannte recht viel vom Hintergrund des Attentats, und er hatte es in München für sich behalten. Am Ende seiner glücklosen Zeit als Leiter der Sonderkommission ließ er durchblicken, was er wusste – und verwies die Münchner, die ahnungslos waren, in die Schranken. Entsprechend groß war das Erstaunen in Bayern. Andreas Grasmüller, Leiter der Kripo München, wollte weder bestätigen noch dementieren und betonte, er arbeite weiter an der Aufklärung des Verbrechens. Johannes Schmid, Chef der Mordkommission, teilte mit, dass der Kriminalpolizei keine Beweismittel »in der von Bonn angedeuteten Richtung« vorlägen. Man ballte die Faust in der Tasche.

Kurz darauf legte die *Süddeutsche Zeitung* nach. Die erwähnten Bonner Regierungsstellen hätten abermals bestätigt, dass das Attentat auf Adenauer »von illegalen jüdischen Terror-Organisationen geplant und ausgeführt worden sei« – und wollten auch diesmal nicht genannt werden. Den Namen des Täters oder andere Einzelheiten habe man nicht feststellen können. »Je weiter die Untersuchung fortgeschritten sei, umso eindeutiger habe sich herausgestellt, daß das Unternehmen mit einer in der Kriminalgeschichte einzig dastehenden Vollendung vorbereitet und getarnt wurde«, zitierte das Blatt den Beamten. Die Zeitung war erstaunt, weil »eben diese Stellen« nach dem Attentat jedes Gerücht, dass jüdische Terror-Organisationen beteiligt gewesen seien, scharf zurückgewiesen hatten – vermutlich, um die deutsch-israelischen Wiedergutmachungsverhandlungen nicht zu stören, wie die Zeitung meinte. Trotzdem werde die Fahndung von Bonn aus »mit allem Nachdruck« fortgesetzt.[11]

Die Auskunftsfreudigkeit einiger Bonner Regierungsstellen Ende September 1952 zog weite Kreise.[12] Wer dahinter steckte, klärte sich am 15. Oktober des Jahres. *Die Deutsche Woche*[13] schrieb, dass Josef Ochs vor kurzem »einem kleinen Kreis« Einblick in seine bisherigen Ermittlungen gegeben habe. »Er erklärte, daß die Münchner Attentäter bekannt seien, es jedoch kaum anzunehmen sei, daß in dieser Angelegenheit etwas erfolgen werde. Hiergegen sprächen politische Rücksichtnahmen.« Die Zeitschrift enthüllte auch, wer der zweite Beamte war, der »ebenfalls in kleinem Kreis« aus dem Nähkästchen geplaudert hatte: Ministerialdirektor Hans Globke. Er leitete ab September 1953 das Bundeskanzleramt und wird gewusst haben, wie die Meinung Konrad Adenauers war. Als Kommentator der Nürnberger Rassengesetze von 1935 (was jedoch erst viel später öffentlich diskutiert wurde) konnte Globke in dieser Frage, zusammen mit dem ehemaligen SS-Obersturmführer Josef Ochs, keine gute Figur machen. Mit einem Globke und einem Ochs konnte Deutschland schwerlich an Ansehen gewinnen.

Obwohl in Bonn und München betont und beteuert wurde, dass die Fahndung mit Nachdruck weitergeführt werde, lassen die Akten nichts dergleichen erkennen. Die Ermittlungen des Attentats auf Adenauer kamen zu einem völligen Stillstand.

Wassenaar: »Die Flügel der Weltgeschichte«

Eine der wichtigsten Aufgaben der Außenpolitik der Bundesrepublik Deutschland in den frühen fünfziger Jahren bestand darin, das durch den Weltkrieg verlorene Vertrauenskapital wiederzugewinnen. Zum einen ging es um den konkreten, den finanziellen Kredit. Seit den zwanziger Jahren hatte Deutschland durch verschiedene Anleihen während der Weltwirtschaftskrise sowie durch Hilfslieferungen nach 1945 einen immensen Schuldenberg angehäuft, den die Gläubigerstaaten mit 29 Milliarden Mark bezifferten. Wollte Deutschland je wieder internationale Kredite erhalten – und das Land war mehr denn je darauf angewiesen –, musste sich in der Schuldenfrage eine weltweit akzeptierte Regelung finden lassen. Zum anderen stand Deutschland in der Pflicht, das Vertrauen seiner europäischen Nachbarn, der Vereinigten Staaten und Israels im moralischen Sinn wiederzuerlangen. Eine Einigung mit Israel war dabei von zentraler Bedeutung, auch wegen der Beziehungen Deutschlands zu den Vereinigten Staaten. Beide Ziele der deutschen Außenpolitik – der Abbau der Schulden und die Minderung der Schuld – hingen eng zusammen.

Der ausgesprochen dynamische Prozess der Ereignisse[1] setzte ein mit der Revision des Besatzungsstatuts am 6. März 1951, in dem unter anderem die Regelung der deutschen Schulden angemahnt wurde. Das neue Statut rief Israel auf den Plan, das sich mit größten wirtschaftlichen Problemen konfrontiert sah und befürchtete, bei einem Schuldenabkommen leer auszugehen. Bereits am 12. März, also noch keine Woche nach Erlass des neuen Statuts, sandte Israel eine Note an die vier Siegermächte, in der Jerusalem Reparationen in Höhe von einer Milliarde Dollar von der Bundesrepublik Deutschland forderte, von der DDR 500 Millionen Dollar.

Grundlage der Forderung waren die Eingliederungskosten für die rund 500 000 Juden, die zwischen 1933 und 1951 aus Mitteleuropa nach Palästina ausgewandert waren – etwa 3000 Dollar pro Person. Israel wollte den Betrag mit Hilfe der Siegermächte reklamieren, übersah dabei aber zwei wichtige Tatsachen: Die Vereinigten Staaten, Großbritannien und Frankreich wollten ausdrücklich den alten Fehler von Versailles vermeiden, das daniederliegende Deutschland für Jahrzehnte mit Reparationen zu knebeln. Die Schulden, um die es ging, waren echte, also kommerzielle Schulden, keineswegs auferlegte Reparationen nach einer militärischen Niederlage. Zum anderen gab es den Staat Israel zur Zeit Nazi-Deutschlands noch nicht. (Der Anspruch auf individuelle Entschädigung von Juden für erlittenes Unrecht stand dabei nie außer Frage und wurde anderweitig zu regeln versucht.) Der Staat Israel hatte also keinen rechtlichen Anspruch auf Reparationen, eine Begleichung von Schulden oder eine Entschädigung. Der Anspruch war eindeutig moralischer Art. Deshalb mussten die westlichen Siegermächte Israels Ansinnen freundlich ablehnen und direkt an Deutschland verweisen. Die Sowjetunion zog es vor, Israels Note erst gar nicht zu beantworten.

Adenauer griff das schwierige Thema der Wiedergutmachung offiziell am 27. September 1951 mit einer Erklärung im Bundestag auf. Er bekannte sich zur Verantwortung Deutschlands für die »im Namen des deutschen Volkes« begangenen Verbrechen an den Juden und erklärte die Bereitschaft der Bundesregierung »zur moralischen und materiellen Wiedergutmachung«. Eine »Kollektivschuld« aller Deutschen, wie von Israel gefordert, lehnte er allerdings ab. Adenauers Erklärung blieb zunächst unbeantwortet, doch die Vorbereitungen auf jüdischer Seite waren bereits in vollem Gange. Im Oktober 1951 schlossen sich im New Yorker »Waldorf Astoria« Hotel 22 jüdische Organisationen zu einem Interessenverband zusammen, der »Conference on Jewish

*Der israelische Politiker
Nahum Goldmann (1895–1982),
Aufnahme von 1967*

Claims Against Germany«, kurz »Claims Conference« genannt. Zu ihrem Vorsitzenden wählte sie Nahum Goldmann, den amtierenden Präsidenten des Jüdischen Weltkongresses. In einer Resolution vom 26. Oktober 1951 akzeptierte die Claims Conference den israelischen Anspruch auf Wiedergutmachung und erhob eigene, zusätzliche Forderungen, die aus juristischen Gründen nicht von Israel wahrgenommen werden konnten. Dieser Anspruch wurde später, am 11. Februar 1952, auf 500 Millionen Dollar (2,1 Milliarden Mark) festgelegt.

Während des ersten Staatsbesuchs des deutschen Bundeskanzlers in Großbritannien Anfang Dezember 1951 vereinbarten Konrad Adenauer und Nahum Goldmann ein Gespräch, das für die kommenden Verhandlungen von größter Wichtigkeit werden sollte. Da das Treffen am 6. Dezember geheim bleiben sollte, betrat Goldmann das Londoner Hotel »Claridge's«, in dem Adenauer residierte, durch den Lieferanteneingang. Man hatte abgesprochen zu dementieren, falls die Begegnung bekannt werden sollte. In seinen »Erinnerungen« beschrieb Nahum Goldmann die Gefühle, die ihn bei dieser historischen Begegnung bewegten: »Von allen wichtigen Gesprächen, die ich je geführt habe, war dieses emotionell das schwierigste und politisch vielleicht das bedeutsamste.« Goldmann, in politischen Verhandlungen sehr erfahren, schlug Adenauer vor, er wolle zunächst einmal zwanzig Minuten sprechen, ohne unterbrochen zu werden. Der Bundeskanzler war einverstanden. Daraufhin legte Goldmann die Position Israels dar, beschrieb die innenpolitischen Widerstände in Israel gegenüber Verhandlungen mit Deutschland und erklärte, es gehe ihm vor allem um »ein weithin sichtbares Symbol der Wiedergutmachung«, das »mehr als eine Geste« aber nicht sein könne. Adenauer, in höchstem Maße beeindruckt von den Worten Goldmanns, vor allem von dem erwähnten »Symbol der Wiedergutmachung«, prägte in seiner Entgegnung das schiefe, gleichwohl später vielzitierte Bild: »... während Sie gesprochen haben, [habe ich] die Flügel der Weltgeschichte in diesem Raum gespürt.« Unter dem moralischen Eindruck der Ansprache Goldmanns stehend, erklärte er, dass die Bundesregierung bereit sei, die israelische Forderung von einer Milliarde Dollar, die in der Note vom März 1951 gestellt worden war, »zur Grundlage der Besprechungen zu machen«. Goldmann, der ausdrücklich nicht über Geldbeträge verhandeln wollte, nutzte die Gunst der Stunde und forderte den Bundeskanzler auf, sein Angebot sogleich in einem Brief festzuhalten. Adenauer, der stets von einer »Ehrenpflicht« gesprochen hatte, das den Juden von Deutschen zugefügte Unrecht wiedergutzumachen, schickte noch am selben Tag das gewünschte Schreiben an Goldmann. Damit war Deutschland in den kommenden Verhandlungen festgelegt.

Adenauers Biograph Henning Köhler hat in diesem Verhalten einen typischen Charakterzug des Bundeskanzlers erkannt: eine Neigung zum spontanen Handeln, ohne die Konsequenzen zu bedenken, die seine Mitarbeiter dann mühsam zu regeln hatten. Hans-Peter Schwarz nannte es in seiner Adenauer-Biographie ein »teuflisches Talent, Zwangslagen zu schaffen«. Ohne Zweifel stand der Bundeskanzler im Gespräch mit Goldmann unter einem starken moralischen Eindruck, der ihn zu diesem weitgehenden Zugeständnis veranlasste. So ganz wohl kann ihm dabei später nicht gewesen sein, denn er enthielt seinen engsten Mitarbeitern die Existenz des Briefes vor. Selbst im Februar 1952, kurz vor der Londoner Schuldenkonferenz, wusste der Leiter der deutschen Delegation, Hermann Josef Abs, nichts von diesem Schreiben. Adenauer mochte zwar weitsichtig Politik betreiben, doch von einem Führungstalent, von Richtlinienkompetenz war hier wenig zu spüren. Der Kanzler hatte einen kapitalen Fehler gemacht und war in der Folge zu einem ständigen Lavieren, Taktieren und Improvisieren gezwungen, das die Verhandlungen gefährdete.

Die Reaktion der israelischen Regierung auf den Brief Adenauers sprach für sich: Es herrschte ungläubiges Staunen, man war über die Maßen verwundert und begeistert über die Zusage, die Nahum Goldmann schwarz auf weiß erhalten hatte. Israel war damals in einer prekären Situation: Das Land wurde von den arabischen Nachbarn boykottiert, ein wirtschaftlicher Austausch war nur mit Europa und den Vereinigten Staaten möglich. Es fehlte an allem – Maschinen, Baustoffen, Lebensmitteln und Medikamenten. Das dringendste Problem aber war die Unterbringung und Versorgung der Einwanderer, die zu Zehntausenden aus allen Ländern Europas eintrafen und jeden wirtschaftlichen Aufschwung im Ansatz unmöglich machten. Lebten im Mai 1948 rund 645 000 Juden auf dem Boden Palästinas, waren es Ende 1951 bereits 1 342 000. Obwohl viele der Einwanderer sich in den Auffanglagern im Schnellverfahren in handwerklichen Berufen ausgebildet hatten, kam die israelische Wirtschaft nicht in Schwung. Die Lage war aussichtslos und wurde von Monat zu Monat dramatischer, so dass Israel vor dem Staatsbankrott stand. Das Einzige, was helfen konnte, waren ein kräftiger finanzieller Anschub und Warenlieferungen. Doch wie sollte man die Verhandlungen und die in scheinbar greifbare Nähe gerückte finanzielle Entschädigung durch Deutschland gegenüber der eigenen Bevölkerung vertreten? Ministerpräsident David Ben Gurion befürwortete die geplanten Gespräche mit dem Argument, »die

Mörder unseres Volkes dürfen nicht auch noch die Nutznießer ihres Vermögens sein«. Doch das Unbehagen, die »Judenmörder« um »Blutgeld« für millionenfachen Mord zu bitten, war allgemein verbreitet. Viele Juden waren aufgebracht und empört, ein beachtlicher Teil der Bevölkerung protestierte und demonstrierte, andere griffen zur Gewalt. Als die Knesset am 7. Januar 1952 darüber debattierte, ob Israel mit Deutschland verhandeln sollte, eskalierten die Ereignisse zu einer bürgerkriegsähnlichen Situation. Der heftigste Widerstand ging von der rechtszionistischen Cheruth-Partei aus, die Verhandlungen mit den »Judenmördern« entschieden ablehnte. Ihr Vorsitzender Menachem Begin hielt am Nachmittag jenes 7. Januar auf dem Zionsplatz vor dem damals im Zentrum West-Jerusalems gelegenen Parlament eine Brandrede: »Das wird ein Krieg auf Leben und Tod«, rief er. »Es gibt keinen Deutschen, der nicht unsere Väter ermordet hat. Adenauer ist ein Mörder, jeder Deutsche ist ein Mörder. (...) Als sie auf uns mit Kanonen schossen«, spielte Begin auf die »Altalena«-Affäre im Jahre 1948 an, in der Ben Gurion im Machtkampf gegen ihn die Oberhand gewonnen hatte, »gab ich den Befehl ›Nein!‹. Heute werde ich den Befehl ›Ja!‹ ausgeben.« Nach diesem Aufruf zum Bürgerkrieg umstellten tausende Menschen die Knesset und warfen die Scheiben des Hohen Hauses ein. Die Polizei schritt ein, es gab tumultartige Szenen, Menschen wurden verletzt. Doch der Protest war vergeblich.[2] Am 9. Januar 1952 billigte die Knesset mit 61 zu 50 Stimmen bei fünf Enthaltungen die Verhandlungen mit Deutschland auf der Grundlage der Zusage Adenauers. Für seine Brandrede, die er vor dem Parlament wiederholte, wurde Begin für drei Monate aus der Knesset ausgeschlossen.

Doch die Gefahr blieb. Nachdem der Geheimdienst Informationen über geplante Attentate und Störaktionen erhalten hatte, wurde der ursprünglich vorgesehene Verhandlungsort Brüssel aufgegeben. Dort existierte seit Jahren eine Gruppierung der jüdischen Terror-Organisation »Irgun Zwai Leumi«. Begin hatte den Irgun im September 1948 zwar aufgelöst, um als Führer der Cheruth-Partei fortan eine Rolle in der Innenpolitik spielen zu können, doch einige Seilschaften hatten sich in verschiedenen Städten Europas gehalten. Daher erschien das Schloss von Wassenaar, einem eleganten Villenvorort von Den Haag, als Verhandlungsort geeigneter als Brüssel. Aus taktischen Gründen liefen einige Vorbereitungen in der belgischen Hauptstadt jedoch weiter. Erst im letzten Moment wurde bekannt gegeben, dass die Verhandlungen in Wassenaar stattfinden würden.[3]

Adenauer hatte Deutschland in eine schwierige Lage gebracht, und er trug wenig dazu bei, sie zu lösen. Als am 28. Februar 1952 die Londoner Schuldenkonferenz mit fast 300 Vertretern aus 65 Gläubigerstaaten begann, war der deutsche Delegationsleiter Hermann Josef Abs offiziell weder über die Höhe der Zusage Adenauers an Goldmann informiert, noch kannte er den Termin der bereits für Ende März geplanten Wiedergutmachungsverhandlungen. Abs bekam Wind von der Sache und musste den Bundeskanzler auf gewisse Zusammenhänge hinweisen. Beide Verhandlungen konnten nur zugleich erfolgreich sein oder mussten beide scheitern, versicherte Abs. Eine vorweggenommene, hohe finanzielle Zusage an Israel würde bei den Verhandlungspartnern in London den Eindruck erwecken, als sei Deutschland zahlungskräftig. (Was entschieden nicht der Fall war: Der starke Aufschwung, den man einmal »Wirtschaftswunder« nennen sollte, zeichnete sich damals noch nicht ab.) Bei einer hohen finanziellen Zusage an Israel war Deutschland in einer schlechten Position, um die erdrückende Schuldenlast herunterzuhandeln, wovon die wirtschaftliche Zukunft des Landes abhing. Adenauer zog es vor, auf diese Vorhaltungen nicht zu reagieren. Mehrmals legte Abs dem Kanzler dar: Angesichts der wirtschaftlichen Situation Deutschlands müsse man zuerst die Schuldenkonferenz in London abschließen, um dann mit Israel zu verhandeln. Beides zusammen sei unmöglich.

Angesichts dieses Dilemmas griff Adenauer zur Taktik, sich bedeckt zu halten, abzuwarten und zu schweigen. Der Alte lavierte, ein mühsames Geschäft. Irgendwie über die Runden zu kommen, war seine Devise. Dementsprechend lautete seine schlitzohrige Anweisung an Franz Böhm, den Leiter der deutschen Delegation in Wassenaar: »Stellen Sie doch einmal fest, was die Herren eigentlich wollen.« Er wusste es nur zu gut: Die Herren wollten eine Milliarde Dollar. Bei diesem Lavieren und Hinhalten mussten die hohen Erwartungen der israelischen Seite enttäuscht werden. So war bereits am ersten Tag der Verhandlungen eine schwere Verstimmung Israels abzusehen.

In dieser verworrenen Situation traten die deutschen und jüdischen Teilnehmer der Wiedergutmachungsverhandlungen erstmals am 22. März 1952 zusammen. Professor Franz Böhm, Rektor der Johann-Wolfgang-Goethe-Universität in Frankfurt, leitete die deutsche Delegation; sein Stellvertreter war Rechtsanwalt Dr. Otto Küster aus Stuttgart. Auf jüdischer Seite gab es zwei Delegationen. Die Vertreter Israels waren Dr. Giora Josephthal, Kommissar für die Eingliederung jüdischer Flüchtlinge in Israel, und Dr. Felix E. Shinnar, der im Außenministerium eine Sonderabteilung für die Ansprüche gegenüber Deutschland leitete. Moses A. Leavitt, Vizepräsident des American Joint Distribution Committee (AJDC), leitete die Delegation der Claims Conference. Nahum Goldmann nahm nicht an den Verhandlungen teil, sondern hielt sich im Hintergrund bereit.

Wie Böhm sich erinnerte, fand die erste Begegnung »in einer Atmosphäre beklemmender Förmlichkeit und Zurückhaltung statt«. Nach kurzer Zeit besserte sich die Stimmung. In dieser Situation der ersten Lockerung traf die Nachricht von der Münchner Paketbombe ein. Es war zwar nicht sofort sicher, dass das Attentat auf die Gespräche in Wassenaar zielte, doch die kurz darauf in Den Haag entdeckten Briefbomben zeigten, wie groß die Gefahr eines blutigen Anschlags war. Dass zwei israelische Delegationsangehörige beim Absturz ihres Flugzeugs bei Frankfurt am 22. März den Tod gefunden hatten, bedrückte die Stimmung zusätzlich. War dieser Absturz ebenfalls auf einen Sabotageakt zurückzuführen? Mindestens ein Jahr würden die Untersuchungen dauern, ließ man verlauten.[4]

Bereits zwei Wochen nach Beginn gerieten die Verhandlungen in Wassenaar in eine Sackgasse. Deshalb trafen sich am 5. April 1952 in Bonn Bundeskanzler Adenauer, die betroffenen Ressortchefs und die Delegationsleiter Abs sowie Böhm und Küster zu einer Kabinettssitzung. Adenauers Fehler war nun offenkundig geworden. Der Kanzler lavierte, Abs äußerte sich strikt gegen eine konkrete Zusage an Israel zu diesem Zeitpunkt, während Böhm und Küster aus einer moralischen Sicht der Dinge sich zuerst mit Israel einigen wollten. Guter Rat war teuer, und man suchte ihn bei John J. McCloy. Der amerikanische Hochkommissar war Pragmatiker genug und gab den Ratschlag, in Wassenaar vorläufig keinen konkreten Betrag zu nennen. Das alte Spiel ging weiter: Man musste Zeit gewinnen.

Wie groß die Empfindlichkeiten in Wassenaar waren, zeigte sich am 7. April. Böhm stellte einen Betrag von drei Milliarden Mark in Aussicht, kündigte ein konkretes Angebot aber erst in sechs Wochen an. Die israelische Seite reagierte empört und brach die Verhandlungen ab. Der eigentliche Grund des Unwillens: Israel hatte erfahren, dass Abs sich bei McCloy über die Möglichkeit erkundigt hatte, die Wiedergutmachung durch amerikanische Finanzhilfe zu bezahlen, zum Beispiel durch Anrechnung der in den Vereinigten Staaten beschlagnahmten deutschen Vermögenswerte. Eine mit Krediten finanzierte Wiedergutmachung erschien den Israelis aber völlig unangebracht, man wollte von Deutschland ein echtes Opfer. Am 6. Mai fasste die Knesset einstimmig den Beschluss, die Verhandlungen nicht wieder aufzunehmen, es sei denn, Deutschland lege einen verbindlichen, in einzelnen Punkten ausgearbeiteten Vorschlag vor.

Mit der Unterbrechung hatte Abs zwar den zeitlichen Vorsprung erreicht, auf dem er bestanden hatte, aber dafür waren die Verhandlungen in Wassenaar in ernster Gefahr. Rund 29 Milliarden Mark forderten die Gläubigerstaaten in London, eine für Deutschland völlig unrealistische Summe. Abs musste die Schuldenlast unter allen Umständen herunterhandeln und Jahresraten erzielen, die Deutschlands Finanzen verkraften konnten. Unterdessen fand in Bonn am 16. Mai eine Besprechung statt, in der die Höhe des Angebots an Israel konkret festgelegt werden sollte. Finanzminister Fritz Schäffer, ein entschiedener Gegner der Adenauerschen Offerte an Israel, beschrieb die Haushaltslage in düsteren Worten. So einigte man sich auf 100 Millionen Mark pro Jahr in Warenlieferungen. Wirtschaftsminister Ludwig Erhard schlug 150 Millionen Mark vor, Adenauer stimmte zu, doch ein Beschluss darüber wurde nicht gefasst. Böhm prophezeite, dass bei einem Angebot von 100 Millionen Mark die Verhandlungen abgebrochen würden. »Wie ein Parzival« sei Böhm in die Verhandlungen gegangen, spottete Abs später.

Mit dem Idealisten Böhm hatte man es nicht leicht. Dass der deutsche Delegationsleiter innerlich auf der Seite Israels stand, war menschlich verständlich, doch es erschwerte die deutsche Position in den Verhandlungen. Gekränkt und beleidigt lehnte Böhm es ab, gemeinsam mit Abs der israelischen Seite in London das Angebot von 100 Millionen Mark zu unterbreiten, und trat am 18. Mai zurück. Seine Entscheidung war nicht frei von einem naiven Sich-beleidigt-Zeigen. Das Echo in der internationalen Presse war groß, die Kritik an Bonn heftig. Böhms Entscheidung war weniger gegen Adenauer, umso mehr aber gegen Abs gerichtet.

So überbrachte Abs am 19. Mai in London das dürftige Angebot Deutschlands. Die Reaktion Felix Shinnars und Moshe Kerens, dem Beobachter Israels bei der Schuldenkonferenz, fiel aus, wie zu erwarten war: schroffe Ablehnung mit einem deutlich harten Unterton. Noch am selben Tag schrieb Goldmann, der Abs' Angebot als »Beleidigung« empfand, einen Brief an Adenauer: »Führen Sie die Verhandlungen wieder zurück zu dem hohen moralischen Niveau, von dem Sie sie bisher betrachtet haben«, forderte er den Bundeskanzler auf. »Lassen Sie nicht Methoden, die bei rein kommerziellen Fragen üblich sind, diese Verhandlungen degradieren und gefährden.«

Es war eine jener Situationen eingetreten, bei denen Adenauer im Bundestag mit erhobenem Zeigefinger zu mahnen pflegte: »Die Lage war noch nie so ernst.« Der Bundeskanzler erkannte deutlich, dass Deutschland Gefahr lief, Schaden zu nehmen. Er rief Böhm zu sich und empfing den von der Fahne geflüchteten Delegationsleiter mit versteinerter Miene. Längere Zeit sagten sich die Herren heftig die Meinung, man ersparte dem anderen wenig. Dann zeigte Adenauer, zu welchen taktischen Tricks er fähig war: Er legte Böhm plötzlich die Hand auf den Arm und fragte ihn entwaffnend: »Also Herr Böhm, was machen wir jetzt?« Das wirkte, Böhm war fast wieder im Boot.

Mit dem halbwegs wiedergewonnenen Delegationsleiter war die verfahrene Lage aber noch nicht gerettet. Der Durchbruch kam mit Unterstützung des amerikanischen Hochkommissars McCloy, eines Mannes, der clever genug war, die Tricks und Intrigen, das Taktieren und Bluffen des Bundeskanzlers zu durchschauen. Alle, die auf deutscher Seite maßgeblich an den Verhandlungen beteiligt waren, stellten sich in der offenen Halle von McCloys Amtssitz in Mehlem ein: Adenauer, sein Finanzminister Schäffer, Abs und Böhm, die ewigen Kontrahenten, auch Herbert Blankenhorn vom Auswärtigen Amt war zur Stelle. Worin die Vermittlung des amerikanischen Hochkommissars im Einzelnen bestand, ist nicht genau bekannt. Das Ergebnis war jedenfalls ein konkretes Angebot: drei Milliarden Mark in Waren bei acht bis zwölf Jahren Laufzeit. Adenauer konnte Böhm gewinnen, nach Paris zu fahren, um Goldmann das Angebot »als privaten Vorschlag« des deutschen Delegationsleiters zu überbringen.

Böhm nahm den Auftrag buchstabengetreu und legte eine operettenhafte Szene hin. Etwas überstürzt reiste er nach Paris, ohne sich mit genügend Bargeld zu versorgen. Dort rief er den Präsidenten des Jüdischen Weltkongresses vom Bahnhof aus an und verkündete sein Kommen mit einem konkreten Angebot. Allerdings müsse sich Goldmann noch etwas gedulden, denn er habe »nicht einen Sou in der Tasche« und komme zu Fuß zu ihm. Goldmann wusste nicht so recht, was er davon halten sollte: »Wie bitte, … ein Mann, der kommt, um über Milliarden mit uns zu verhandeln, hat keinen Sou bei sich?« Böhm eilte zu Fuß herbei, und Goldmann nahm das deutsche Angebot »sehr freundlich« an. Entgegenkommend bot er an, die Forderung der Claims Conference von 500 Millionen Dollar in 500 Millionen Mark umzuwandeln.

Am 10. Juni unterzeichneten Nahum Goldmann, Felix Shinnar, Walter Hallstein und Franz Böhm in Gegenwart Adenauers in Bonn eine Vereinbarung über den Vorschlag von Paris. Auf dieser Grundlage konnten am 24. Juni 1952 die Verhandlungen wiederaufgenommen werden. Jetzt ging es nur noch um Detailfragen – die genaue Laufzeit der Zahlungen, die Höhe der einzelnen Jahresraten, den Anteil an Devisen. Im August 1952 war der Entwurf fix und fertig. Der Vertrag sah eine Gesamtsumme von 3,45 Milliarden Mark vor, Zahlungen von je 200 Millionen Mark in den beiden ersten Jahren, später 250 Millionen Mark sowie die Beträge für die Claims Conference, die an Israel gehen sollten. Am 8. September, einem sorgsam ausgewählten Tag, sollte das Kabinett den fertigen Entwurf erläutern und darüber abstimmen. Finanzminister Fritz Schäffer, der sich vehement gegen den Vertrag ausgesprochen hatte, war an jenem Tag in den Vereinigten Staaten, bekam aber Wind von der Sache und flog eilig zurück. Er platzte mitten in die Kabinettssitzung hinein. Seinen heftigen Einspruch ließ Adenauer geschickt ins Leere laufen. Mit den Stimmen von sieben der neun anwesenden Bundesminister wurde der Vertrag angenommen, Finanzminister Schäffer und der Minister für Arbeit stimmten dagegen.

Für die Vertragsunterzeichnung am 10. September 1952 galten zwei Voraussetzungen: Auf Verlangen der jüdischen Delegierten kam nur ein neutraler Ort in Frage, Zeitpunkt und Ort sollten wegen der Gefahr eines Attentats geheim gehalten werden. Die handverlesenen Journalisten, die für die Berichterstattung vorgesehen waren, wurden am selben Tag in aller Frühe aus den Betten geholt und in mehrere Wagen gesetzt, mit unbekanntem Ziel. Man brachte sie ins Rathaus von Luxemburg. Da die jüdische Seite jeden Eindruck vermeiden wollte, dass der Vertrag als Versöhnung missverstanden werden könnte, verlief die Unterzeich-

Unterzeichnung des deutsch-israelischen »Wiedergutmachungsabkommens« durch Konrad Adenauer und Moshe Sharett am 10. September 1952 in Luxemburg.

nung durch Bundeskanzler Konrad Adenauer und den israelischen Außenminister Moshe Sharett in äußerst gespannter Atmosphäre. Auf Ansprachen wurde verzichtet, da der Bundeskanzler einige Passagen der geplanten Rede des israelischen Außenministers als »alttestamentarisch« beanstandet hatte. Nach dreizehn Minuten war alles vorbei.

Es hatte sich gezeigt, dass Goldmann der bessere Stratege war. In ihm hatte Adenauer seinen Meister gefunden. Von der vielbeschworenen Führungskraft des deutschen Bundeskanzlers war während der Verhandlungen wenig zu spüren gewesen. Letztlich hatte Adenauer aber sein Ziel nach einer Zitterpartie irgendwie erreicht. Wie sich später herausstellte, hätte die israelische Seite auch 2,2 Milliarden Mark akzeptiert. Aufgrund seiner geschickten Taktik hatte Goldmann also 800 Millionen Mark mehr erzielt. Israel, ohne juristische Ansprüche, war auf das moralische Recht verwiesen worden und hatte gerade dadurch, im

*Erste deutsche Warenlieferung nach Israel im Rahmen der deutschen
»Wiedergutmachung« 1953*

Verein mit dem geschickten Taktieren Goldmanns, viel gewonnen. »Die Wiedergutmachung war Israels letzte Chance«, schrieb später Horowitz, als Präsident der Nationalbank Israels ein Fachmann, der es wissen musste. Als Folge traf Bonn der geballte Unwillen der arabischen Länder, die den Handel mit Deutschland massiv einschränkten. Ende 1952 begann die deutsche Wirtschaft zu boomen, das erste Anzeichen des kommenden Wirtschaftswunders. Jene 800 Millionen Mark, die Deutschland vielleicht etwas zu bereitwillig zahlte, waren rasch vergessen. Die rund 14 Milliarden Mark, die Deutschland von der Londoner Schuldenkonferenz auferlegt wurden, konnten ebenfalls schnell abbezahlt werden. Am 18. März 1953 verabschiedete der Bundestag den Israel-Vertrag, allerdings mit einem wenig beeindruckenden Abstimmungsergebnis: 239 Abgeordnete votierten für das Abkommen, 86 enthielten sich (viele von ihnen aus der Regierungskoalition), 35 stimmten dagegen, unter ihnen die 13 Vertreter der

Kommunistischen Partei. Die Sozialdemokraten votierten geschlossen für das Abkommen.

Einen Monat später trat Konrad Adenauer, »mit dem Heiligenschein des Wiedergutmachungsabkommens versehen« (Hans-Peter Schwarz), auf der »United States« seine erste Reise nach Amerika an. Der Staatsbesuch wurde zu einem beachtlichen Erfolg, nicht zuletzt wegen der großzügigen Einigung mit Israel, die in den Vereinigten Staaten ausgesprochen positiv registriert wurde. Im September 1953 errang Adenauer einen deutlichen Wahlsieg für die Christdemokraten und wurde als Bundeskanzler bestätigt. Im Großen und Ganzen war der Alte von Rhöndorf aus seinem selbstverschuldeten Dilemma wie ein Sieger hervorgegangen. Wer ihn kannte, wird sich darüber nicht allzu sehr gewundert haben.

Fahndung nach Goldberg

»Eines Tages kam der Anruf, daß die Akten unterwegs sind«, erinnert sich Bernhard Gnirs. »Man wurde nicht gefragt, ob man den Fall übernehmen wollte. Die Akten wurden auf meinen Tisch gelegt, das war's.«[1] Der Kriminalinspektor übernahm im Mai 1953 eine Arbeitsgruppe, die das Attentat auf Adenauer ermitteln sollte. Es war der Startschuss für die zweite Runde der Fahndung nach den Tätern.

Welche Akten bekam Gnirs auf den Tisch gelegt? Waren es die Unterlagen der Sicherungsgruppe Bonn oder die des Zentralamtes, das inzwischen im neugegründeten Bayerischen Landeskriminalamt aufgegangen war? Oder handelte es sich um die Akten der Münchner Sonderkommission? Die nur scheinbar unwichtige Frage nach den Akten muss gestellt werden, denn es gibt in den heute bekannten Unterlagen, die zum Attentat auf Adenauer existieren, eine beachtliche Lücke. Sie umfasst den Zeitraum zwischen Mitte September 1952, als das Gutachten des Zentralamtes[2] vorlag, und Mai 1953, als Gnirs die Ermittlungen aufnahm.

Es bieten sich dafür verschiedene Erklärungen an. Akten könnten vernichtet worden sein, was bei einem Attentat auf den Bundeskanzler jedoch recht unwahrscheinlich ist. Unterlagen sind möglicherweise von einem Archiv zurückgehalten worden und in Vergessenheit geraten, was vorkommt. Die dritte und wahrscheinlichste Erklärung ist, dass die Ermittlungen ruhten, weil das föderale System erst zu seinem Recht kommen musste. Die Alliierten hatten in ihrem »Polizeibrief« vom 4. April 1949 festgelegt, dass die Polizeibehörden Angelegenheit der Länder sind. Wenn man so will, sind die Landeskriminalämter die Regel, das Bundeskriminalamt jedoch die Ausnahme. Mit der Gründung des Bayerischen Landeskriminalamtes war die entscheidende Voraussetzung gegeben, dass Bayern die Ermittlungen des Attentats auf Adenauer übernehmen konnte. Dabei kam es zu Verzögerungen.

Der Weg bis zur Gründung des Bayerischen Landeskriminalamtes[3] war lang und gewunden. Das am 11. Mai 1946 ins Leben gerufene Landeserkennungsamt (LEA) hatte keine Exekutivaufgaben und war eine erste Lösung, mehr nicht. Das LEA ging am 13. September 1946 in einer Behörde mit dem umständlichen Namen »Zentralamt für Kriminalidentifizierung, Polizeistatistik und Polizeinachrichtenwesen« auf, die schon 1949 einen ausgezeichneten Ruf genoss. Die neue Bezeichnung »Zentralamt für Kriminalidentifizierung und Polizeistatistik des Landes Bayern«, die der Polizeibehörde Ende Dezember 1949 verpasst wurde, war immer noch zu lang. Als im März 1951 Franz Meinert das Amt des Direktors antrat, war das »Zentralamt« gut organisiert und ließ im Kern bereits die Organisationsstruktur des künftigen Bayerischen Landeskriminalamtes erkennen. Insofern ist die Missstimmung Bayerns verständlich, als nach dem Bombenanschlag vom 27. März 1952 Bundesinnenminister Lehr die Leitung der Sonderkommission dem Bundeskriminalamt übertrug. Möglicherweise war dies keine gute Entscheidung, zumal die Bayern der neuen Bundesbehörde zum Teil um Längen voraus waren. Das machte Lehrs Machtwort doppelt schmerzhaft.

Gemäß dem Gesetz über die Organisation der Polizei in Bayern vom 1. November 1952, kurz »Polizeiorganisationsgesetz« oder »POG« genannt, hieß das Zentralamt nun offiziell »Bayerisches Landeskriminalamt« (BLKA), dessen Beamte Polizeibefugnis hatten, also Exekutivaufgaben wahrnehmen konnten – im Unterschied zu den meisten Abteilungen des BKA. Das Landeskriminalamt unterstand weiterhin Direktor Franz Meinert. Einer der Gründe für die lange behördliche Ruhepause bei den Ermittlungen im Attentat auf Adenauer nach Mitte September 1952 erklärt sich auch durch den allmählichen Aufbau der einzelnen Abteilungen, der sich über Monate hinzog. So nahm das BLKA erst im Frühjahr 1953 allmählich die Ermittlungen des Attentats auf Adenauer auf. Zur gleichen Zeit saß bei der Sicherungsgruppe in Bonn ein amtsmüder, vielleicht enttäuschter Kriminalrat, der angesichts der föderalen Frontlinie Bayerns und der Mauer, die die französischen Behörden aufgebaut hatten, die Lust verlor und an seine Versetzung dachte. In der Wiesbadener Zentrale war es ruhiger als in der Bonner Remise der Sicherungsgruppe, eingezwängt zwischen dem Palais Schaumburg des Bundeskanzlers und der Villa Hammerschmidt, dem Sitz des Bundespräsidenten.

Das alte »Zentralamt«, also mehr oder weniger die kriminaltechnische Abteilung unter Walter Specht, ging in der neuen Abteilung »Verbrechenskunde« des Bayerischen Landeskriminalamtes auf. Nach und nach wurden weitere Fachbereiche geschaffen, unter anderem eine »Ermittlungsabteilung« (EA), deren einzelne »Sachgebiete« zunächst nur Fälle von Rauschgifthandel, Münzverbrechen, Mädchenhandel und Verbrechen gegen das Sprengstoffgesetz ermittelten. In den folgenden Jahren wurde das BLKA weiter ausgebaut, im Jahre 1955 kam eine Staatsschutzabteilung hinzu, von der noch zu reden sein wird. Bereits 1954 hatte das Bayerische Landeskriminalamt rund 350 Mitarbeiter und war damit etwa so groß wie das Bundeskriminalamt in Wiesbaden.

Das »Sachgebiet 2« der Ermittlungsabteilung, in der Behörde kurz »EA 2« genannt, war zuständig für Sprengstoff-Delikte und wurde im Frühjahr 1953 dem jungen Kriminalinspektor Bernhard Gnirs[4] übertragen. Gnirs hatte als Pionier am Zweiten Weltkrieg teilgenommen und im Rahmen seiner Offiziersausbildung und im Kriegseinsatz Erfahrung mit Sprengstoffen und Sprengsätzen aller Art sammeln können. Diesem Sachgebiet, also einer Fachabteilung für Sprengstoff-Verbrechen, wurden die bayerischen Ermittlungen im Attentat auf Adenauer am 1. Juli 1953 offiziell übertragen.

Bereits im Mai 1953 kamen die Akten auf den Tisch des jungen Kriminalinspektors Gnirs. Er sollte sich einarbeiten. Seine

Arbeitsgruppe bestand aus wenigen Leuten: Da war Oberkommissär – so der damals in Süddeutschland übliche Rang – Konrad Hartmann, später kamen Kommissär Emil Weigel und Heinrich Walbaum hinzu. Eine kleine Gruppe, aber keineswegs zu klein.

Während Gnirs sich in die Akten einlas, hatte Direktor Franz Meinert, sein oberster Chef, bereits vorgearbeitet. Anfang März 1953 hatte Meinert Hinweise verschiedener Münchner Vertrauensleute, also Informanten der Polizei, auf den Tisch bekommen, dass im »Drei-Mäderl-Haus«, einem von zahlreichen staatenlosen Personen bewohnten Fremdenheim in der Metzstraße 12, eine Gruppe von Juden lebe, die mit dem Sprengstoff-Attentat in Verbindung zu bringen sei.[5] Meinert überprüfte das Informationsmaterial eigenhändig, fand es stichhaltig und leitete die Ermittlungen ein. Bis es richtig losging, sollten noch einige Wochen vergehen.

Man ging systematisch vor, ermittelte die Namen eines jeden Mitglieds dieser Gruppe und zog alle verfügbaren Personenangaben zusammen.[6] Die Personenfeststellungen liefen verdeckt und waren dementsprechend mühsam und langwierig, so dass die Ermittler erst gegen Ende Juni 1953 ein erstes Bild der Gruppe hatten. Es handelte sich um Juden, die durch die Wirren des Zweiten Weltkriegs nach Deutschland gekommen waren. Viele von ihnen hatten nach 1945 als »Displaced Persons« in Lagern gelebt. »Displaced Persons«, auch »DPs« genannt, waren ehemalige Zwangsarbeiter aus aller Herren Länder, desertierte Soldaten der Roten Armee, litauische und ukrainische »Hiwis«, die den Nazis als »Hilfswillige« in den Konzentrationslagern gedient hatten, und ehemalige Kriegsgefangene. Unter ihnen waren die Juden die bei weitem schwierigste Gruppe, die den Alliierten große Probleme bereitete. Aufgrund ihrer traumatischen Erfahrungen in den Konzentrationslagern waren sie nicht selten aggressiv, wollten sich nicht registrieren lassen und zogen oft von einem DP-Lager zum nächsten. Sie kannten keine Grenzen und ignorierten Kennkarten und Pässe. In gemischten Lagern, womöglich Baracke an Baracke mit Ukrainern und Litauern, wollten sie schon gar nicht leben. Da die amerikanischen Besatzer das liberalste Regime hatten, zogen sie meist in die Nähe Frankfurts, nach Bayern und Österreich, wo die meisten der jüdischen DP-Lager entstanden. Die politische Agitation unter ihnen war groß, alle möglichen Parteien und Gruppierungen suchten unter ihnen Anhänger zu gewinnen. Das große Thema, das alle bewegte, war der entstehende Staat Israel – und wann man dorthin auswandern solle. Andere, die blieben, wurden offiziell »Staatenlose«. Und einige aus dieser sozialen Gruppe lebten im »Drei-Mäderl-Haus« in der Metzstraße 12. Auffallend war, dass sie alle immer zusammenblieben und sich nicht mit den anderen Bewohnern des Hauses abgaben. In der Pension lebten sie daher stets auf ein und derselben Etage. Es gab in dieser Gruppe Personen, die auswärts wohnten und nur von Zeit zu Zeit nach München reisten. Andere, die in München ansässig waren, traten nur selten in der »Pension Grünwald«, wie das »Drei-Mäderl-Haus« ebenfalls hieß, in Erscheinung. Einige Mitglieder wohnten ständig dort. Im Hinterhof, wo die Garagen lagen, betrieb einer von ihnen eine Werkstatt zur Herstellung von Mänteln aus Persianerklauen. Und es gab allem Anschein nach einen Chef. Er hieß Constantinescu, war von großer, kräftiger Gestalt und trug stets gut geschnittene Anzüge. Bei einigen Angestellten der Pension hieß er nur »der Starke«. Er lebte im Ausland und brachte jedes Mal, wenn er nach München kam, eine beachtliche Anzahl großer Koffer mit. Und immer hatte er ein Lederköfferchen bei sich, das er nicht aus den Augen ließ. Zunächst hatten die Ermittler den Eindruck, dass er eine der weniger wichtigen Personen war, die sich nur ab und zu blicken ließen. Doch sie mussten ihre Einschätzung bald ändern. Jedes Mal, wenn er im »Drei-Mäderl-Haus« eintraf, kamen auch die übrigen Personen, um an den Besprechungen teilzunehmen, die in einem der Zimmer abgehalten wurden. Constantinescu hatte ein sehr bestimmendes Auftreten und wurde von allen mit größtem Respekt behandelt. Es war offensichtlich, dass er der Kopf der Gruppe war. Viele der Personen waren polizeilich nicht gemeldet, wie die Beamten irritiert feststellten. Mehr noch, einige füllten nie Meldezettel aus, was offensichtlich mit Billigung des Eigentümers und des Hausverwalters geschah. Die Angelegenheit wurde von Zeit zu Zeit mit großzügigen Trinkgeldern geregelt. Und es gab auffallend zahlreiche Telefonate nach Paris, Basel und Zürich. Das konnte nicht mit rechten Dingen zugehen.

So interessant den Ermittlern Constantinescu erschien, so vergaß man darüber die anderen nicht. Da gab es einen Dorel G. aus Bukarest, von Beruf Ingenieur. 1951 und 1952 hatte er öfters »mit seinen Komplizen und Rassegenossen«, wie die Ermittler schrieben, im »Drei-Mäderl-Haus« gewohnt – auch am 27. März 1952, dem Tag des Attentats. In der übrigen Zeit wohnte er in Paris. G. »soll Konstrukteur der Bombe sein«, vermuteten die Ermittler etwas vorschnell und nahmen an, er habe auch die Schriften auf dem Paket angefertigt. In der Gruppe gab es noch einen anderen Ingenieur, einen Marcel R. aus Bukarest.

Fast alle Personen waren irgendwann mit Behörden und Institutionen in Konflikt geraten. Abe K. aus Riga, mit einem Visum des deutschen Generalkonsulats in Paris eingereist, hatte bis Januar 1953 wegen Devisenvergehens in Neudeck in Untersuchungshaft gesessen. Isaak L., »angeblich Industrieller«, war 1946 mit seiner Familie in München wohnhaft und ging im Februar 1951 nach Zürich, wo er die Firma Sharon AG gründete. Die schweizerischen Behörden hatten eine Einreisesperre gegen ihn verhängt. Sein Bruder Juda L. aus Bendsburg bei Kattowitz hingegen war ein fast unbeschriebenes Blatt. Seine erste Ehefrau sei »angeblich in Auschwitz ums Leben gekommen«, notierten die Ermittler sehr rücksichtsvoll. Ein gewisser Martin B., Kaufmann aus Berlin, war im Januar 1948 in Straßburg festgenommen worden, weil er unberechtigt britische Uniform getragen hatte. Aber auch er schien eher eine Person am Rande zu sein.

Über den Chef Ricardo-Strate Constantinescu lagen unterschiedliche Auskünfte vor: Er sei Agronom von Beruf, geboren in Asunción in Paraguay. Sein Pass war am 1. Februar 1947 vom paraguayischen Konsulat in Rumänien ausgestellt worden. Seine inzwischen in Rumänien verstorbenen Eltern stammten angeblich ebenfalls aus Paraguay. Es kam den Ermittlern verdächtig vor, dass er vom »Drei-Mäderl-Haus« stets viele Telefongespräche nach Paris, Basel, Zürich und vermutlich nach Meran führte. Wegen Zollvergehens hatte die Schweiz eine Einreisesperre gegen ihn verhängt, der Zollstrafsachendienst Zürich hatte ihn zur Festnahme ausgeschrieben. Ob er zur Attentatszeit in München war, ließ sich nicht mehr feststellen, die Meldescheine waren bereits eingestampft worden. Man hatte den Verdacht, dass Constantinescu zeitweilig den Namen Rudolf Abramovici benutzte.

In der Gruppe gab es außerdem zwei Brüder mit Namen Abraham und Josef K., die in München lebten und anscheinend beide Medizin studierten. Abraham K. hatte »für eine nachgewiesene Haftdauer von 41 Monaten« – damit war ein Aufenthalt in einem deutschen Lager gemeint – eine Entschädigung von 6150 Mark erhalten und war Anfang 1949 mit finanzieller Förderung deutscher Behörden nach Israel ausgewandert. Am 30. Oktober 1952 hatte die Landespolizei bei der Staatsanwaltschaft Deggendorf Strafanzeige gegen ihn erstattet.

Beim Stichwort »Deggendorf« läuteten bei den Ermittlern die Alarmglocken. In der Kleinstadt am Rande des Bayerischen Waldes lief ein Ermittlungsverfahren gegen einen gewissen Franz Xaver S., Verwaltungssekretär im Einwohnermeldeamt, der Dutzenden Personen falsche Papiere ausgestellt hatte – Aufenthaltsbescheinigungen, Kennkarten und Pässe. Sie waren ausgesprochen begehrt. Ehemalige Häftlinge von Konzentrationslagern, die am 1. Januar 1947 ihren Wohnsitz in Bayern hatten, konnten beim Bayerischen Landesentschädigungsamt Wiedergutmachungsgelder beantragen. Die Grundlage für Zahlungen war die Aufenthalts- oder Stichtagsbescheinigung. Zeigte sie ein »falsches« Datum, suchte sich mancher einen wie Franz Xaver S., der ein wenig nachhalf. Mit falschen Pässen und Kennkarten ließen sich Entschädigungsgelder für die angebliche Haft in einem Konzentrationslager erschwindeln, man konnte unerkannt ins Ausland reisen oder betrügerische Geschäfte unternehmen. Wegen Falschbeurkundung verurteilte das Landgericht Deggendorf

Franz Xaver S. im August 1954 zu vier Jahren und sechs Monaten Gefängnis, seine Gehilfin Maria P. zu zehn Monaten.[7] Der Angestellte hatte Abraham K. bescheinigt, seit dem 12. Oktober 1948 in Deggendorf zu wohnen, obwohl dieser im »Drei-Mäderl-Haus« in München lebte. Auch eine Kennkarte hatte S. ihm ausgestellt. »1949 von Amts wegen abgemeldet«, sagten die Unterlagen über K., der angeblich – mit deutscher Finanzhilfe – nach Israel emigriert war.[8] Allerdings nur zum Schein, denn 1950 lebte er wieder in München. Das roch nach Betrug.

Bei Abraham K.s Bruder Josef wurden die Ermittler ebenfalls fündig: Die Schweiz hatte ihn mit einer Einreisesperre belegt, auch bei ihm gab es eine Verbindung nach Deggendorf. Josef K. hatte angeblich ab Januar 1952 dort gewohnt. Am 4. Februar 1952 meldete er sich polizeilich an, obwohl er zu keiner Zeit in der Kleinstadt lebte. Vom Passamt Deggendorf erhielt er am 16. Januar 1952 einen Einzelreisepass. Offenbar handelte es sich um eine Anmeldung nur zum Schein.[9] K. wollte sich Pass und Kennkarte erschwindeln.

Bei einem gewissen Dr. Hermann Goldberg*, Journalist aus Czernowitz, schienen die Ermittler einen Volltreffer zu landen: Der Mann war international zur Fahndung ausgeschrieben. In der Schweiz war er offenbar unter den Alias-Namen Alfons Herzberg aus Czernowitz sowie Olmar Landsberg und Elmer Sundberg aus Oslo wegen Warenbetrügereien aufgefallen. Die Schweizer hatten auch ihn mit einer Einreisesperre belegt und bereiteten einen Auslieferungsantrag vor. In Österreich musste er noch eine Haftstrafe von acht Monaten absitzen und war zur Festnahme ausgeschrieben. Im November 1951 hatte ihn die Düsseldorfer Kripo wegen des Verdachts auf Warenbetrug festgenommen und erkennungsdienstlich behandelt, kurz darauf aber freigelassen. Die Ermittler zögerten nicht und schrieben Goldberg Mitte Mai 1953 im Deutschen Fahndungsbuch ebenfalls zur Festnahme aus. An seinem Münchner Wohnsitz in der Herzog-Rudolf-Straße 37,

* Name geändert

Pension »Seen«, soll er »nur morgens anzutreffen sein«, vermerkte Oberkommissär Hartmann in der Akte. Goldberg, mit einem »Dr. ohne Nachweis«, lebte in München ohne »Zuzugs- oder Aufenthaltsgenehmigung«.[10]

Mitten in diesen Vorermittlungen erreichte die Beamten die Bitte der Bezirksanwaltschaft Zürich, Goldberg an die Schweiz auszuliefern.[11] Der Antrag wog schwer, denn es waren gerade die Schweizer, mit denen die Beamten des Bayerischen Landeskriminalamtes ausgezeichnet zusammenarbeiteten, weitaus besser als mit den französischen Kollegen. Nach den Schweizer Angaben hatte Goldberg im Februar 1953 in Genf und Zürich mit einem gefälschten Pass zwei Pkw der Marke Dodge und Plymouth »getrüglich erhoben« und über einen weiteren Täter in Paris verkauft. Weiterhin sollte Goldberg einen ungedeckten Scheck in Höhe von 18 000 US-Dollar ausgestellt haben.

Zwei Tage darauf schickte Wachtmeister Baumann vom Polizeikorps des Kantons Zürich weitere Informationen des »Spezialdienstes« über die Personengruppe im »Drei-Mäderl-Haus« nach München. Die wichtigsten Informationen betrafen Josef K., der im September 1945 im Kanton Tessin aufgefallen und erkennungsdienstlich behandelt worden war. Fingerabdruckbogen und Foto lagen der Sendung bei, ebenso ein Personalbogen, den Josef K. eigenhändig ausgefüllt hatte. Über seinen Bruder Abraham K. teilten die Schweizer mit, er sei am 20. September 1952 im Hotel »Simplon« in Zürich abgestiegen.[12]

Doch bevor man Goldberg auslieferte, musste man ihn erst einmal haben. Und man wollte sehen, was der Mann in Deutschland auf dem Kerbholz hatte. Am 23. Juni fasste Oberkommissär Hartmann die wichtigsten Personendaten der Gruppe im »Drei-Mäderl-Haus« zusammen.[13] Am selben Tag legte Oberamtmann Ludwig Mitzdorf, Leiter der Ermittlungsabteilung, in einem Strategie-Papier die Marschrichtung fest.[14] Der über den Stand der Ermittlungen informierte Personenkreis sei »so gering wie möglich« zu halten, damit die Presse »so lange wie irgend möglich« herausgehalten werden könne. Die Ermittlungen würde Oberkommissär Hartmann führen sowie, neu hinzugekommen, Kriminalinspektor Gnirs. Mitzdorf ordnete außerdem an, dass nur zwei weitere Mitarbeiter der Kriminaldirektion München eingeweiht werden sollten, beide Mitglieder der Sonderkommission von 1952: Amtmann Johannes Schmid, Leiter der Inspektion 1, und Inspektor Schmid[15], Chef der Dienststelle 1. Personengegenüberstellungen sollten nicht im Hause der Kriminaldirektion München stattfinden, sondern in der Winzererstraße 9, dem Amtsgebäude des BLKA. Von der Staatsanwaltschaft beim Landgericht München 1 wurden Oberstaatsanwalt Schönberger und der Erste Staatsanwalt Öchsner eingeweiht. Mitzdorf bat Schönberger, seine Vorgesetzten »zunächst« nicht zu informieren. Mit dieser Regelung wollte er eine »rasche Verbindung zu Haftrichtern« ermöglichen, den Personenkreis jedoch klein halten. Beide Staatsanwälte gaben ihr Einverständnis. Persönlich schärfte Mitzdorf allen Beteiligten ein, dass nur das Bayerische Landeskriminalamt berechtigt sei, das Bundeskriminalamt zu informieren. Im Übrigen schien Mitzdorf mit Hartmanns Personensammlung nicht ganz zufrieden zu sein. Er war skeptisch, ob man bei der Gruppe im »Drei-Mäderl-Haus« in die richtige Richtung ermittelte, und wenn ja, dann wären die Verdächtigen »nicht die Drahtzieher, sondern unbedeutende Mittäter«.

Kriminalinspektor Gnirs, der neue Leiter des Sachgebiets »Sprengstoff-Delikte«, stimmte mit den Ansichten seines Vorgesetzten nicht ganz überein: Einen Tag, nachdem Mitzdorf sein Stategie-Papier verfasst hatte, fand eine weitere Besprechung statt, an der außer Mitzdorf und Hartmann auch Direktor Franz Meinert teilnahm. Die kleine Konferenz war eine Art offizielle Einführung in die Ermittlungen samt »Übergabe der Akten«. In seinem Bericht vom 24. Juni schrieb Gnirs[16], dass man erörtert habe, worin das »eigenartige Verhalten dieser Leute« im »Drei-Mäderl-Haus« begründet sein könnte. »Fragen beantworten sie zum Teil sehr reserviert, zum Teil gaben sie Verschiedenes erst auf Nennung von Einzelheiten zu.« Die Ermittler nahmen sich vor, mit Bedacht zu handeln, da »diese Leute selbst einmal dem Täterkreis nahegestanden haben oder heute doppelt spielen« könnten. Gnirs entwarf außerdem die Theorie, dass die führenden Persönlichkeiten der Gruppe der »vermuteten jüdischen internationalen Terror-Organisation« angehören könnten, vor allem Constantinescu. Abe K. sei eventuell »Finanzverwalter der Gruppe«. Dagegen sei Goldberg nur ein gewöhnlicher Krimineller, und »von solchen Leuten würde sich der Täterkreis distanzieren«, gab Gnirs einige Erkundigungen über Goldberg wieder. Man vermutete, dass die Bombe von Paris über Meran nach München gekommen sei. Da Grünblatt kurz nach dem Attentat vor dem Telegraphenamt am Bahnhofplatz gesehen worden war, überlegte man, ob er mit Mirelli identisch sein könnte. Der Bericht gipfelte in der gewagten Theorie, die Gruppe im »Drei-Mäderl-Haus« sei eine »nationale, rechtsradikale und international verbreitete jüdische Terror-Organisation bzw. Partisanen-Organisation«. Im Eifer des Neubeginns gab Gnirs den Ermittlungen des Sprengstoff-Attentats gegen Adenauer den Decknamen »Moritz«. Man fragt sich unweigerlich, ob auch ein »Max« im Spiel ist.

Nur wenige Tage nach Gnirs' Bericht schickte das Polizeikommando des Kantons Zürich zahlreiche Unterlagen an Meinert, vor allem Schriftproben einiger Personen aus dem »Drei-Mäderl-Haus« sowie den Haftbefehl gegen Goldberg.[17] »Wir sind jederzeit bereit, Ihnen beim genannten Ermittlungsverfahren die volle Unterstützung zu gewähren«, versicherte ein Oberleutnant Kleiner dem Direktor des Bayerischen Landeskriminalamtes – kein leeres Versprechen, wie sich später zeigte. Unterdessen überprüfte Kommissär Emil Weigel,[18] der inzwischen zu der kleinen Gruppe von Ermittlern gestoßen war, die verschiedenen Adressen, unter denen Constantinescu in München gewohnt hatte. Er stieß auf einige Ungereimtheiten. Ein Vermieter in der Galeriestraße 29, bei dem Constantinescu mit Frau und Tochter polizeilich gemeldet war, kannte die Familie überhaupt nicht. Zur selben Zeit wohnte dort Marcel Rosenberg mit seiner Frau Bebé, geborene Grünblatt – alte Bekannte aus dem »Drei-Mäderl-Haus«. In der Thierschstraße 49 das gleiche Bild: Constantinescu und

Rosenberg waren auch dort zur selben Zeit polizeilich gemeldet, die Meldedaten stimmten fast auf den Tag überein.[19] Wenn Constantinescu sich zum Schein stets dort polizeilich anmeldete, wo die Rosenbergs wohnten, hatte er etwas zu verbergen. Erst viel später durchschauten die Ermittler die enge Verbindung zwischen beiden Familien. Bebé Rosenberg hieß mit Mädchennamen Grünblatt und war eine Schwester Constantinescus. Der Mann mit den guten Anzügen hieß also Grünblatt. Ricardo-Strate Constantinescu stammte nicht aus Paraguay, sondern aus Rumänien und hatte mit einem falschen paraguayischen Pass eine neue Identität angenommen. Wer war dieser Mann?

Unterdessen schritt Kriminalinspektor Gnirs zu seiner nächsten Theorie. Für ihn stand Goldberg »in dringendem Verdacht, im Fall ›Moritz‹ ... anfänglicher Mittäter, zumindest aber Mitwisser« zu sein. Obwohl Goldberg seit Mitte Mai des Jahres in mehreren Bundeskriminalblättern sowie im Deutschen Fahndungsbuch aufgeführt war, hatte die Polizei ihn bisher nicht festnehmen können. Seine Familie wohnte in München in der Herzog-Rudolf-Straße 37, doch der Journalist wurde, wie Gnirs vermutete, »durch mehrere Puffermänner gegen einen Zugriff durch die Polizei abgeschirmt«. Ab Mitte Juli wurde sein Telefon überwacht, seine Post abgefangen – doch ohne Erfolg. »Nach den neuesten Feststellungen besteht der dringende Verdacht, daß Goldberg eine maßgebliche Persönlichkeit in einem äußerst präzise arbeitenden Paßfälscherring darstellt«, schrieb Gnirs. Mit dem Ersten Staatsanwalt Öchsner hatte er sich verständigt, dass Goldbergs Auslieferung an die Schweiz unbedingt verzögert werden sollte. Im Polizeipräsidium sprach er mit Amtmann Johannes Schmid die Maßnahmen der Fahndung nach dem Czernowitzer Journalisten durch. Es sei außerordentlich bedeutsam, schrieb Gnirs, dass Goldberg »nicht die geringsten Anhaltspunkte bekommt, daß er im Verfahren ›Moritz‹ von Interesse ist«. Die Fahndung lief auf Hochtouren.[20]

Grünblatt und Konsorten

Goldberg wurde am 16. Juli festgenommen und zwei Tage darauf zum ersten Mal vernommen. Den Ermittlern blieb eine Enttäuschung nicht erspart: Vor ihnen saß allem Anschein nach nicht eine »maßgebliche Persönlichkeit in einem äußerst präzise arbeitenden Paßfälscherring«, sondern ein gebrochener Mann, den die Judenverfolgungen und die Wirren des Zweiten Weltkriegs völlig aus der Bahn geworfen hatten. Goldberg war ohne Beruf und Perspektive, hatte kein festes Einkommen und war »durch die mitgemachten Ereignisse im Verlaufe der letzten 10 bis 12 Jahre an den Nerven heruntergekommen«, wie er den Ermittlern versicherte.[1] Eilfertig erklärte er sich bereit, zu allen Fragen ausführlich Auskunft zu geben.

Hermann Goldberg, im Jahre 1907 in Czernowitz in der Bukowina als Sohn eines Journalisten geboren, war zeit seines Lebens ein Mann der Presse gewesen. 1928 trat er eine Stelle als Journalist beim *Czernowitzer Morgenblatt* an, der 1918 von Julius Weber und Elias Weinstein gegründeten, wichtigsten Zeitung der deutschsprachigen Bevölkerung von Czernowitz. Goldbergs sprachliche Heimat war nicht das Jiddische der galizischen Juden, sondern das österreichische Deutsch der untergegangenen Habsburgermonarchie, wie es die jüdische Mittel- und Oberschicht bis weit in die zwanziger Jahre hinein sprach. Der Journalist zeigte sich nicht nur auskunftsfreudig, er muss faszinierend gesprochen haben, denn mit ihm erscheint zum ersten Mal eine gewandte, ihrer selbst sichere, wenngleich etwas umständliche Sprache in den spröden Berichten der Ermittler, die seine mitunter eigenwilligen Formulierungen gern übernahmen. Über dreißig Seiten umfassen die Goldberg gewidmeten Vernehmungsprotokolle in der Ermittlungsakte.

Mitte der dreißiger Jahre war Goldberg nach Bukarest gegangen und arbeitete für die internationale Nachrichtenagentur »Interbalkan-Press«, deren Chefredakteur er zuletzt war. 1940 kehrte er nach Czernowitz zurück, um bei seiner Familie zu sein, wie er berichtete. Der eigentliche Grund seiner Rückkehr könnten die sich ständig steigernden Repressionen gegen die Juden im faschistischen Rumänien gewesen sein, die jedoch im Vergleich zu den Greueltaten, die nach dem Überfall Deutschlands auf die Sowjetunion kamen, relativ unbedeutend waren. Goldberg überlebte den Holocaust mit knapper Not. Im Mai 1947 flüchtete er nach Wien und holte im Herbst des Jahres seine Frau mit Unterstützung einer jüdischen Fluchthilfeorganisation »unter den abenteuerlichsten Umständen« aus Rumänien heraus.

In Wien stand Goldberg vor dem Nichts, doch er war Journalist, er wusste, wie man eine Zeitung macht. Ende 1947 gründete er eine Zeitschrift für jüdische »Displaced Persons« in Österreich. Als sein Blatt im Jahr darauf in großen finanziellen Schwierigkeiten steckte, boten ihm drei Geschäftsleute an, das Blatt »restlos zu finanzieren« – gegen eine einzige, kleine Bedingung: Goldberg sollte ihnen eine amtliche Erlaubnis für den zollfreien Import von Lebensmittelspenden aus der Schweiz beschaffen, die kostenlos in den österreichischen DP-Lagern verteilt werden sollten. Goldberg willigte ein, besorgte die Erlaubnis und war all seine finanziellen Sorgen los. Die Dinge schienen gut für ihn zu laufen, zumal er im Oktober 1948 österreichischer Staatsbürger wurde. Doch seine Partner dachten nicht daran, die Spenden kostenlos zu verteilen, sondern ließen die Lebensmittel über Agenten verkaufen. Im November 1948 wurde Goldberg verhaftet, seine Geschäftspartner konnten sich ins Ausland absetzen. Im sechsten Monat der Untersuchungshaft erlitt er einen Nervenzusammenbruch, eine so genannte Haftpsychose, und musste sich in psychiatrische Behandlung begeben. Das im November 1949 gefällte Urteil war

Blick über das Stadtzentrum von Czernowitz in der Bukowina in den dreißiger Jahren.

hart für einen Mann, der als gutwilliger Strohmann benutzt worden war: Wegen Steuerhinterziehung und Verstoßes gegen das Bedarfsdeckungsgesetz wurde Goldberg zu 18 Monaten Arrest und einer Geldstrafe von 100 000 Schilling verurteilt. »Wegen meines tadellosen Verhaltens, guter Führung und guten Auskünften der Polizei«, hob der Journalist eindringlich gegenüber den Ermittlern hervor, sei er im Dezember 1950, zwei Monate vor dem festgesetzten Haftende, begnadigt und entlassen worden. Ein Richter verfügte jedoch, er solle die noch ausstehende Geldstrafe zahlen oder erneut für acht Monate ins Gefängnis. Goldberg wollte nicht noch einmal in das Schwarze Loch seiner Psyche abstürzen und zog es vor zu bleiben, wo er war – in der Schweiz.

In Zürich versuchte Goldberg sich als freier Journalist und Geschäftsmann. Er sprach bei der satirischen Wochenschrift *Der Nebelspalter* vor und wollte Beiträge bei der Zeitschrift *Sie und Er* unterbringen, der späteren *Schweizer Illustrierten*. Als Ausländer hatte er in der Schweiz jedoch keine Chance. Auch die erhoffte Geschäftstätigkeit blieb ohne Erfolg. Goldberg, »in einer verzweifelt schwierigen finanziellen Lage«, entschied sich, nach München zu gehen, wo das Leben billiger war. Dort unternahm er mehrfach Versuche, bei der *Süddeutschen Zeitung* und bei der *Abendzeitung* Beiträge als freier Mitarbeiter unterzubringen, und verhandelte mit Hans Habe, dem Chefredakteur der *Münchner Illustrierten.* Arbeitslose Journalisten gebe es genug, teilte man ihm mit.

Goldberg muss seine Mitmenschen auf den Gedanken gebracht haben, die Lage dieses willenlosen, geradezu fahrlässig hilfsbereiten Zeitgenossen für eigene Zwecke zu missbrauchen. Eines Tages schlug ein gewisser Hans L. Goldberg vor, er solle mit seinem gefälschten Pass auf den Namen Holmar Landberg in der Schweiz Wagen anmieten, die später in Paris verkauft werden sollten. Für die angebotene Prämie von 300 US-Dollar ließ Goldberg alle Bedenken fahren. »Mit halben Worten« habe man ihm erklärt, beteuerte der Journalist, es gehe vor allem darum, Zollgebühren zu sparen, die Sache werde hinterher ordnungsgemäß geregelt. Goldberg, der noch nicht einmal wusste, wie man einen Pkw startet, mietete in Genf und Zürich zwei Wagen an und vermied es peinlich, sich bei der Übergabe hinter das Steuer zu setzen – aus Angst, seine Unkenntnis würde erkannt werden. Als er hörte, dass Hans L. verhaftet worden war, bekam er Angstzustände und hielt sich in München versteckt. Wenn er zu Hause schlief, verließ er die Wohnung in aller Frühe. Er mied Menschen, fühlte »sich auf Schritt und Tritt verfolgt«. Goldberg war sicherlich ein guter Journalist – ein Geschäftsmann war er aber nicht, sicherlich auch kein Mann der Tat, Boss einer Passfälscherbande schon gar nicht. Vermutlich war er sogar froh, verhaftet worden zu sein.

Drei Tage später nahmen sich die Ermittler Goldberg ein weiteres Mal vor. Das Verhör begann um acht Uhr morgens und zog sich eineinhalb Tage hin. Da er die Bedingung stellte, dass »niemals einer unbefugten Person bekannt wird, wer der Mitteiler ist«, nennt die als »streng vertraulich« klassifizierte Niederschrift keinen Namen und trägt noch nicht einmal ein Datum.[2] Es ging den Ermittlern diesmal nicht so sehr um die Person Goldbergs, sondern um die Zeitgeschichte. Während des Krieges und in der Nachkriegszeit hatte sich vieles ereignet, das sie nur am Rande oder gar nicht mitbekommen hatten. Und darüber gab ihnen Goldberg einige private Geschichtsstunden. Zunächst wurde der Journalist über die politischen Verhältnisse in Rumänien zwischen 1938 und 1941 befragt, er erörterte das Schicksal der Juden in seiner Heimat, streifte nochmals die Nachkriegszeit, seine Zeit in Österreich und die Auswanderung in die Schweiz, kam auf den Krieg zwischen Juden und Arabern 1948/49 zu sprechen, wurde zu den Anschlägen auf das britische Hauptquartier im Park-Hotel in Wien 1948 und auf die sowjetische Botschaft in Tel Aviv 1953 gehört und zur Frage, wer sie begangen haben könnte, er erläuterte den Kriminalisten das komplizierte Geflecht der politischen Parteien und ehemaligen Untergrundbewegungen in Israel und gab Auskunft über seine Einschätzung der Wiedergutmachungsverhandlungen zwischen Deutschland und Israel. Die Ermittler waren von den umfassenden politischen und historischen Kenntnissen Goldbergs beeindruckt, der sich zudem in allen jüdischen Angelegenheiten gut auskannte und über weitreichende Kontakte und Beziehungen verfügte, die halb Europa umfassten. Kriminalinspektor Gnirs hatte den Eindruck, dass Goldberg über eine bestimmte Sache ebenfalls Einzelheiten wissen musste, und entschloss sich, aufs Ganze zu gehen. »Massiv«, wie es im Protokoll heißt, hielt er Goldberg das Sprengstoff-Attentat auf Adenauer vor.

Goldberg war von der Eröffnung des Kriminalbeamten nur mäßig überrascht, er hatte längst geahnt, wohin der Hase lief. Er legte eine Kunstpause ein, ordnete wortreich und umständlich seine Gedanken und versicherte, er sei »selbstverständlich auch hierzu bereit, Ausführungen zu machen«. Gnirs legte nach und zeigte Goldberg eine graphische Darstellung mit Personenbeziehungen, die sich über halb Europa erstreckten. Man wollte ihm demonstrieren, dass man nicht ganz unwissend sei. Goldberg ließ sich einige Namen nennen und kündigte an, über eine bestimmte Person sprechen zu wollen. Es war Constantinescu.

Goldberg nennt Constantinescu einen »dunklen Geschäftemacher und Schieber« und hält ihn für »eine in politisches Zwielicht getauchte Persönlichkeit«. Seine Tätigkeit in Rumänien spielt sich deutlich vor dem Hintergrund der politischen Ereignisse ab.[3] Im Juni 1940 fordert die Sowjetunion gemäß dem Geheimen Zusatzprotokoll zum Hitler-Stalin-Pakt von 1939 Rumänien mit einem Ultimatum auf, die Nord-Bukowina und Bessarabien abzutreten; Ende Juni marschiert die Rote Armee ein. »Mache das ganze Jahr Sowjetstaat mit«, sagt Goldberg resigniert. In dieser Zeit erscheint Constantinescu, 1915 in Bessarabien geboren, in Czernowitz. »Er tritt sofort als Großrusse auf, ist auch russisch gekleidet, spricht nur russisch und führt den Namen Grünblatt«, erzählt Goldberg. »Er gibt sich als Inspektor aus, doch ist es in Czernowitz niemandem gelungen, eindeutig festzustellen, in welchem Amt er als Inspektor tätig ist. Seine Rolle wird erst während der wenige Monate später erfolgenden Deportierungen der sogenannten ›bürgerlichen Elemente‹ nach Sibirien klarer: Bei diesen Deportierungen ist Constantinescu eindeutig von der Bevölkerung der Stadt als Informator des NKWD [sowjetischer Geheimdienst; der Verf.] ... entlarvt worden.«

Im Juni 1941 ändert sich die Lage dramatisch: Deutschland überfällt die Sowjetunion, die Verbände der Roten Armee ziehen sich aus der Bukowina und Bessarabien zurück, es kommt zu Pogromen gegen die jüdische Bevölkerung. Am 6. Juli 1941 erreichen deutsche Truppen Czernowitz, eine Stadt mit 60 000 Juden. Am Tag darauf trifft eine Abteilung des Sicherheitsdienstes (SD) des Reichssicherheitshauptamtes (RSHA) ein und belegt das Hotel »Schwarzer Adler«, den künftigen Sitz der Gestapo. »Grünblatt bleibt entgegen allen Erwartungen in Czernowitz«, berichtet Goldberg. Als im Oktober des Jahres die jüdischen Bewohner ins Ghetto geschickt werden und ein Großteil von ihnen kurz darauf den Marsch nach Transnistrien antreten muss, das Land zwischen dem Dnestr und dem südlichen Bug, wird Grünblatts neue Funktion deutlicher. »Grünblatt geht nicht ins Ghetto, trägt nicht den obligaten Judenstern, heißt jetzt Constantinescu und verkehrt in den höchsten rumänischen Kreisen. Er wird täglich ›in Gesellschaft höherer Offiziere und Beamter‹ der rumänischen Siguranza, des rumänischen Staatssicherheitsdienstes, gesehen und ist auch täglich auf dem Polizeipräsidium bei den beiden Chefs dieses Amtes zu Besuch. Er erscheint, begleitet von Polizeibeamten, oft im Ghetto, zur Zeit, als die Deportationen durchgeführt werden. Seine Tätigkeit in diesen Tagen und im Ghetto ist dunkel und ungeklärt. Soviel ist gewiß, daß nach seinen Besuchen in verschiedenen Häusern des Ghettos gewisse Familien von der Deportationsliste gestrichen erscheinen. Sie werden allerdings Tage oder wenige Wochen später wieder geholt und deportiert.«

Constantinescu war nicht nur Agent und Informant, er hat allem Anschein nach von der Not der jüdischen Einwohnerschaft profitiert, in dem er gegen Bezahlung Leute von der Deportationsliste streichen ließ und dabei gemeinsame Sache mit den rumänischen Beamten machte – wohlwissend, dass dies Ausbeutung war, keine Hilfe oder Rettung. Er war skrupellos und liebte offenbar das Risiko, sofern es hohe Profite versprach. Und er hat Mut, wie sich nach dem Einmarsch der Roten Armee im Frühjahr 1944 zeigt. Constantinescu geht mit seiner Ehefrau Coca nach Bukarest, erneuert seine Kontakte zu den sowjetischen Militärbehörden und kann seinen Schwiegervater, der 1941 als Kaufmann von den Sowjets nach Sibirien deportiert worden war, zurückholen. »Constantinescu entwickelt sich nun in Bukarest als großer Geschäftsvermittler zwischen rumänischen Industriekreisen und den Einkaufsstellen der russischen Besatzungsarmee«, berichtet Goldberg. Doch er wird entlarvt. »Mitten in den florierendsten Geschäften« habe Constantinescu Ende 1946 fluchtartig Rumänien verlassen.

In Paris, weiß Goldberg, steigt Constantinescu-Grünblatt groß ins Geschäft ein mit einem gewissen Martin B., der den Ermittlern aus dem »Drei-Mäderl-Haus« bereits bekannt ist. 1950 wird er von der französischen Polizei verhaftet und gegen eine Kaution von 25 000 US-Dollar auf freien Fuß gesetzt. Mit Hilfe eines Jonel Ornstein, Agent der jüdischen Fluchthilfeorganisation Bricha, setzt er sich nach Brüssel ab, wo er Hermann Elias Thau trifft, einen alten Bekannten aus Czernowitz. Etwa Mitte 1951 wird Constantinescu auch in Brüssel der Boden unter den Füßen zu heiß. Wieder muss er Ornsteins Hilfe in Anspruch nehmen, der ihn nach Basel bringt. Fast gleichzeitig verlässt Thau Belgien, um sich in Zürich niederzulassen.

Hermann Elias Thau, im Jahre 1898 in Banila geboren, einem bukowinischen Flecken nahe der polnisch-ukrainischen Grenze, ist der Sohn eines Mühlenbesitzers. Der Familie werden enge Beziehungen zur Gendarmerie nachgesagt, die Jagd auf mit der Sowjetunion sympathisierende Bauern macht. Beim Einmarsch der Roten Armee flieht Thau nach Bukarest, wo er Mitarbeiter des so genannten Zweiten Büros wird, der rumänischen Spionageabwehr. Als die deutschen Truppen 1941 in die Bukowina vordringen, geht er nach Czernowitz, wo er weiterhin als Agent der rumänischen Spionageabwehr tätig ist. »Gleich Constantinescu geht er weder ins Ghetto noch in die Deportation, trägt nicht den Judenstern, wohnt in einer luxuriösen Villa am Rande der Stadt ...«, berichtet Goldberg. 1944 taucht er in Bukarest auf, Ende 1945 muss er fluchtartig die Stadt verlassen. In Wien gründet er eine Firma, die in großem Stil Zigarettenschiebereien aus Ungarn und der Tschechoslowakei betreibt. Von Mitarbeitern des sowjetischen Geheimdienstes als ehemaliger rumänischer Agent erkannt, flieht er nach Prag; 1948/49 ist er in Brüssel.

Es ist nicht so sehr der alte Thau, der Goldberg interessiert, sondern Thaus Sohn Bert* und Schwiegersohn Mark B. »Im Lichte des Sprengstoff-Attentats gesehen«, meint Goldberg, sei Bert eine interessante Figur. Er sei etwa dreißig Jahre alt, habe in Israel eine militärische Ausbildung erhalten und gehöre jener jungen, ultra-nationalistischen Generation an, die gegenüber dem

---

* Name geändert

deutschen Volk »zu keinerlei Kompromissen geneigt« sei. Schwiegersohn Mark B., ein britischer Jude, habe in Wien die Stelle eines Direktors des »American Joint Distribution Committee« (AJDC) bekleidet, einer jüdischen Welthilfeorganisation. Als die polizeilichen Ermittlungen wegen des Attentats auf das Park-Hotel in Wien liefen, habe er seinen Posten plötzlich aufgeben müssen. Nach Goldbergs Kenntnissen sind die Familie Thau, die Rosenbergs sowie Constantinescu-Grünblatt samt Ehefrau und Kind nach Brasilien ausgewandert oder bereiten die Emigration vor.

In Goldbergs Ausführungen kann man den Zorn auf jene spüren, die sich trickreich, skrupellos oder verbrecherisch ein luxuriöses Leben einrichten konnten, während er, seine Familie und die meisten Juden in der Bukowina und in Bessarabien um das nackte Leben kämpfen mussten. Die Märsche nach Transnistrien waren Teil der Vernichtungsstrategie der rumänischen Behörden, unterwegs waren die Juden Überfällen und Pogromen ausgesetzt, Tausende starben in den Konzentrationslagern in Transnistrien an Hunger und Erschöpfung. Goldberg selbst musste im Oktober 1941 mit seiner Frau ins Ghetto von Czernowitz gehen und wurde kurz darauf in die Konzentrationslager von Transnistrien, dem Land jenseits des Dnjestr, deportiert – nach Mogiljow-Podolskij, Shargorod und Balta.[4] »Verliere hier fast alle Verwandte«, teilt er den Ermittlern lakonisch mit. Die Zahl der jüdischen Opfer unter dem Regime Ion Antonescus ist schwer zu ermitteln: Etwa 463 000 Juden »fehlten« 1945, sie waren entweder ums Leben gekommen oder nicht aus der Deportation zurückgekehrt.[5]

Ein Jude erregt Goldbergs Verachtung in besonderem Maße: Hermann Fekler, einer der vier im April 1952 aus Paris ausgewiesenen Israelis. Gegen den habe er noch einen »Trumpf in der Hand«, teilt er den Kriminalisten mit, denen diese Bemerkung nicht gefällt. Fekler kam als Volontär zum *Czernowitzer Morgenblatt*, berichtet er, und unterstand seiner Leitung. »Er war als Journalist nicht sehr begabt.« Fekler habe sich vor allem politisch hervorgetan und sei ein bekanntes Mitglied der Revisionistischen Partei in Czernowitz gewesen. Als 1941 deutsche und rumänische Truppen die Bukowina besetzten, habe der rumänische Gouverneur einen »Judenrat« gebildet.[6] »Es muß gesagt werden, daß die Funktionäre und besonders die leitenden Beamten dieser jüdischen Behörde vom rumänischen Gouvernement sorgfältig geprüft und nach ihrer Verläßlichkeit ausgewählt wurden. Sie waren also als Vertrauensleute der Regierung anzusprechen und hatten den Behörden, nämlich den ausführenden Polizei- und Gendarmerie-Organen, wöchentlich Listen der zu deportierenden jüdischen Familien vorzulegen. Unter den führenden Beamten dieses Judenrats zeichneten sich zwei jüngere Elemente, die früher beide der Revisionistischen Partei angehörten, in besonderem Maße unrühmlich aus: Hermann Fekler, der als besonderer Vertrauensmann des damaligen rumänischen Gouverneurs Calotescu anzusehen war, und ein gewisser Rechtsanwalt I. Schattner.« Goldberg meint, dass es Fekler war, der im Sommer 1942 seinen früheren Chefredakteur Julius Weber, einen der Gründer des *Czernowitzer Morgenblatts*, deportieren ließ. Weber starb kurz darauf. Fekler ging im Sommer 1944 nach Bukarest und emigrierte 1947 nach Israel, wo er laut Goldberg »große Schwierigkeiten wegen seiner zwielichtigen Rolle« im Judenrat von Czernowitz gehabt haben soll. Vor schwereren Folgen habe ihn seine Zugehörigkeit zur Revisionistischen Partei bewahrt, die ihn etwa 1950 als Korrespondent einiger revisionistischer Zeitungen nach Brüssel, später nach Paris schickte. 1952 habe er in Paris gehört, dass Fekler in ein Sprengstoff-Attentat verwickelt gewesen sein soll und ausgewiesen wurde. Am Ende der Vernehmung kombiniert Goldberg quer: Constantinescu und Fekler kennen sich zweifellos gut, beide beteiligten sich an jüdischen Deportationen, wenngleich für verschiedene rumänische Institutionen: Constantinescu arbeitete für die Siguranza, Fekler für das Gouvernement. Beide seien zur gleichen Zeit in Bukarest, Brüssel und Paris gewesen.

Eineinhalb Tage lang hatte Goldberg Rede und Antwort gestanden. Die Ermittler waren überzeugt, dass er die Wahrheit gesagt hatte, denn alle Aussagen, die man überprüfte, erwiesen sich als zutreffend. Dass er einer Terror-Organisation angehören oder nahe stehen sollte, kam nicht mehr in Betracht. Trotzdem ließ Abteilungsleiter Mitzdorf einige seiner Kontakte überprüfen, Kontrolle musste sein.[7] Es zeigte sich, dass Goldberg von 1947 bis 1950 intensive Beziehungen mit dem Generalsekretär des tschechischen Konsulats unterhielt, es ging um Währungsgeschäfte. Einem ungarischen Dolmetscher des Senders Radio Freies Europa habe er »Nachrichten« für die Tschechen übergeben, schrieb Mitzdorf am 27. Juli. Man konnte nie wissen, wofür das noch einmal gut sein mochte.

Beseelt von dem Drang, reinen Tisch zu machen und seine Schuld abzutragen, bat Goldberg darum, ein Schweizer Kriminalbeamter möge nach München kommen. Wachtmeister Baumann ließ nicht lange auf sich warten. An ihn kann sich der ehemalige Kriminalkommissär Emil Weigel fünfzig Jahre später noch ausgezeichnet erinnern: »Ein freundlicher, besonnener Mann war das, von einer statuarischen Ruhe. Die Schweiz war sehr auf ihre Unabhängigkeit bedacht, und wenn das geklärt war, kam man mit den Schweizern sehr gut aus.«[8] Die bajuwarisch-helvetische Amtshilfe zeigte in der Tat bemerkenswert kurze, unbürokratische Dienstwege, die Baumann die »vertrauliche Vernehmung« Goldbergs ermöglichten. Der Wachtmeister sollte sich dafür später erkenntlich zeigen.

Im Gespräch mit Baumann war Goldberg nicht mehr zu bremsen.[9] Er packte über einen Brillanten-Diebstahl in Zürich und Biel aus, kam auf Bert und »Schleumi« zu sprechen, von denen Letzterer ein »Idiot« sei, er klärte ab, wer mit wem angemietete Autos aus der Schweiz nach Jugoslawien verschoben habe, berichtete von einem Bertram S. aus Zürich, der jetzt in Buenos Aires sei, von falschen Pässen in rauhen Mengen war die Rede, aber der Passfälscher sei nicht er – Goldberg – gewesen, sondern ein gewisser Sch., der am liebsten dänische und norwegische Dokumente fabrizierte und dem Bert und dem Schleumi, der eigentlich A. hieß und ein »Idiot« sei, falsche Pässe gearbeitet habe. Und dass er, Goldberg, beste Beziehungen zur ungarischen Kolonie in München habe, was die Ermittler wussten, denn dort hatten sie ihn geschnappt. Goldberg, beseelt von dem Wunsch, reinen Tisch zu machen, muss geredet haben, als ginge es um sein Leben. Um seine Schuld gegenüber der Schweiz abzutragen, bot er an, fortan »für die Schweiz tätig zu sein«. Die Akte sagt nicht, was Baumann dazu meinte.[10]

Es verging ein Jahr, da wurde Goldberg mit einer Arbeit über einen deutschsprachigen Lyriker promoviert, womit der »Dr.« im Sinne der Münchner Kriminalisten zu seinem Nachweis kam. Wie er sich wegen seiner Haftstrafe, der Autogeschichten und der Beteiligung an Passfälschungen mit den Justizbehörden dreier Länder ins Benehmen setzte, steht nicht in der Akte. Was vielleicht das Beste ist.

Streitgespräche mit Abraham K.

Zu einer Zeit, da die Fahndung nach Goldberg noch auf Hochtouren lief, konzentrierten sich die Ermittler bereits auf den angeblichen Medizinstudenten Abraham K. Bevor die Kripobeamten ihm genauer auf die Finger sehen wollten, legten sie den Täterzeugen Anfang Juli einige Lichtbilder vor. Werner Breitschopp, der Junge vom Bahnhof, der am längsten mit Mirelli gesprochen hatte, war skeptisch, ob er den Mann wiedererkennen würde. Gleichwohl konzentrierte er sich bei den sechs Fotos, die Mitzdorf ihm zeigte, sofort auf das Lichtbild von Abraham K. und kam immer wieder darauf zurück. Als der Leiter der Ermittlungsabteilung die Stirn des Mannes abdeckte, entsprechend dem Hut, den der Unbekannte getragen hatte, war der Junge sicher: »So schaut's noch besser aus.« Käthe Bachmann*, die Hotelangestellte der Pension »Daheim«, die Mirellis Meldezettel ausgefüllt hatte, wählte nach minutenlangem Überlegen von den sechs Lichtbildern ebenfalls das von Abraham K. aus – der sei »ähnlich«. Sie ging dabei vom Gesamteindruck des Mannes aus. Johanna Fromm* hingegen, die Mirelli in der Pension auf sein Zimmer gebracht hatte, entschied sich für einen anderen Mann. Alles in allem verlief die Befragung der Zeugen nicht ganz zufriedenstellend.[1] Es half nichts, dem Abraham K. mussten die Ermittler selbst auf die Finger sehen, im wörtlichen Sinne.

Am Morgen des 8. Juli um zehn vor sieben standen Ober-

* Name geändert

kommissär Hartmann und Kommissär Weigel vor Abraham K.s Wohnung in der Liebherrstraße 3 auf Posten. Lange brauchten sie nicht zu warten, schon fünf Minuten später trat K. auf die Straße, ging zum Isartorplatz, stieg in einen Wagen der Straßenbahnlinie 1 ein und holte eine Zeitung hervor. Die rechte Hand schob er in die Jackentasche, mit der linken hielt er das Blatt. Weigel konnte nicht erkennen, ob der Mann eine Verletzung oder Narbe an der Hand hatte. Am Rosenheimer Platz stieg er aus, zog eine Packung Zigaretten am Automaten, ging durch die Steinstraße bis zu einer Tankstelle, setzte sich in ein schmutziggraues BMW-Cabriolet, das an einer Zapfsäule stand, und las weiter Zeitung. Im Fond des Wagens türmten sich Koffer bis zum Dach. Nachdem der Fahrer aus dem Kassenraum herbeigekommen war, ging die Fahrt los, quer durch München aufs Land, Richtung Fürstenfeldbruck. Das Duo hielt in einigen Dörfern und versuchte, billige Herrenhosen an den Mann zu bringen. Das Interesse der Dorfbewohner war gering.

Am Tag darauf die gleiche Szene: K. fuhr mit der Straßenbahn, las Zeitung, ging zur Tankstelle, stieg in den BMW, fuhr ins Umland. Als ob er etwas ahnte, hielt er in der Bahn die ganze Zeit seine Hände bedeckt. Am 10. Juli reichte es Kriminalinspektor Gnirs: Höchstselbst übernahm er die Verfolgung, »unterstützt durch eine Frauensperson«, die sich in der Straßenbahn unauffällig neben den Verdächtigen stellte. Ohne Erfolg, K.s Finger ließen sich nicht observieren. Prophylaktisch ließ Gnirs für K. (und Goldberg) die Grenze sperren, damit K. bei seinen Hausierfahrten nicht ins Ausland entkommen konnte.[2] Es blieb nichts anderes übrig, als den Mann unter einem Vorwand zu verhaften. Auf dem Kerbholz hatte er jedenfalls genug.

Ende Juli 1953 standen die Ermittler des Sachgebiets EA 2 des Bayerischen Landeskriminalamtes unter großem Zeitdruck: Goldberg war verhaftet worden und fütterte die Ermittler mit zahllosen Informationen über die jüdische Personenlandschaft Mittel- und Osteuropas, Wachtmeister Baumann reiste aus Zürich an und nahm sich den Journalisten vor. Dann musste man Abraham

K., der inzwischen ebenfalls in Untersuchungshaft saß, eingehend vernehmen.[3] Die Zeit lief gegen die Ermittler: Ein Jahr und vier Monate waren seit dem 27. März 1952 vergangen, da das Sprengpaket im Keller des Münchner Polizeipräsidiums explodiert war. Und noch immer gab es keine heiße Spur.

Der Vorwand, unter dem man Abraham K. am 27. Juli verhaftete, waren seine falsche Staatsangehörigkeit, Wiedergutmachungsbetrug und Uranhandel. Das reichte aus, ihn für eine Weile in Untersuchungshaft zu behalten, damit man bei den Vernehmungen das Umfeld des Attentats auf Adenauer ausloten konnte. Wie sich bereits bei seinem ersten Verhör am 29. Juli zeigte, war K. das genaue Gegenteil des redseligen, auskunftsfreudigen und von seinem schlechten Gewissen geplagten Goldberg: Aggressiv und widerborstig gab er den Ermittlern Kontra, widersprach nach Kräften, wo er nur konnte, stritt ab, hüllte sich in aggressives Schweigen, leugnete, gab nichts zu – es sei denn, man bewies ihm einen Sachverhalt schwarz auf weiß. Streckenweise waren es eher Streitgespräche, keine Vernehmungen. Ein harter Brocken. Etwas trocken vermerken die Vernehmungsprotokolle wiederholt, dass er erst nach sechsstündigem Verhör über Kopfschmerzen klagte. Ein Kompliment der Kriminalisten.

Abraham K. war am 15. April 1925 in Luzk geboren, einer wolhynischen Kleinstadt. Wolhynien gehörte damals zu Polen und kam nach dem Zweiten Weltkrieg zur Sowjetunion. Von seinen Eltern lebte noch die Mutter, Mina K., geborene Hornstein, während der Vater Elias K., von Beruf Bankier, im April 1945 in der Lüneburger Heide verstorben war. Mit seiner Ehefrau Rahel hatte er zwei Kinder. Abraham K. war staatenlos, seinen Beruf gab er mit Textil-Vertreter an, die Absicht, Medizin zu studieren, hatte er 1951 aufgegeben. An »mitgemachten Krankheiten« nennt die Vernehmungsniederschrift: Bauchtyphus 1944, Fleckfieber 1945, Nervenzusammenbruch 1946. »Die Polizei ist verpflichtet, den Ausdruck ›Jude‹ nicht zu gebrauchen, sondern an dessen Stelle den Ausdruck ›Israelite‹«, heißt es nüchtern in der Akte. »Wie wünschen Sie das selbst?«, wird der Verhaftete gefragt. »Ich bitte, als ›Israelite‹ angesprochen zu werden«, entscheidet sich Abraham K.

Er habe in Wiedergutmachungsangelegenheiten gefälschte Unterlagen eingereicht, hielten die Ermittler ihm vor. K. widersprach: »Ich sehe darin keine strafbare Handlung, ich bin wiedergutmachungsberechtigt.« Im Übrigen wolle er erst mit seinem Anwalt reden. Er habe einige Jahre einen falschen Geburtsort und eine falsche Staatsangehörigkeit angegeben, erklärten Gnirs und Weigel. Auch hierin erkannte K. keine strafbare Handlung. Doch um das zu erklären, musste er auf seine Erlebnisse im Krieg eingehen.

In Luzk, der zu Polen gehörenden Geburtsstadt Abraham K.s, lebten seit dem Ende des 14. Jahrhunderts Juden.[4] Die Gemeinde war eine der ältesten in Wolhynien und entwickelte sich im Laufe der Jahrhunderte zu einem Zentrum der jüdischen Ortschaften der Umgebung. Durch die Jahrhunderte lag der jüdische Bevölkerungsanteil der Stadt zwischen fünfzig und sechzig Prozent. Mit der dritten polnischen Teilung kam das westliche Wolhynien mit Luzk im Jahre 1795 zu Russland. Zusammen mit Polesien wurde Wolhynien im Jahre 1921 dem wiedererstandenen polnischen Staat zugeschlagen. Im völlig rückständigen Ostpolen bauten sich durch Not und Armut immer stärkere Spannungen zwischen den überwiegend in den Städten lebenden Polen und Juden und der ukrainischen und weißrussischen Landbevölkerung auf. Obwohl im wirtschaftlichen Leben Mittler zwischen Stadt und Land, wurden die Juden in dem sich ständig verschärfenden Nationalitätenkonflikt als Verbündete der jeweils anderen Seite angesehen.

Im September 1939 marschierte die Rote Armee, gemäß dem geheimen Zusatzprotokoll des Hitler-Stalin-Pakts, in Ostpolen ein.[5] Im Chaos der ersten Tage kam es zu Massakern der ukrainischen und weißrussischen Bevölkerung an Juden und Polen. Die Sowjet-Truppen plünderten zunächst systematisch Häuser und Wohnungen; Großgrundbesitzer und reiche Bauern wurden von ihren Höfen verjagt. Die roten Kommissare widmeten sich vor allem der Elite der Nationalitäten und der verschiedenen Gesellschaftskreise, die schon nach kurzer Zeit in den Gefängnissen saß. In den 21 Monaten der Sowjet-Herrschaft gab es sieben Wellen von Massenverhaftungen mit vier großen Deportationen, durch die rund 1,25 Millionen Menschen ihre Heimat verloren.

Unter den im September 1939 Verhafteten war auch Abrahams Vater, der Bankier Elias K. Er wurde gezwungen, das gesamte Vermögen der Familie abzugeben. »Nach seiner Entlassung ist er mit uns nach Lemberg geflohen, und von dort aus schrieb er an meine Tante in Japan und bat diese, für uns, das heißt für die ganze Familie, einen chilenischen Paß zu besorgen«, berichtete Abraham K. »Nach einigen Monaten haben wir diesen Paß bekommen.« Eine strafbare Handlung könne er darin nicht erkennen, sagte er. »Erst nach dem Kriege habe ich erfahren, daß zwischen Roosevelt und den südamerikanischen Republiken eine Abmachung bestand, daß man allen in den europäischen Ländern gefährdeten Juden sogenannte Notpässe, besser gesagt Lebensrettungspässe ausstellen soll.«

Elias K. muss ein umsichtiger und weitblickender Mann gewesen sein. Obwohl der Wohnungswechsel unter dem sowjetischen Regime verboten war, gelang die Flucht nach Lwow (Lemberg). In der galizischen Großstadt lebten damals etwa 150000 Juden, die Schutz und Rückhalt bieten konnten. Bemerkenswerterweise beschaffte Elias K. den Familienpass ausgesprochen früh, bereits Anfang Januar 1941 traf das Dokument in Lwow ein, fast ein halbes Jahr vor dem Überfall Deutschlands auf die Sowjetunion. Wie die Familie die tagelangen Pogrome überstand, die Ukrainer im chaotischen Durcheinander nach dem sowjetischen Abzug und in den ersten Tagen der deutschen Besatzung an den Lemberger Juden verübten, ist nicht bekannt. Der deutschen Sicherheitspolizei, die kurz nach dem Einmarsch der Wehrmacht am 30. Juni 1941 in Lwow eintraf, konnte Elias K. bereits den chilenischen Familienpass vorzeigen – mit leicht abgewandelten Vornamen. Das Dokument wies »Ilia« Kronstein, seine Frau »Mindel« und Sohn Abraham als chilenische Staatsbürger aus, allesamt geboren in Santiago de Chile.[6] Ob sie wenigstens ein paar Brocken Spanisch sprechen konnten, ist nicht bekannt.

Die Beschaffung von ausländischen Pässen ist eines der dramatischsten Kapitel in der Geschichte des Holocaust. Vermutlich verdanken einige Tausend polnische Juden – die genaue Zahl lässt sich nicht mehr feststellen – ihr Überleben gefälschten Dokumenten sowie Gefälligkeitspässen (»promesas«) meist süd- und mittelamerikanischer Staaten.[7] Die Gestapo war genau im Bilde, dass Tausende solcher »promesas« über die Konsulate süd- und mittelamerikanischer Staaten sowie über einige Hilfsorganisationen nach Polen gelangten, unterband diese Hilfsaktionen aus verschiedenen Gründen aber nicht. Es war die zynische Taktik der deutschen Sicherheitsbehörden, die oft zu spät eintreffenden Dokumente abzufangen und über jüdische Kollaborateure meistbietend an andere Juden zu verkaufen, womit sich versteckte Vermögenswerte abschöpfen ließen. Andererseits war der NS-Staat bestrebt, von den Alliierten internierte Deutsche durch Austausch freizubekommen, wozu ab etwa 1943 systematisch größere Gruppen von ausländischen Staatsangehörigen in verschiedenen Internierungslagern zusammengefasst wurden, unter anderem im »Aufenthaltslager« Bergen-Belsen. Unter den Internierten waren zwar auch Ausländer mit einwandfreien Dokumenten, die überwiegende Mehrheit hatte jedoch Gefälligkeitsdokumente oder gefälschte Pässe unterschiedlicher Qualität. Die deutschen Behörden regelten die Unterbringung in den Internierungslagern nach zwei Prinzipien: Da die Güte der Pässe entscheidend war für den Erfolg eines Austauschs, fasste man die Inhaber qualitativ gleichrangiger Dokumente zusammen. Zum anderen achteten die Sicherheitsbehörden sehr darauf, ob die »Austauschjuden« Kenntnisse über Greueltaten hatten: Zeugen von Massakern in Polen und der Sowjetunion wollten die Nazis unter keinen Umständen an die Alliierten überstellen. Was die Familie K. betrifft, müssen die deutschen Behörden das Dokument, das die in Japan lebende Tante Abrahams über das chilenische Generalkonsulat in Kobe besorgt hatte, als authentisch eingeschätzt haben. Jedenfalls zog die Sicherheitspolizei in Lemberg den Familienpass als Pfand ein, ließ den Exbankier zuvor aber eine Kopie für eigene Zwecke anfertigen.

Abraham K. war kein Historiker, die geschilderten Ereignisse kann er nur bruchstückhaft aus der Perspektive eines Halbwüchsigen gekannt haben. Erst Jahrzehnte später wurden die komplizierten Vorgänge um die so genannten Austauschjuden von Historikern erforscht. So erwähnt Dieter Pohl ein Haus in Lemberg, in dem Inhaber ausländischer Pässe einquartiert wurden.[8] Mit großer Wahrscheinlichkeit lebten dort auch die K.s. Von der qualvollen Existenz zehntausender Juden im überfüllten Stadtteil nördlich des Zentrums von Lwow, den unbeschreiblich brutalen »Aktionen« der Sicherheitspolizei, der SS und der ukrainischen Hilfspolizei haben sie vermutlich nur vom Hörensagen etwas mitbekommen.

Im März 1943 begann die Räumung der ostgalizischen Ghettos – Endpunkt einer systematischen Vernichtung der Juden durch planmäßige »Aktionen«, sinnlose Schwerarbeit, willkürliche Erschießungen und brutale Schikanen aller Art.[9] Im Angesicht des nahen Todes regte sich im Juni 1943 im Ghetto[10] von Lwow Widerstand, den die SS durch Inbrandstecken der Häuser unterdrückte. Die Inhaber ausländischer Pässe blieben von den Massakern verschont und wurden am 7. Juli mit einem Personenzug nach Bergen-Belsen gebracht. Die Transportliste dieses Zuges, des einzigen, der in jener Zeit Lwow mit Ziel Bergen-Belsen verließ, führt 175 »ausländische« Juden auf. Es muss dieser Zug gewesen sein, mit dem die Familie K. dem Massaker entrann. In Bergen-Belsen trafen zwischen dem 7. Juli und dem 21. Oktober 1943 über ein halbes Dutzend Personenzüge mit insgesamt 2533 Juden aus Polen ein, die meisten aus Warschau. Viele Überlebende erinnerten sich später, mit welch ausgesuchter Höflichkeit das SS-Personal in Warschau und anderen polnischen Städten sie zu den Personenzügen begleitet hatte, den Damen beim Einsteigen die Hand reichte und beim Verstauen des zahlreichen Gepäcks half.

Bergen-Belsen war zunächst nur ein Lager für sowjetische Kriegsgefangene, das im April 1943 zu einem »Aufenthaltslager« (Internierungslager) für »Austauschjuden« erweitert wurde. Der Kommandant achtete strikt auf die Trennung der verschiedenen Kategorien von »Austauschjuden«, die keinen Kontakt miteinander haben durften und in separaten Lagerkomplexen mit unterschiedlichem Regime untergebracht wurden. So gab es ein »Ungarnlager«, es gab ein »Sternlager«, dessen Angehörige den Judenstern tragen mussten, ferner ein »Sonderlager«, in dem die Familie K. wohnte, zusammen mit einer großen Zahl niederländischer Juden. Die Atmosphäre war auf eine Weise freizügig, dass eine Frau, die einen Tennisschläger mitgebracht hatte, allen Ernstes den Lagerkommandanten zu einem Match aufforderte. Der Tod wohnte gleich nebenan: Jenseits des Stacheldrahts zum Kriegsgefangenenlager starben tausende Sowjetsoldaten qualvoll an Hunger. Wie gnadenlos das Leben auch im »Aufenthaltslager« sein konnte, zeigte sich, als im Oktober 1943 ein hoher Funktionär des Reichssicherheitshauptamtes in Bergen-Belsen eintraf und alle Juden familien- und gruppenweise antreten ließ, mit den Papieren verglich und all jene Internierten aussonderte, deren Dokumente ihm für einen internationalen Austausch zweifelhaft erschienen. Die Unglücklichen, etwa 1800 an der Zahl, wurden am 22. Oktober 1943 in einen Zug gesetzt – für einen Austausch im Sammellager Bergau bei Dresden, wie man versprach. Es war eine Täuschung: Ein Sammellager Bergau gab es nicht, der Transport ging geradewegs nach Auschwitz. Nachdem weitere »Ausländer« ausgesondert worden waren, blieben im polnischen Sonderlager 349 Juden zurück.[11] Unter ihnen war die Familie K.[12]

In seiner Vernehmung bezeichnete Abraham K. das Internierungslager pauschal als Konzentrationslager, was aber nur für die letzten Monate gerechtfertigt ist. Denn im polnischen Sonderlager regelten liberale Richtlinien den Alltag: Die »Austauschjuden« waren keine Häftlinge, sondern »Insassen« und mussten mit »Sie« und dem Namen angeredet werden. Das Tragen des Davidsterns war keine Pflicht, die Insassen konnten Briefe schreiben

*Britische Soldaten bewachen SS-Mannschaften im ehemaligen
»Austauschlager« Bergen-Belsen.*

und Pakete empfangen. Arbeitszwang bestand nicht, nur die Essensverteilung und Lagerreinigung waren selbst zu organisieren. Diesen Freiraum nutzte der stellvertretende Judenälteste Josef Weiss, der die Registratur führte, um die Lagerlisten genauestens abzuschreiben. Durch seine konspirative Voraussicht hatten die Briten später, trotz der Vernichtung der Registratur durch das Wachpersonal, genaue Namenlisten des Sonderlagers zur Hand. Erst im Laufe des Jahres 1944 wurde die Situation im Lager immer härter und änderte sich im Dezember 1944 dramatisch, als der neue Lagerkommandant Josef Kramer die Verpflegung radikal reduzieren ließ. Unter ihm wandelte sich das Internierungslager in ein Vernichtungslager. Kramers Mordmethode war das Unterlassen: Wo mit geringem Aufwand eine Wasserleitung hätte gelegt werden können, wurde nichts unternommen; als die Brotfabrik nach einem Bombardement die Produktion einstellte, gab es eben kein Brot mehr. Daraufhin brachen Fleckfieber und Typhus aus. Anfang 1945 starben täglich hunderte bis auf das Skelett abgemagerte Häftlinge. Den britischen Soldaten, die am 15. April Bergen-Belsen erreichten, bot sich ein unbeschreibliches Bild massenhaften, allgegenwärtigen Sterbens – eine Szenerie, die das Ansehen Deutschlands in Großbritannien maßgeblich prägte. Man bannte dieses Bild auf Filmstreifen; tausende von Deutschen wurden durch das Lager geführt. Der britische Kommandant ließ Kramer, »die Bestie von Belsen«, in einem Jeep durch das Lager kutschieren, den Überlebenden zum Triumph. Die meisten waren zu schwach, es zu bemerken. 50 000 Menschen kamen in Bergen-Belsen ums Leben.

Vor dem Heranrücken der britischen Armee hatte SS-Reichsführer Himmler befohlen, die »Austauschjuden« ins Konzentrationslager Theresienstadt zu schaffen. So verließen zwischen dem 6. und dem 10. April 1945 drei Transporte mit je 2500 Häftlingen Bergen-Belsen. Elias K., seine Frau und Abraham wurden dem dritten, etwa 45 Waggons umfassenden Zug zugeteilt, der das bizarrste Schicksal aller drei Transporte hatte: Fast zwei Wochen irrte er durch Norddeutschland, wurde wiederholt aus der Luft beschossen, musste oft tagelang stehen bleiben und durchquerte noch am 18./19. April Berlin, wenige Tage vor dem Sturmangriff durch die Rote Armee. Da in Berlin ständig zerschossene Lokomotiven, umgestürzte Waggons und Trümmer von den Gleisen geräumt werden mussten, dauerte die Fahrt durch die untergehende Stadt über einen Tag. In diesem »Phantomzug« (Kolb), der auch »der verlorene Transport« genannt wird, weil die Alliierten wochenlang nicht wussten, wo er geblieben war, starben während der Reise 138 Menschen an Körperschwäche, Typhus oder durch Tieffliegerangriffe. Die Personenangaben der Toten notierte der Judenälteste Josef Weiss akribisch in einer hakenkreuzgezierten Kladde, wie sich Überlebende erinnerten. Es war ein Dokument des Todes, das den Verstorbenen durch die Nennung des Namens und der genauen Ortsangabe ihrer Grabstätte eine letzte Ehre erwies. Nach dem Eintrag von Josef Weiss starb Elias Kronstein am 14. April 1945 auf der Strecke Uelzen–Lüne-

Eine Gedenktafel in Tröbitz/Niederlausitz erinnert an die jüdischen Insassen des Austauschlagers Bergen-Belsen und an die Dorfbewohner, die in Folge des »Phantomzuges« ums Leben kamen.

burg nördlich von Bad Bevensen, wo der »Phantomzug« 36 Stunden stand, und wurde etwa 70 Meter nördlich des Kilometerpfahls 115,4 auf der Westseite des Gleises am Rand eines Waldstücks begraben, zusammen mit elf weiteren Toten.[13] Auf der anderen Seite des Gleises beschreibt das Heideflüsschen Ilmenau eine romantisch anmutende Schleife. Nach seinem chilenischen Pass war der Bankier 69 Jahre alt geworden.

Von Berlin fuhr der Zug vergleichsweise rasch nach Süden und erreichte um den 20. April die Niederlausitz. Vor dem Fluss Schwarze Elster blieb der Transport stehen, das Wachpersonal zog Zivilkleidung an und flüchtete auf der Lok des Zuges. Die Waggons wurden am Abend des 22. April 1945 von einer Hilfslok eine kurze Strecke zurück bis Tröbitz geschoben, einer Bergarbeitergemeinde mit 770 Einwohnern. Wer von den Insassen noch die Kraft hatte zu gehen, schleppte sich ins Dorf, dessen Bewohner vor den bis auf das Skelett abgemagerten, stummen und völlig verwahrlosten Menschen die Flucht ergriffen. Einen Tag dauerte das stille Plündern der Vorratskeller und Speisekammern der Häuser, wobei sich einige der Ausgehungerten zu Tode aßen. Am 23. April 1945 trafen Soldaten der Roten Armee ein. Auf Befehl des sowjetischen Kommandanten wurden die Zuginsassen in die Häuser einquartiert und mussten von den Tröbitzern ernährt werden. Trotzdem starben in den folgenden acht Wochen noch hunderte von Menschen, Juden wie Deutsche, an Unterernährung und Typhus. Die Gedenktafel im Ort nennt 558 Menschen, die durch den »Phantomzug« ihr Leben verloren.[14]

Sofern die Ermittler willens gewesen wären zu erfahren, warum Abraham K. so aggressiv und widerborstig reagierte – in seinen Erlebnissen seit 1939 hätten sie den Grund erkennen können. In seinem Verhalten sah er grundsätzlich nichts Strafbares, und man könnte geneigt sein, ihm ein Stück entgegenzukommen: Warum sollte ein Jude, der durchmachen musste, war er hatte erleben müssen, dem deutschen Staat, seinen Beamten und den deutschen Gesetzen übergroßen Respekt entgegenbringen? Mit deutscher Hilfe mitgemachte Krankheiten und Leiden: Bauchtyphus 1944, Fleckfieber 1945, Nervenzusammenbruch 1946. Für eine lebenslange Wut reichte das allemal. K. schien unbewusst genau dies sagen zu wollen: Was wollt ihr Deutschen mit euren Gesetzen, mit eurer deutschen Gerechtigkeit? Schaut euch eure Geschichte an.

Abraham K. und seine Mutter Mina wurden zunächst nach Kattowitz gebracht, von dort gingen sie mit Hilfe des Französischen Roten Kreuzes nach Prag und erreichten über Pilsen im Spätsommer 1945 München. Zunächst lebte Abraham in einem Auffanglager für »Displaced Persons« im Deutschen Museum an der Ludwigsbrücke, wo er von der Hilfsorganisation UNRRA betreut wurde, der United Nations Relief and Rehabilitation Administration. Noch im selben Jahr wurde er dem DP-Lager in Jordanbad in Biberach, Württemberg, zugeteilt. In dieser Zeit, bis 1947, benutzte er seinen chilenischen Pass, er hatte keinen anderen. Selbstbewusst bezeichnete Abraham K. die Passgeschichte als eine »nicht gewollte Folge des Krieges«.

Wo sein Bruder Josef-Anatol zu dieser Zeit gewesen sei, unterbrechen ihn die Ermittler.

Abraham K. schnappt ein: »Bezüglich meines Bruders Josef-Anatol möchte ich hier grundsätzlich und ein für allemal feststellen, daß ich über ihn nicht die geringsten Aussagen – ganz gleich welcher Art – machen werde. Ich gebe hierzu auch keine Gründe an.« Punktum. Und fährt fort, dass er sich 1947 mit dem Gedanken getragen habe, nach Israel auszuwandern, und deshalb mit seiner Mutter nach Paris gegangen sei. Abraham ist sauer, Ende der Vernehmung.

Am 31. Juli ging das Verhör weiter. Mehrere Stunden redeten die Ermittler auf Abraham K. ein, es ging um die Uran-Geschichte. Bei der Durchsuchung seiner Wohnung am 27. Juli waren mehrere Glasbehälter mit Beryllium gefunden worden, ferner ein verschlüsseltes Schriftstück, in dem von Uran, Thorium und Cadmium die Rede war – Metalle, deren Handel durch alliierte Gesetze untersagt war. Ein »sinnloser« Verdacht, wischte K. die Vorhaltung vom Tisch, »diese Dinge sind ja völlig wertlos«. Ein Jude namens Cz. habe ihm die Sachen übergeben. Er stritt entschieden ab, je Uran oder Thorium erhalten, besessen oder veräußert zu haben. Das Verhör wurde unterbrochen, K. hatte Kopfschmerzen.

In den kommenden Tagen zeigte sich Abraham K. unerwartet »willig und ruhig«. Dafür stellte sich den Kriminalbeamten ein anderes Problem: Bei der Vernehmung kreuzten sie die Spur des Zollfahndungsdienstes in München, dem K. »ohne Auftrag« im Ausland gewonnene Erkenntnisse weitergegeben hatte.[15] Aus guten Gründen wollte er darüber aber nicht reden. Die Andeutungen in der Akte lassen erkennen, dass Abraham K. ab August 1952 vier Tage nach Zürich reiste, wo er im Hotel »Simplon« abstieg, etwa zehn Tage in Mailand war und schließlich eine Jugoslawien-Reise unternahm, die ihn nach Zagreb, Belgrad und an andere Orte führte. Vermutlich ging es um internationale Schiebereien und Schmuggel, vielleicht um mehr. Die Zollfahndung war mit ihm zufrieden, erfuhren Gnirs und Weigel später.

Während der Vernehmungen ließen Gnirs und Weigel zwei

der Täterzeugen kommen. Die Ermittler setzten Abraham K. den mittelgrauen Hut auf und ließen ihn den hellen Popelinmantel überziehen, die bei der Durchsuchung seiner Wohnung am 27. Juli »unter eigenartigen Umständen verräumt« in einer unteren Ecke seines Kleiderschranks gefunden worden waren.[16] Die Kleidungsstücke stimmten exakt mit der Täterbeschreibung Mirellis überein. Aus einem Parterrefenster beobachteten die Zeugen, wie K. im Hof der Winzererstraße 9 umherspazierte. Johanna Fromm* meinte lediglich, der Mann sei Mirelli »ähnlich«, während Bruno Beyersdorf eine erstaunliche Beobachtung machte: »Mir ist aufgefallen, daß der Mann jetzt so freundlich ist. Der damalige Mann war sehr barsch zu mir und hat mich fast gar angeschrien.« Die Kleidungsstücke seien »absolut ähnlich«, sie seien so »dreckig und heruntergekommen« wie damals«, vor allem die Farbe des Hutes stimme genau. Käthe Bachmann* bemerkte, dass der Mann damals größer und schlanker gewesen sei, nicht so breitschultrig. Zwei Tage später spielte Johanna Fromm Schreibkraft während einer Vernehmung und konnte Abraham K. beobachten. Sie meinte, die »rollende, harte Stimme« Mirellis wiedererkannt zu haben.[17]

Mitzdorf disponierte am 3. August in der Sache »Moritz«. Goldberg habe »gute Personenkenntnisse über den möglichen Täterkreis«. Der Beamte schätzte ihn als »zuverlässig«, »geistig hochstehend« und als »sehr empfindsam« ein. Flucht sei bei ihm unwahrscheinlich, »er hat Interesse an seiner Familie«. Im Gegensatz zu ihm sei Abraham K. »offensichtlich radikal eingestellt. Er ist hart und bei Vernehmungen äußerst widerstandsfähig. Geständnis ist nicht ohne weiteres oder gar nicht zu erwarten.« In Freiheit würde er vermutlich sofort ins Ausland flüchten. »Warum spricht Abraham nicht über seinen Bruder Josef?«, fragte sich Mitzdorf und stellte fest, dass sie über Josef K. »zu wenig« wüssten.[18] Über den wollten sie nun die Schwägerin und die Mutter vernehmen.

* Name geändert

Vorgeladen erschien am 3. August Rahel K., die Ehefrau Abrahams.[19] Ihren Mann habe sie 1946 in Jordanbad in Biberach kennen gelernt, berichtete sie, zwei Jahre später heirateten sie in Paris. Anfang 1951 gingen sie nach München, machten Schulden, lebten später von Wiedergutmachungsleistungen. Abraham K. sei zunächst arbeitslos gewesen, habe aber schließlich einen Job bei einer jüdischen Zeitung in der Maria-Theresia-Straße gefunden. Er verdiente zweihundert bis dreihundert Mark im Monat.

Ob sie ein Fräulein Elke Gruber* aus der Schweiz kenne, fragen die Ermittler. Das sei die Braut ihres Schwagers Josef-Anatol, meinte Rahel. Sie hätten sich vermutlich in Bern kennen gelernt, wo Josef Medizin studiert habe. In Paris lebten sie – Abraham und sie selbst, Josef und Elke – einige Monate zusammen. Die Gruber sei im Unterleib krank gewesen und habe sich in München operieren lassen. Ihr Mann und Mina, die Schwiegermutter, hätten sie wegen ihres christlichen Glaubens und der Krankheit nicht akzeptiert. »Mein Mann ist mit seinem Bruder Josef verkracht«, versicherte Rahel den Ermittlern.

Da Rahel K. aus freien Stücken auf Josef kam, hakten Gnirs und Weigel sofort nach. Sie identifizierte ihren Schwager auf einem Lichtbild. Er habe angeblich vor dem Krieg Medizin in Wien studiert, nach dem Krieg in Bern. »Ich habe ihn in München nie gesehen und bin nie mit ihm hier zusammengekommen«, versicherte sie, seinen Aufenthalt kenne sie nicht. Die Ermittler glaubten ihr kein Wort. Ob einer der Brüder einen Unfall oder eine Operation gehabt habe, wollten sie wissen. Rahel stritt beides ab: »Ich weiß davon nichts, vor allem davon nichts, daß einer der beiden Brüder Narben hätte oder daß einer sonstige Kennzeichen hätte, die auf einen Unfall oder eine Operation und so weiter schließen ließen.« Rahel musste verstanden haben, worauf die Ermittler hinauswollten. Am nächsten Tag war sie bockig: »Über meinen Schwager Josef K. mache ich grundsätzlich keinerlei Angaben mehr. Die Gründe hierfür nenne ich nicht.« Die Er-

* Name geändert

mittler konnten es fast mit Händen greifen, dass Rahel nicht umfassend und nur teilweise wahr aussagte – und dass es einen Grund für die Weigerung gab, über Josef zu reden. Vermutlich eine Absprache in der Familie. Aber warum?

Nach den tagelangen Vernehmungen der K.s verschaffte sich Gnirs, Leiter der Ermittlergruppe, in einem zusammenfassenden Bericht[20] einen Überblick, »streng vertraulich!«. »Sie kennen sich kaum aus, um was es wirklich geht«, war er über die Familie sicher. Goldbergs politisches Interesse dürfte in erster Linie durch seine journalistische Tätigkeit bedingt sein, meinte der Kriminalinspektor. Kein Anhaltspunkt, dass er in einer Terrorgruppe maßgeblichen Einfluss gehabt habe. Sein Hilfsangebot an die Polizei sei seiner Haftpsychose zuzuschreiben. »Darüber hinaus jedoch hat Goldberg mit gewählten Worten Wege aufgezeigt, auf welchen ein Fortschritt der Ermittlungen möglich sein muss«, schrieb Gnirs vorsichtig. »Goldberg verfügt über weltweite Verbindungen und scheint auf dem Gebiet der journalistischen Raffinesse sehr beschlagen zu sein. Erfolg ist ihm zuzutrauen.« Eine feine Anspielung auf eine weitere Zusammenarbeit. Abraham K. hingegen sah der Kriminalinspektor als »krasses Gegenteil« zu Goldberg. »Bei den Vernehmungen zeigt er sich sehr willensstark.« Er habe bisher keine Frage vernünftig und logisch beantwortet, er weiche mit Gerissenheit jeder Frage aus und stelle immer wieder brüsk fest, dass dies und jenes doch nicht wichtig sein könne. »Sein bisheriges Verhalten und einige Redewendungen lassen den sicheren Schluß zu, daß er dem diesem Verfahren eigenen Tatmotiv nahesteht«, schrieb Gnirs. »Er prägte zum Beispiel den Begriff ›Seelenhandel‹ und erläuterte ihn dahin, daß man sechs Millionen tote Juden nicht mit Geld bezahlen könne.« Beiläufig habe er die deutschen Wiedergutmachungsbemühungen als lächerlich hingestellt.

Dem Kriminalinspektor gab zu denken, dass viele der Juden in der Ohmstraße wohnten, auch Abraham K. Von dort ist die »Leopold-Post«, wo die Buben das Paket abgeben sollten, schräg über die Leopoldstraße zu erreichen. Zur Tatzeit war Abraham

K. in München, die Mirelli-Beschreibung passte ungefähr auf ihn. Inzwischen hatten die Kriminalisten ihm auch genau auf die Finger gesehen. Der Nagel am linken Zeigefinger sei so kurz geschnitten, schrieb Gnirs, dass man bei flüchtiger Wahrnehmung den Eindruck haben könne, das Nagelglied sei verstümmelt. Doch diese Bemerkung klang wenig überzeugend.

Aber warum wollte niemand über Josef K. sprechen, beklagte sich Gnirs in seinem Bericht. Rahel hatte zwar kurz angedeutet, dass der mittelgraue Herrenhut und der helle Popelinmantel, die man bei ihnen in einer Ecke des Kleiderschranks und in einer Kommode gefunden hatte, von Josef stammten, Abraham habe die Sachen nie getragen. Doch alle, Abraham, Mutter Mina und Rahel, hätten »in einer einfach unerklärlichen und äußerst auffälligen Art festgestellt, daß sie über Josef-Anatol K. nicht die geringsten Aussagen machen würden. (...) Schon allein die Nennung des Namens Josef-Anatol löst auch in nebensächlichen Dingen sofortigen Widerstand aus, und nach allen psychologischen Deutungen kann es keinen Zweifel darüber geben, daß eine ganz außergewöhnliche Sache diesen Zwang und das Verhalten der genannten Personen verursacht.« Gnirs fragte sich, ob man den Tatverdacht nicht besser gegen Josef-Anatol richten sollte, zumal Mina K., die Mutter, einmal gesagt habe, Handschrift und Stimme ihrer Söhne seien so ähnlich, dass sie sie kaum auseinander halten könne.

Die Ermittler steckten in einer schwierigen Lage, sie kamen nicht weiter. Was sollten sie tun? Unter dem Punkt »weitere Maßnahmen« erwog Gnirs, Goldberg mit K. in einer Zelle zusammenzulegen. Nochmals fasste Gnirs die »besonderen Schwierigkeiten« der Ermittlungen zusammen: Der Weg, die zweifellos »sehr geheime Terrorarbeit« aufspüren zu können, führe über außergewöhnlich umfangreiche Schmuggler- und Schieber-Affären. »Um hier nicht Übersicht und Hauptziel zu verlieren, ist der Einsatz befähigter V-Leute sehr ratsam.« Er wird dabei an Goldberg gedacht haben. Welche besonderen Schwierigkeiten ein V-Mann machen kann, sollte er bald erfahren.

Statt eines V-Mannes stellte sich eine verflossene Geliebte von Josef K. ein. Sie hieß Gerda Buhrmann*, und sie war sauer.[21] Josef K. pflegte Frauen, die nett zu ihm waren, gelegentlich schroff und abweisend zu behandeln. Entsprechend groß war Gerda Buhrmanns Bedürfnis, sich über ihn mitzuteilen. Sie erklärte Gnirs wichtige Zusammenhänge in der Familie: Dass Josef besser Deutsch spreche als Abraham, dass sich die Brüder sehr ähnlich sehen würden, dass beide Brüder helle Mäntel trügen, Josef vorwiegend graue Hüte – und dass Josef und Abraham sehr aneinander hingen. »Es ist unmöglich, daß ein Familienkrach vorgekommen sein kann«, versicherte die Buhrmann Gnirs. Außerdem habe der Josef eine Fingerverletzung gehabt, wahrscheinlich im Frühjahr 1952. »Er konnte nicht schreiben, demnach müsste die Verletzung an der rechten Hand gewesen sein. Angeblich soll er sich bei einer Sektion infiziert haben. Der Finger soll gelähmt gewesen und mit Elektroschock behandelt worden sein.«

Bei Gnirs müssen die Alarmglocken geläutet haben. Einen Tag nach dem Gespräch mit Gerda Buhrmann beschloss er den »Kurswechsel in Richtung Josef K.«.[22]

* Name geändert

Das Phantom von der Destouchesstraße

Die Akte schweigt sich darüber aus, doch es kann nicht anders gewesen sein:

Den Ermittlern muss schmerzlich bewusst geworden sein, dass sie Josef K. kein einziges Mal zu Gesicht bekommen hatten. Für sie war er weit weg in Brasilien. Fotos von ihm hatten die Münchner Ermittler zwar zur Hand, sogar aus verschiedenen Jahren, doch leibhaftig gesehen haben sie ihn zu keiner Zeit. Dabei lebte der Medizinstudent, der es mit seiner Ausbildung nicht gerade eilig hatte, in München keineswegs versteckt oder unter konspirativen Umständen. Ganz im Gegenteil: Er führte ein munteres Leben. Josef K. gehörte für Abraham und Rahel gewissermaßen zur Familie, er ging mit seinen Liebschaften aus, meist in Schwabinger Tanzlokale, er war zeitweise Vorsitzender des Jüdischen Studentenvereins in Bayern und nahm hin und wieder am religiösen Leben der Israelitischen Kultusgemeinde in München teil. Und doch war er eine Schattenexistenz, ein Phantom. Immer wenn es brenzlig für ihn wurde, war er über alle Berge. Hatte er einen siebten Sinn, der ihn drohende Gefahren erkennen ließ? Gab es Komplizen und Vertraute, die ihm einen Hinweis steckten? Wie dem auch sei, er machte vielen vieles vor, und so recht schlau ist wohl keiner aus ihm geworden. Aber nun der Reihe nach.

Josef-Anatol K. wurde am 8. November 1918 in Kiew geboren. Kurz nach seiner Geburt, vermutlich in den politischen Wirren der kurzlebigen ukrainischen Republik, die von den bolschewistischen Truppen hinweggefegt wurde, verließen seine Eltern

Kiew und ließen sich im wolhynischen Luzk, einer Kleinstadt in Ostpolen, nieder. Wann dies genau war, ist nicht bekannt. 1937 legte Josef K. das Abitur an einem Gymnasium in Rowno ab[1], einer Nachbarstadt von Luzk. Anschließend ging er nach Wien und schrieb sich für das Wintersemester 1937/38 als ordentlicher Hörer an der Medizinischen Fakultät der Universität ein. Seine Muttersprache gab er mit Polnisch, den Glauben als »mosaisch«, den Beruf des Vaters mit »Kaufmann« an. Für die Wiener Zeit sind drei Wohnadressen bekannt, zwei beruhen auf polizeilichen Meldungen.[2] Mitte März 1938, nach dem ersten Semester, fuhr er zu seinen Eltern nach Luzk.

1938 ist das Jahr des »Anschlusses« Österreichs an das Deutsche Reich. Ein Jude, der in Polen Antisemitismus oft genug erfahren hatte, sich aber des Schutzes einer großen jüdischen Gemeinde bewusst war – weit über die Hälfte der Einwohner von Luzk waren Juden –, muss sich im Wien des Jahres 1938 gefühlt haben, als sei er vom Regen in die Traufe gekommen. Den Einmarsch der Truppen am 12. März 1938 erlebte Josef K. vermutlich, nach Lage der Dinge, in Wien. Bereits abends um 19 Uhr erreichte eine Vorausabteilung der deutschen Wehrmacht die Stadtgrenze, um Mitternacht traf das Vorkommando der deutschen 8. Armee in der Hauptstadt ein. Am 15. März fand jene Massenkundgebung auf dem Heldenplatz in Wien statt, die in die Geschichtsbücher einging: Hitler, auf dem Balkon der neuen Hofburg stehend, »meldete« vor der deutschen Geschichte den Eintritt seiner Heimat in das Deutsche Reich. Einen Tag später meldete sich Josef K. in Wien polizeilich ab und kehrte nach Luzk zurück. Der Universität blieb er als ordentlicher Hörer erhalten.

Die Abmeldung K.s einen Tag nach Hitlers Heldenplatz-Rede hat ihre eigene Symbolik, der man sich schwerlich entziehen kann, auch wenn die Daten rein zufällig aufeinander gefolgt sein mögen. Vielleicht reiste er spontan ab, mag sein, dass er in Panik war. Juden hatten vieles zu befürchten, bereits am Tag des Einmarsches kam es zu zahllosen Übergriffen und Prügeleien, Juden wurden gedemütigt, systematisch ihres Hab und Guts beraubt,

Geschäfte wurden attackiert. Eine der beliebtesten, hundertfach geschehenen Erniedrigungen bestand darin, Juden aus ihren Wohnungen zu holen und mit einer Zahnbürste oder einem Lappen das Trottoir putzen zu lassen. Ob in diesem Terror ein ausländischer Pass einen 20-jährigen Juden aus Polen schützen konnte, muss bezweifelt werden. Anfang Mai 1938 kehrte K. nach Wien zurück und blieb bis Mitte Juli, anschließend ging er nach Italien. Sein »Abgangszeugnis« der Universität Wien datiert vom 24. November 1938.[3] Ob er sich das Dokument persönlich abholte, zwei Wochen nach der so genannten Reichskristallnacht, wissen wir nicht.

Am 8. Dezember 1938 reiste Josef K. als Emigrant über Österreich in die Schweiz ein, am Tag darauf immatrikulierte er sich an der Universität Bern für die Medizinische Fakultät.[4] In deren Archivunterlagen taucht er gelegentlich auf: 1939 wird festgelegt, dass K. mit Ausnahme des physikalischen Praktikums alles nachholen muss – was für ein lückenhaftes Studium in Wien spricht, aus welchen Gründen auch immer. Am 8. Mai 1940 vermerkt das Sitzungsprotokoll: »Der Dekan soll Herrn Kronstein ermahnen, fleißiger zu sein, sonst bekommt er keine Kolleggeldbefreiung mehr.« Es scheint gewirkt zu haben, jedenfalls erlässt man dem »cand. med. Kronstein« auf die Bitte einer studentischen Hilfsorganisation auch 1943 das Kolleggeld.[5] Ein fleißiger Student ist er wohl nicht gewesen. Im Oktober 1949 wird er aus den Listen der Universität gestrichen, vermutlich hatte er sich nicht ordnungsgemäß exmatrikuliert.[6] Da war er schon längst in Paris, an eine Rückkehr dachte er wohl nicht.

Rund sechzig Jahre später ein »Bewegungsbild« K.s zu ermitteln, ist unmöglich; trotzdem ist man versucht, es zu wagen. Es muss im Leben K.s eine politische Wende gegeben haben, zumindest eine politische Reifezeit. Irgendwo auf seinen Stationen durch Europa muss der Schlüssel zu jenem politisch denkenden Menschen liegen, der er nach Meinung vieler war. Darüber wird noch zu reden sein. Die Jahre bis zum Abitur 1937 kommen dafür kaum in Betracht, umso mehr die Zeit in Wien, rechnerisch nur neun Monate, die durch jene zweieinhalb Monate im Frühjahr verkürzt wurden, die er nach Hitlers Heldenplatz-Rede bei seinen Eltern in Luzk verbrachte. War er es, der seinem Vater bei jenem Besuch eindringlich die Erlebnisse mit den Nationalsozialisten in Wien darlegte, so dass der gewarnt war und bei Ausbruch des Weltkrieges vorausschauend ausländische Papiere für seine Familie besorgte? Immerhin zeigt Elias K.s Voraussicht ein Verhalten, das im Vergleich mit den ostgalizischen Juden völlig aus dem Rahmen fällt. Ungeklärt ist, ob Josef K. damals von Wien aus in die Tschechoslowakei reiste, und aus welchem Grund er nach seiner Wiener Zeit, die für ihn offiziell am 17. Juli 1938 endete, nach Italien ging.[7] Seit Anfang Dezember 1938 in der Schweiz lebend, hielt er sich nach offiziellen Angaben der Behörden »fast ohne Unterbrechung« in Bern auf, was auf eine genaue Überwachung durch die Behörden schließen lässt.[8] Die Schweiz, im Zweiten Weltkrieg eine Insel des Friedens, verließ er aus guten Gründen nicht. K. blieb zwar meist in Bern, doch einen Grund, innerhalb der Schweiz zu reisen, hatte er: In Montreux lebten Verwandte, ein Bruder und eine Schwester aus der ersten Ehe seines Vaters, beide älter als er.[9] Wie eng die Verbindung war, ist nicht bekannt. In welcher Lage seine Eltern und sein Bruder waren, wird er gewusst haben, im »Austauschlager« Bergen-Belsen war zensierter Briefverkehr möglich. In der Schweiz sei er »kriminalpolizeilich nicht beanstandet« worden, teilten die Behörden den Münchner Kriminalbeamten mit, obwohl es Anlass zur Klage gab: Einer Pensionsinhaberin in Lausanne blieb Josef K. 1939 Geld schuldig.[10] Er erhielt eine Aufenthaltsbewilligung zur Fortsetzung seines Studiums sowie zur Vorbereitung seiner Weiterreise und bekam einen Ausländerausweis. Spätestens am 11. Juli 1949 verließ er die Schweiz und ging – offiziell, um das Medizinstudium fortzuführen – nach Paris,[11] wo er zeitweise mit seinem Bruder Abraham zusammenlebte.[12] Im Januar 1950 soll er erstmals nach München gekommen sein, vermutlich wegen seines Studiums, vielleicht nur für einen kurzen Besuch.[13] Mehr »Bewegungen« jener Jahre lassen sich nicht feststellen.

Gnirs, der den »Kurswechsel« der Ermittlungen organisieren musste, wird in der Akte zurückgeblättert haben – auf der Suche nach Details, die er und seine Mitarbeiter übersehen haben könnten. Die erste Notiz vom 8. Juni 1953 besagte, dass Josef K. von der Eidgenössischen Fremdenpolizei mit einer Einreisesperre für die Schweiz und Liechtenstein belegt und ins Schweizerische Fahndungsregister aufgenommen worden war, weil er im Ausland »einen ihm nicht zustehenden deutschen Ausweis benutzt hatte«. Es gebe da einen »Zusammenhang« mit »Deggendorf«, also mit dem Verwaltungsbeamten Franz Xaver S., der Reisepässe, Kennkarten und polizeiliche Meldebestätigungen im Dutzend verhökert hatte. K. hatte demnach vom Passamt Deggendorf einen Einzelreisepass bekommen, ausgestellt am 16. Januar 1952, gut zwei Monate vor dem Anschlag in München. Wohin wollte er verreisen? Unter dem Datum des 17. Juni fand Gnirs die Mitteilung aus Zürich, dass K. am 21. September 1945 im Kanton Tessin »wegen seinem Verhalten« festgenommen und in Bellinzona erkennungsdienstlich behandelt worden war. Die hilfsbereiten Schweizer Beamten hatten einen Fingerabdruckbogen und ein Foto mitgeschickt. Und es gab einen Personalbogen, den der Verdächtige eigenhändig ausgefüllt hatte. Mit diesen Hilfsmitteln können Kriminalisten eine Menge anfangen. In der Mitzdorfschen »Disposition über die Weiterführung der Ermittlungen in der Sache ›Moritz‹« vom 3. August wird Gnirs die mahnende Feststellung bemerkt haben, dass sie über Josef K. »zu wenig« wüssten. Dann die Niederschrift der Vernehmung Rahel K.s, die ihren Schwager in München noch nie gesehen haben und nicht über ihn reden wollte. In seinem eigenen Bericht zwei Tage darauf konnte Gnirs die Überlegung nachlesen: »Selbstverständlich wurde hier schon in Erwägung gezogen, ob der gesamte Verdacht sich nicht gegen Josef-Anatol richten sollte.« Schließlich folgte die Aussage der Gerda Buhrmann, die den »Kurswechsel« ausgelöst hatte.

Am 15. August 1953 findet im Hotel »Zur Krone« in Rheinfelden in der Schweiz ein außergewöhnliches Treffen statt. Es ist aufgrund der bewährten bajuwarisch-helvetischen Amtshilfe zustande gekommen. Anwesend sind vom Polizeikommando Zürich Wachtmeister Baumann, Elke Gruber* sowie Kriminalinspektor Gnirs und Kriminalkommissär Weigel. Elke Gruber, eine junge Dame, soll vernommen werden, worüber die Kantonspolizei Rheinfelden und die Schweizer Bundesregierung informiert sind. Das Protokoll sichert ihr mehrfach Anonymität zu: »Streng vertraulich! Personalien der Mitteilerin unter keinen Umständen bekanntgeben!« steht maschinenschriftlich obenan, ein roter Stempel »Vertraulich« in scharfkantiger Frakturschrift verleiht dem Schriftstück etwas Bedrohliches.[14] Das Treffen ist heikel, handelte es sich doch um Ermittlungen in einer politischen Angelegenheit im Ausland, worüber die Bayern das Bundeskriminalamt, dem grundsätzlich jeder Auslandseinsatz vorbehalten ist, nicht informiert haben.

Elke Gruber, ledige Sekretärin, gebürtige Schweizerin, ist mit Josef K. verlobt. Sie macht kein Hehl daraus, dass sie die Ermittlungen gegen ihn »in jeder Beziehung« unterstützen werde. Zum letzten Mal habe sie ihn im Februar 1952 gesehen, denn im März habe er angeblich einige Prüfungen ablegen wollen, unter anderem in Pathologie. Ihre Freundin Gerda Buhrmann teilte ihr mit, dass sich Josef bei einer Sektion verletzt und mit Leichengift infiziert habe, ihr daher nicht schreiben könne. Später sollten die Ermittler vom zuständigen Professor des Pathologischen Instituts erfahren, dass ihm von einer Verletzung K.s bei einer Sektion nichts bekannt sei.

Josef K. spreche perfekt Deutsch, besser als sein Bruder Abraham, erzählt die Gruber. Das Verhältnis der Brüder sei sehr eng, sie würden sehr aneinander hängen, bestätigt sie den Bericht von Gerda Buhrmann. Jawohl, einen hellen Mantel und einen mittelgrauen Hut habe Josef getragen. Zwei Dinge hätten sie an ihm gestört. Er habe Geheimnisse vor ihr gehabt, über seine Tätigkeit im Ausland habe sie nichts erfahren, Italien-Aufenthalte halte sie

* Name geändert

für sehr wahrscheinlich. Das andere waren seine Finger. »Die Fingernägel des K. sind so widerlich kurz, daß ich mir Gedanken gemacht habe, ob ich diesen Mann allein schon wegen dieser Störung heiraten kann«, sagt sie. K. leide an Vitaminmangel, seine Fingernägel würden abblättern oder sich spalten, er schneide sie kurz oder beiße sie ab. Die Ermittler schreiben, medizinisch recht anspruchsvoll, dass aufgrund der nur wenige Millimeter langen Nagelreste sich das Fleisch der Fingerbeere in einer Wölbung aufbäume. Elke Gruber bringt es auf den Punkt: »Bei flüchtiger Betrachtung kann man leicht den Eindruck bekommen, daß es sich um Verstümmelungen oder um die Verletzung des vorderen Fingergliedes handeln kann.«

Es muss den Ermittlern wie Schuppen von den Augen gefallen sein, dass ihr Mann vermutlich nicht Abraham K., Constantinescu oder Goldberg war, sondern Josef K., der Unbekannte, der sich so unauffällig in München bewegte, dass sie ihn bisher noch nie zu Gesicht bekommen hatten. Ein Phantom. Wo war er zurzeit? Noch am 10. August hatte er beim Postamt München 8 am Orleansplatz eigenhändig ein Telegramm an Elke Gruber aufgegeben.[15] Der verspätete Geburtstagsgruß war gezeichnet mit »Balvket«, wohnhaft Metzstraße 12, dem »Drei-Mäderl-Haus« – was alles nicht zutraf. Das war sein letztes Lebenszeichen gewesen. Doch Gnirs und Weigel waren sicher, dass er noch in der Stadt war: Jemand hatte Josef K. am 18. August abends in einer Straßenbahn Richtung Ostbahnhof gesehen, getarnt mit Perücke und einem rötlichen Spitzbart. Seine Verhaftung wurde ihnen zur dringendsten Aufgabe.

Hatte jemand Josef K. einen heißen Tipp gegeben, dass man auf der Suche nach ihm war? Was war um den 10. August geschehen, dem Tag, an dem er verschwand? Erst am 15. August erfuhren die Ermittler, dass er all die Monate zuvor in München gelebt hatte.[16] Blättert man in der Akte zurück, findet man unter dem Datum des 10. August nur die Niederschrift der zweiten Vernehmung der Rahel K.[17] Es war scheinbar um Belanglosigkeiten gegangen: Im Mittelpunkt standen die beiden Reisen ihres Mannes nach Jugoslawien in den Jahren 1951 und 1952. Bei der ersten Tour hatte Josef K. ihn begleitet. Wie muss Rahels zweites Verhör auf Josef gewirkt haben? Sein Bruder saß in Untersuchungshaft, seine Mutter wurde vernommen, seine Schwägerin nun schon mehrmals verhört, Goldberg war ebenfalls in Haft. Er wird erfahren haben, dass die Ermittler immer wieder nach ihm fragten. Er lag gewissermaßen in halber Deckung und hörte, wie die Einschläge näher kamen. Als Rahel K. am 10. August wieder vorgeladen wurde, muss er seine Entscheidung getroffen haben. Fluchtartig verließ er an jenem Tag sein Zimmer in der Destouchesstraße 21 und tauchte unter.[18]

Ohne Zweifel war es für die Kripobeamten ausgesprochen ärgerlich, dass ihnen Josef K., der illegal in München lebte, bisher nicht aufgefallen war. Warum hatten sie sich täuschen lassen und den beiläufigen Bemerkungen von Rahel und Mina K. Glauben geschenkt, Josef sei in Brasilien? Vielleicht war der Grund für diesen verhängnisvollen Fehler, dass die Ermittler weiterhin an eine Terroristengruppe unter Leitung von Constantinescu geglaubt hatten, deren Angehörige sich zurzeit in Brasilien wieder sammeln würden.[19] Sie verkannten dabei, was Grünblatt alias Constantinescu in Wirklichkeit bewegte: Dem Mann mit dem Lederköfferchen ging es nur um Geld, Einfluss – und gut geschnittene Anzüge. Constantinescu hatte einen Hang zu riskanten und kriminellen Geschäften, sofern sie nur hochprofitabel waren. Als Machtmensch zog es ihn zu den Mächtigen, denn dort konnte er sein Talent voll entfalten – seine Wirkung auf Menschen. Auch wenn er sich zeitweise in politischen Sphären bewegte, war er kein Terrorist, ihm fehlte jeder politische Fanatismus, vermutlich hatte er nicht einmal eine politische Überzeugung. Constantinescu wollte nur eines: enorm viel Geld verdienen. Und das wurde bei seinen Methoden immer schwieriger. Der Ostblock war ihm verschlossen, und im Westen wurde er nacheinander in Frankreich, Belgien, der Schweiz und schließlich in Spanien polizeilich gesucht. Alle ein, zwei Jahre musste er mit seinem Lederköfferchen, in dem er vermutlich Devisen, falsche Pässe und

Wertsachen ständig mit sich trug, ins Ausland flüchten, bis Europa für einen Mann seines Zuschnitts zu eng geworden war. Das war der eigentliche Grund, warum er nach Brasilien gegangen war. Die Ermittler nahmen vermutlich an, dass Josef K. einer von denen sei, die sich um ihn herum neu formierten.

Nach und nach bekamen die Vorgänge um Josef K. ein neues Gesicht. Es klärten sich die Zusammenhänge um den Mantel und den Hut, die die Ermittler bei der Durchsuchung in Abrahams Wohnung »unter eigenartigen Umständen verräumt« gefunden hatten. Rahel gab darüber verschiedene Auskünfte: Erst sagte sie, die Sachen gehörten Josef K., bei einer späteren Vernehmung meinte sie, ihr Mann sei es gewesen, der Mantel und Hut im Herbst 1952 erworben habe.[20] Abraham hingegen erklärte, er habe die Kleidungsstücke im Frühjahr 1953 angeschafft. Um eine Beschreibung des Mantels gebeten, musste er jedoch passen, der war ihm nicht vertraut. Als er im Frühjahr 1952 das vorübergehende Quartier seines Bruders in der Hildebrandstraße 9 auflöste und die Miete bezahlte, nahm er vermutlich auch die Kleidungsstücke mit und verstaute sie bei sich.

Gnirs machte sich inzwischen klar, dass verschiedene Details nicht auf Abraham K. als Mirelli, den Überbringer des Sprengpakets, zutreffen konnten: Er sprach mit polnischem Akzent, während Mirellis Hochdeutsch akzentfrei war, sein Gesichtsausdruck war freundlich, Mirelli hingegen hatte unfreundlich, ja böse dreingeblickt, Abraham trug keine Koteletten, im Gegensatz zu Mirelli. Trotzdem wollte Gnirs nicht ausschließen, dass Abraham mit dem Attentat zu tun gehabt haben könnte. Die Brüder waren zur Tatzeit in München gewesen, das stand fest, und sie hatten in jenen Tagen zusammengearbeitet.[21]

Was aber sprach für Josef K. als Mirelli? In seinem Bericht vom 26. August zählte Gnirs akribisch alle Details auf, die auf Josef zutrafen: Alter, Größe und Figur, Farbe und Form des Gesichts, die Kleidung, vor allem der helle Mantel und der mittelgraue Hut, die abgetragenen, schwarzen Schuhe, die man ebenfalls gefunden hatte, die Bräunung am linken Zeige- und Mittelfinger

(Josef K. war »Linksraucher«), die Koteletten, die hochdeutsche Sprache und der unfreundliche Gesichtsausdruck. Vor allem aber hatte er jenes Merkmal, das die Jungen am Bahnhof bemerkt hatten – eine auffällige Verstümmelung des Nagelgliedes vermutlich des linken Mittelfingers, als wäre der Nagel eingedrückt.[22]

Nun nahm sich Gnirs den politischen Hintergrund Josef K.s vor[23]: Es stehe fest, »daß er kommunistisches Gedankengut verteidigt, daß er während des Aufstandes am 17. Juni 1953 stundenlang Ostzonensender abhörte, daß er nahestehenden Bekannten vorschlug, die SPD zu wählen (Landtagswahl 1952), daß er enge Beziehungen zur polnischen Botschaft in Bern unterhalten hat und daß er im Januar 1952 in Berlin zu tun hatte«. Diese Erklärungen können jedoch nicht überzeugen: Aus der Perspektive eines Konservativen mögen Sozialdemokraten und Kommunisten ein und dasselbe sein; auf dem linken politischen Spektrum hingegen – und das allein zählt hier – machen kleine Unterschiede bekanntlich Welten aus. So steht der Hinweis auf eine Wahlempfehlung K.s zugunsten der SPD völlig in Widerspruch zur vermeintlichen kommunistischen Einstellung des Verdächtigen. Das bedeutete, dass der politische Hintergrund K.s, den die Kripobeamten meinten erkannt zu haben, in keiner Weise klar ermittelt worden war. »Mindestens zweimal« sei Josef K. nach Berlin gefahren. Was besagte das?

Von der Vernehmung des Johann B., eines früheren »Geschäftspartners« des Gesuchten, erhoffte sich Gnirs weitere Erkenntnisse. Im Sommer 1951 sei man in München zusammengekommen, erzählte Johann B.: Abraham und Josef K., sein Partner Stephan W. und er. Man wollte zu viert nach Jugoslawien reisen, um Waren zu verkaufen. Ob es dem Kriminalinspektor bedeutsam erschien, dass sie in Belgrad zuerst wegen Spionageverdachts, dann wegen Schmuggels verhaftet wurden, dass sie sich freikaufen konnten, die K.s infolgedessen Schulden bei ihnen hatten, die sie nie zurückzahlten – das mag dahingestellt sein. Was Josef K. über sein Leben erzählt hatte, war Gnirs weitaus wichtiger.

Josef K. sei in Paris in Haft gewesen, berichtete Johann B., »wegen einer Sache, die mit der israelitischen Staatsgründung zusammenhing«. (Die französischen Behörden hatten dergleichen nie mitgeteilt.) Es habe sich auch um Maßnahmen gehandelt, fuhr Johann B. fort, mit denen wichtige jüdische Leute in Europa bewegt wurden. (B. meinte die jüdische Fluchthilfeorganisation Bricha.) Josef K. sei in Paris »Leiter einer polnischen Judengruppe« gewesen, er sei Intellektueller und betrachte politische Dinge überlegter, während Abraham ein »Kopfschüssler und Fanatiker« sei. Auf der Rückreise habe man sich in Mailand getrennt: Die K.s flogen am 29. Dezember 1951 nach Deutschland, wo sie B. und W. den versprochenen Geldbetrag nach Mailand schicken wollten. Abraham sei schon in München ausgestiegen, während Josef K. weiter nach Berlin geflogen sei.

Warum Josef K. in Paris eine Haftstrafe verbüßte, kam nicht ans Tageslicht – die französischen Behörden wollten nicht kooperieren. Wozu er nach Berlin flog, blieb ebenfalls im Dunkeln. Das nicht ganz unwichtige Detail, ob West- oder Ost-Berlin das Ziel war, schien dabei nicht zu interessieren. Immerhin war damit bestätigt, dass Josef K. ein politischer Aktivist sein musste, der die ganze Zeit in München illegal gelebt hatte und oft im Ausland unterwegs war. Weiterhin irritiert bei der Lektüre der Akte, dass Josef K. im Januar 1954 plötzlich im Ruch stand, »Angehöriger einer rechtsradikal jüdischen Organisation« zu sein. War er nun Kommunist oder radikal-zionistischer Aktivist? Es fiel den Ermittlern vom Sachgebiet »Sprengstoff-Delikte« schwer, ihren Hauptverdächtigen politisch einzuschätzen.

Umso klarer konnten die Beamten erkennen, warum die Attentäter die beiden Buben zur »Leopold-Post« in Schwabing geschickt hatten.[24] Kunden konnten dort ausreichend frankierte Pakete über den Tresen in den Schalterbereich schieben und in einen Behälter legen, ohne mit einem Postbeamten Kontakt haben zu müssen. Vor allem zur Stoßzeit zwischen fünf und sechs Uhr nachmittags war es unwahrscheinlich, dass ein Beamter Pakete eigenhändig in Empfang nahm und sich das Adressschild ansah.

Die benachbarte Ohmstraße, wo Abraham K. zur Tatzeit in der Pension »Hagen« wohnte und wo sein Bruder täglich ein und aus ging, gehörte zum Zustellbereich dieses Postamts. Da die Brüder dort postlagernde Sendungen abzuholen pflegten, musste Josef K. als mutmaßlicher Täter damit rechnen, erkannt zu werden, wenn er das vorab frankierte Paket selbst über den Tresen schob.

Und wieder stellte sich eine verflossene Geliebte ein, die bereit war auszupacken. Sie war 25 Jahre alt, blond, ledig, von Beruf Kontoristin und kam in die Destouchesstraße 21, die letzte Unterkunft Josef K.s. Sie fragte den Vermieter verwundert, was mit dem »Dr. Anatol« eigentlich los sei, und wollte dessen neue Adresse haben. Auf den Mann machte das Fräulein keinen sehr vorteilhaften Eindruck. Er stellte sich unwissend und informierte die Ermittler, die sie umgehend zur Vernehmung vorluden.[25]

Josefine Kummeder* hatte Josef K. am 10. September das letzte Mal gesehen – in München. Seitdem sei »Herr Anatol«, wie sie ihn nannte, spurlos verschwunden. Er wohnte damals in der Metzstraße bei seinem Freund, einem gewissen B. Das Wochenende vor dem 10. September habe er bei ihr in der Behamstraße in Laim verbracht, sagte sie. Er ließ ihr ein paar Tage später durch B. telefonisch ausrichten, dass er nach Brüssel gefahren sei.

Josefine Kummeder hatte »Dr. Anatol« im März des Jahres im Park-Café kennen gelernt und war den Sommer über mit ihm zusammengewesen. Es waren »freundschaftliche Beziehungen«, sie habe »möglicherweise auch Heiratsabsichten« gehabt. Sie trafen sich fast jedes Wochenende, meist in Schwabing, gingen ins »Studio 15« in der Leopoldstraße oder in den »Siegesgarten«, verabredeten sich beim »Leopold«, manchmal auch in der »City-Bar« in der Weinstraße. Sie schien dem Sommer mit »Dr. Anatol« ein wenig nachzutrauern. Er erzählte ihr von seinem Studium in Wien, von Aufenthalten in Berlin, dass er früher mal in Italien war, in Paris, er berichtete von einem Bruder in der Schweiz. Von seinen Bekannten, Freunden und Angehörigen hielt er sie jedoch

* Name geändert

Straßencafé im Schwabing der fünfziger Jahre.

systematisch fern. Er habe sich körperlich gut gepflegt, sei immer rasiert gewesen. »Was mich allerdings sehr an ihm gestört hat«, holte die Kummeder aus, »das waren seine Fingernägel. Die Nägel waren ganz kurz geschnitten, sie waren nur noch Stumpen von vielleicht drei bis vier Millimetern Länge. Alles andere war Haut.« Ach ja, und da war noch dieser Professor in Paris, der ihm regelmäßig Geld geschickt habe, 300 Mark jeden Monat.

Die kuriose Geschichte vom spendablen Professor in Paris mochte nicht einmal die Kummeder geglaubt haben. So wie Josef seinen Geliebten alle möglichen Geschichten über sein Leben auftischte, so war mit Sicherheit auch der großzügige Professor in Paris frei erfunden, um seinen Lebensunterhalt zu erklären. Viel wahrscheinlicher ist, dass Josef K. auf der Gehaltsliste einer Organisation stand, der seine Dienste so wertvoll waren, dass sie ihm monatlich eine beachtliche Summe schickte. Gegen Schluss bat die Kummeder darum, dass »Dr. Anatol« von ihrer Aussage[26] nie etwas erfahren solle. Aber das war Gnirs ohnehin klar.

Inzwischen hatten die Ermittler weitere Details über Josef K. erfahren. Ende August, kurz vor seiner endgültigen Flucht aus München, hatte er fast jeden zweiten Tag bei der Israelitischen Kultusgemeinde nach seinem Bruder gefragt, der noch immer einsaß.[27] Er schien wirklich an ihm zu hängen. Und er besuchte jüdische Gottesdienste. Tobias Haber*, ein ehemaliger Nachtportier des »Drei-Mäderl-Hauses«, berichtete einige Details über das Leben und Treiben der jüdischen Gruppe in der Pension. Der junge Mann erzählte, dass Josef K. viel mit dem »Starken« zu tun gehabt habe, wie er Constantinescu ehrfürchtig nannte. Josef K. sei oft zu Gast gewesen, abgeblich wohnte er in Paris. »Im Jahre 1951 war es ziemlich ruhig zugegangen«, berichtete Haber, »erst im Februar und insbesondere März 1952 nahm der Betrieb erheblich zu, denn es kamen nach Auftauchen des Josef K. immer wieder neue Personen hinzu, die sich meist gemeinsam, das heißt an einem bestimmten Tag hier einfanden, und ebenso schnell alle wieder verschwanden.«[28] Vermutlich waren es diese Gäste und ihre Aktivitäten gewesen, die einige »Vertrauensleute« im März 1953 veranlasst hatten, sich mit einem Hinweis an Franz Meinert zu wenden, den Direktor des Bayerischen Landeskriminalamtes.

Im Januar 1954 wurde bekannt, dass Josef K. nach Israel geflüchtet war. Man hatte einen Brief vom 29. Dezember 1953 mit seiner Postadresse abfangen können: Tel Aviv, Pinskerstraße 6 b, bei Dr. E. – wo er mit Sicherheit nicht wohnte.[29] Man hätte ihm schreiben und ihn zur Vernehmung bitten können. Angeblich arbeitete er als Hilfs- oder Assistenzarzt in einem Krankenhaus in Jerusalem. Zu Israel, dessen Wirtschaft mit den deutschen Wiedergutmachungsmillionen inzwischen langsam auf die Beine kam, bestanden keine diplomatischen Beziehungen. An einen Auslieferungsantrag war aus politischen Gründen nicht zu denken, ebenso wenig an Ermittlungen im Lande. Zu spät erfuhren Gnirs und Weigel, dass Josef K. am 19. Dezember 1953 auf Durchreise

* Name geändert

in Neapel gewesen war. Da es nicht ganz unwahrscheinlich war, dass Josef K. nach Europa kommen könnte, um an irgendeiner Universität sein Medizinstudium abzuschließen, beantragte Gnirs internationalen Haftbefehl. Inzwischen war auch die Blutgruppe anhand der Speichelreste festgestellt worden, die den Briefmarken des Sprengpakets anhafteten: Es war A1, die Blutgruppe Josef K.s, wie man durch verschiedene seiner Briefe anhand von Speichelresten auf den Kuverts herausgefunden hatte.

Im Januar 1954 schien auch die Ruhepause der Sicherungsgruppe in Bonn beendet zu sein. Ihr Leiter Ernst Brückner[30] kam nach München, zusammen mit Kriminalkommissar Hermann Eiring, der als »persönlicher Referent des Bundeskanzlers« vorgestellt wurde.[31] Man traf sich mit Hans Fröhlich, dem Ersten Staatsanwalt beim Generalstaatsanwalt München, sowie mit Kriminalinspektor Bernhard Gnirs. Brückner meinte, dass K. sich um die israelische Staatsangehörigkeit bemühen werde. Wenn er ins Ausland reise, dann nur mit falschen Papieren. Kurz schilderte er seine Eindrücke von einer Paris-Reise im Dezember 1953: Man begegne dort einem Verfahren mit sehr viel Reserve. Dringend bat er darum, dass jeglicher Kontakt mit dem Ausland über ihn laufen solle. Fröhlich hielt einen Auslieferungsantrag für aussichtslos, da keine Abmachungen bestünden. Brückner beschied ihn kurz, dass die Bundesregierung in Kürze eine Entscheidung treffen werde. Die Herren beschlossen, die Wellen zu glätten: Keine Ermittlungen gegen verdächtige Personen, der Kreis der Eingeweihten solle so klein wie möglich bleiben, Abraham K., noch immer in Haft, dürfe auch weiterhin nichts über die Ermittlungen zum Attentat erfahren. Man wollte die Familie in Unbedenklichkeit wiegen, vielleicht, so hoffte man, käme der Verdächtige noch einmal nach Deutschland zurück. Sonderbarerweise wurde Josef K. im Deutschen Fahndungsbuch von November 1953 bis Januar 1954 ausgeschrieben – wegen Mordverdachts.[32] Dieser Widerspruch zwischen der Absicht der Kriminalisten, die Fahndung geheim zu halten, und der Ausschreibung im Fahndungsbuch ist bis heute nicht zu erklären.

Um Josef K. wurde es allmählich ruhig. Nach Deutschland kam er vorläufig nicht, und er schickte keine Briefe, jedenfalls nicht offen. Irgendwann fanden die Kriminalisten heraus, dass die Post über eine Mittelsperson lief, aber die ging irgendwann auch nach Israel. Wie es schien, bewegte sich Josef K. nicht, er besuchte weder seine Angehörigen in Frankreich, ebenso wenig versuchte er, irgendwo in Europa sein Studium offiziell abzuschließen. Jedenfalls erfuhren die Ermittler nichts über irgendwelche Reisen. Der mutmaßliche Attentäter blieb in Israel, wo er als Hilfs- oder Assistenzarzt an einem Krankenhaus in Jerusalem arbeitete. Rahel K. machte Gnirs klar, dass sie jeden Versuch, ihren Schwager festzunehmen, vereiteln werde. Die Familie reiste Abraham nach, der wegen einer Betrugsgeschichte an Frankreich ausgeliefert wurde; irgendwann setzte man ihn gegen Kaution auf freien Fuß. Mitte der fünfziger Jahre verließen die K.s Frankreich und gingen nach Israel.[33] Kurz danach wurde auch Abraham K. in Deutschland zur Fahndung ausgeschrieben, er sollte noch eine Haftstrafe von 30 Tagen absitzen.[34]

Wie Brückner angekündigt hatte, traf Konrad Adenauer seine Entscheidung. Gemäß Nahum Goldmanns Worten habe der Bundeskanzler, als die Identität des mutmaßlichen Haupttäters feststand, eingegriffen und darum ersucht, diese Tatsache in der deutschen Presse nicht bekannt zu geben. Adenauer soll damals gesagt haben: »Für mich ist das die Tat eines Verrückten. Ebenso wie jeder anständige Deutsche es ablehnt, mit den Wahnsinnstaten sadistischer Gestapoleute identifiziert zu werden, lehne ich es ab, das Judentum mit dem blödsinnigen Fanatismus eines einzelnen zu belasten, nur weil dieser einzelne zufällig ein Jude ist.«[35]

Aus verschiedenen Gründen, über die noch zu reden sein wird, traf Adenauer die einzig richtige Entscheidung. Unterbrechen oder beenden konnte selbst er die polizeilichen Ermittlungen nicht, es sei denn unter Verletzung der im Grundgesetz garantierten Unabhängigkeit der Rechtsprechung. Zumindest ging dies nicht offiziell. Bernhard Gnirs, der einen der mutmaßlichen

Haupttäter ermittelte, ist noch heute sicher: »Mit dem Josef K. wird die Sache klar!« Ein Kripobeamter, der nicht genannt werden möchte, berichtete, dass der mutmaßliche Attentäter in späteren Jahren in München gesehen worden sein soll. Aber das war nur der Hauch eines Gerüchts über ein Phantom.

Irgun Zwai Leumi:
Zwischen Freiheitskampf und Terror

Was Hermann Goldberg im Juli 1953 den Kripobeamten Gnirs, Hartmann und Weigel über den Irgun berichtete, ist im Einzelnen nicht bekannt. Der Journalist wird den Ermittlern zunächst die grundlegenden Dinge berichtet haben, zum Beispiel, dass Irgun Zwai Leumi »Nationale Militär-Organisation« bedeute und in Israel gewöhnlich »Etzel« genannt werde, gebildet aus dem ebenfalls gebräuchlichen Kürzel »IZL«, während die Bezeichnung »Irgun«, die nichts anderes als »Organisation« heiße, nur im Ausland gebräuchlich sei. Goldberg wird ihnen ferner erklärt haben, was es mit dem Zionismus auf sich habe, der Vision von der Besiedlung des biblischen Landes durch jüdische Kolonisten, 2000 Jahre nach der Vertreibung. Und dass Wladimir Jabotinsky (1880 bis 1940), der 1920 die jüdische Verteidigungsarmee Haganah gründete, diese gemächliche Besiedlung Mitte der zwanziger Jahre ziemlich fußlahm fand, so dass er die Vision des Theodor Herzl einer Revision unterzog. Der Begriff des Revisionisten ist daher für die einen ein Ehrentitel, für die anderen Ausdruck des Renegatentums. Jabotinsky forderte eine massenhafte Einwanderung mit größerer wirtschaftlicher und politischer Macht – eine Einwanderungsbewegung, die in die Gründung eines jüdischen Staates in den biblischen Grenzen münden sollte. Jabotinsky forderte, dass die Siedler das Land nicht nur durch Kauf erwerben oder pachten, sondern es notfalls mit der Waffe in der Hand, mit Blut und Tränen erkämpfen sollten. Dass in Palästina auch eine angestammte arabische Bevölkerung lebte, interessierte den Journalisten aus Odessa nicht. Für *seine* Vision war eine auf einer breiten Bewegung gründende politische Partei erforderlich, die Jabotinsky im Jahre 1925 mit der Weltunion der Zionisten-Revisionisten ins Leben rief, deren Präsident er wurde. Sie setzte sich von Anfang an vehement vom gemäßigten, zu politischen Konzessionen bereiten Zionismus unter Chaim Weizmann ab. 1935 wurde Jabotinsky Präsident der Neuen Zionistischen Organisation, deren wichtigste Klientel die jüdischen Einwanderer aus Mittel- und Osteuropa waren. Im Grunde war Jabotinskys Revision der grundlegenden zionistischen Ziele also nichts anderes als deren Radikalisierung.

Am Beginn des Etzel stehen zwei Organisationen: Betar und Haganah. Die zionistische Jugendorganisation Betar, 1923 als »Brit Joseph Trumpeldor« (Brit = Bund) gegründet, schloss sich den zionistischen Revisionisten an, eroberte im Selbstverständnis der Juden in Mittel- und Osteuropa eine bedeutende Rolle und bildete am Vorabend des Zweiten Weltkrieges zahlreiche Widerstandskämpfer aus. Die 1920 gegründete Haganah übernahm als militärische Organisation der Juden im britischen Mandat Palästina den Schutz der jüdischen Siedlungen. Da sie der Jewish Agency for Palestine unterstand, dem zionistisch ausgerichteten Repräsentanten des jüdischen Volkes im britischen Mandatsgebiet, zog sie den Unwillen der Revisionisten auf sich. Daher spaltete sich im Jahre 1931 eine Gruppe zionistischer Revisionisten von der Haganah ab und gründete den »Irgun Zwai Leumi« als paramilitärischen Verband, der seine Aktivisten fortan aus den Reihen der Betaristen rekrutieren konnte. Ende der dreißiger Jahre verließ eine Gruppe links gesinnter Aktivisten den Irgun und nannte sich »Lehi« (von Lohamei [C]Herut Israel) oder – nach ihrem Gründer Avraham Stern – »Stern-Gruppe«. Bei ihren Gegnern hieß der Lehi stets die »Stern-Bande«. Obwohl sich die beiden zionistisch-revisionistischen Organisationen mit traditionellen, europäischen Wertmaßstäben kaum angemessen beschreiben lassen, kann man sagen, dass Etzel eine erzkonservative, wenn nicht national-reaktionäre Politik mit kleinbürgerlichem Einschlag betrieb, während Lehi sozialistische Ideen verfolgte.

Beide, Etzel und Lehi, konkurrierten miteinander um eine begrenzte Anhängerschaft; einig waren sie sich jedoch im Kampf gegen die britische Mandatsmacht, in ihrer Gegnerschaft zur »Jewish Agency for Palestine«, dem offiziellen Repräsentanten des jüdischen Volkes, und in ihrer grundsätzlichen Rivalität mit der Haganah. Der Lehi war zweifellos die radikalere Gruppe, die bedenkenlos zum Mittel des massiven individuellen Terrors griff.

Großbritannien hatte Palästina 1915 im Krieg gegen das Osmanische Reich erobert. Zwar garantierte der britische Außenminister Balfour im November 1917 Chaim Weizmann, dem Präsidenten der Zionistischen Weltorganisation, in der später so genannten Balfour Declaration die Schaffung einer nationalen Heimstätte der Juden, doch dessen ungeachtet ließ sich Großbritannien im Jahre 1920 Palästina als Mandat des Völkerbundes übertragen. Es unterstand einem britischen Hochkommissar. Die zunehmende jüdische Einwanderung führte zu großen Spannungen mit der Mandatsmacht und mit der arabischen Bevölkerung Palästinas, bereits ab 1929 kam es zu blutigen Auseinandersetzungen, die in den dreißiger Jahren an Härte zunahmen. 1939 wurde auf einer Konferenz in London festgelegt, dass binnen zehn Jahren ein unabhängiger, binationaler Staat auf dem Boden Palästinas zu schaffen sei. Gegen das kaum realisierbare Staatskonzept, insbesondere gegen die von den Briten stark reglementierte jüdische Einwanderung, liefen Zionisten wie Revisionisten Sturm.

Ende der dreißiger Jahre betrieben sowohl der Etzel als auch die Zionistische Organisation systematisch die illegale Einwanderung. So kamen 1939 mit Hilfe der Haganah etwa 20 000 jüdische Siedler ohne Erlaubnis der Mandatsmacht ins Land. Großbritannien sah sich daher im Mai 1939 gezwungen, die Entwicklung durch ein »Weißbuch« zu steuern. Die Bestimmungen dieses »Weißbuchs« schränkten den Landkauf durch jüdische Siedler ein und reglementierten die jüdische Einwanderung durch eine niedrige Quote, damit der Anteil der Juden in dem zu gründenden Palästina-Staat ein Drittel der Bevölkerung nicht übersteigen konnte – was vor dem Hintergrund der Verfolgung der Juden in Deutschland als zynische Provokation empfunden wurde. Die Briten zogen die geschätzte Zahl der illegal ins Land gekommenen Siedler von der offiziellen Quote der Einwanderer ab und belegten das Land mit einer sich ständig verschärfenden Seeblockade. Infolgedessen griffen Etzel und Lehi immer mehr zum Mittel des Terrors gegen die britische Mandatsmacht.[1]

Im Jahre 1940 starb Wladimir Jabotinsky. Nach seinem Tod leitete Jakov Meridor einige Zeit den Irgun, bis im Oktober 1943 der Rechtsanwalt Menachem Begin (1913–1992) zum Kommandanten des Etzel ernannt wurde. Begin stammte aus Brest-Litowsk, hatte im polnischen Betar eine führende Rolle gespielt und war einer der engsten Vertrauten Wladimir Jabotinskys gewesen. Ganz in dessen Sinne forderte er im Herbst 1938 auf dem dritten Weltkongress des Betar in Warschau, dass eine Armee Palästina erobern solle, eine Armee aus Betaristen. Im September 1939, nach Ausbruch des Zweiten Weltkrieges, floh Begin nach Litauen, wo er von den Sowjets verhaftet und als »Zionist« – also nach sowjetischem Verständnis ein »Agent des Imperialismus« – angeklagt wurde. Das Urteil: acht Jahre Gefängnis. Nach eineinhalb Jahren in einem sibirischen Gefangenenlager wurde er gemäß dem Stalin-Sikorski-Abkommen entlassen, das polnischen Gefangenen die Möglichkeit geben sollte, gegen Deutschland zu kämpfen. Mitte 1942 traf Begin in Palästina ein, um im Oktober 1943 die Leitung des Irgun Zwai Leumi zu übernehmen. Unter seinem Oberkommando verfolgte der Etzel, ebenso wie der Lehi und die Haganah, eine zweigleisige Politik: Um Großbritannien als Gegner Deutschlands nicht zu schwächen, stellte man den Kampf gegen die Mandatsmacht ein, trieb jedoch die jüdische Einwanderung nach Kräften voran. Als Anfang 1944 der Sieg der Alliierten über Nazi-Deutschland absehbar war, griffen Etzel und Lehi die britische Mandatsmacht mit neuen Terroranschlägen an. Im November 1944 ermordeten zwei Lehi-Aktivisten Lord Moyne, den in Kairo residierenden britischen Minister für den

Nahen Osten (und Freund Churchills). Lord Moyne war Londons wichtigster Mann in der Levante.

Der lange vor Kriegsende wieder einsetzende Terror stieß in der jüdischen Bevölkerung Palästinas auf ein zwiespältiges Echo und führte zu einem schweren Zerwürfnis zwischen Etzel und Haganah. In der Folge machte die Haganah Jagd auf Irgun-Leute, nahm sie gefangen und lieferte sie an die Briten aus. Zu Hunderten wurden Begins Anhänger in britische Internierungslager in Ostafrika verbannt. Begin selbst musste sich im Untergrund verborgen halten; sein Versteck wurde zwar verraten, doch durch einen Zufall war er abwesend und konnte gewarnt werden.[2] Auf Eliezer, den Chef des Etzel-Geheimdienstes »Delek«, hatten es die Haganah-Aktivisten ebenfalls abgesehen.

Über den »Delek« ist nur wenig bekannt. Seine Vorgeschichte verliert sich in den improvisierten Anfängen des Etzel in den dreißiger Jahren. Mit Eliezer bekam der Nachrichtendienst 1944 erstmals einen regulären – und ausgesprochen fähigen – Chef. Die Tätigkeit des »Delek« war zugeschnitten auf die Ziele des Irgun und auf das politische Terrain, in dem er handelte. Sie bestand im Wesentlichen im Erkennen lohnender Angriffsziele der britischen Mandatsmacht, im Beschaffen von Informationen über die Briten, in der Beobachtung anderer Untergrundorganisationen und in Maßnahmen gegen Spionage und Sabotage in den eigenen Reihen. Angesichts einer Untergrundorganisation, die zu ihren besten Zeiten gerade mal fünfzig Aktivisten ständig im Einsatz hatte – bei 3000 Mann, die nach Bedarf aktiviert werden konnten –, kann der »Delek« nicht viel mehr als ein Ein-Mann-Betrieb Eliezers gewesen sein. Über seinen Erfolg sagt dies nur wenig, und wenn man den Worten des Chef-Propagandisten Shmuel (Samuel) Katz Glauben schenken kann, war der »Delek« sehr weit verzweigt.[3] Unter der Tarnung eines unscheinbaren Geschäftsmannes, der mit Reißverschlüssen handelte, fuhr Eliezer durch Palästina: Bekam in einem Café zugetragen, wann der nächste Transport der Löhne und Gehälter der Briten losfahren und welche Route er nehmen würde; hörte sich während einer

Busfahrt an, dass ein »Freund« beim Einwohnermeldeamt untergekommen sei; erhielt an einem Zeitungskiosk einen Zettel mit Informationen über einige britische Militärzüge; gab in Auftrag zu erkunden, ob britische Offiziere im Hauptquartier erpressbar seien. Wie die Arbeit des Nachrichtendienstes beschaffen war, zeigt auch die Karriere Jakov Amramis (1916–1996). Als langjähriger Polizeibeamter im britischen Mandatsgebiet kam er an wichtige Informationen heran, die er an den Irgun weitergab. Wie von selbst wuchs er allmählich in die Geheimdienstarbeit hinein und konnte 1944 die Nachfolge Eliezers antreten. Als er die Leitung 1946 abgab, nannte er sich Joel Eilberg.

Eliezer war ein guter Mann – so gut, dass die Haganah alles daransetzte, ihn in ihre Hand zu bekommen. Er wusste, dass man ihn jagte, und war auf der Hut. Im Dezember 1944 entkam er mit knapper Not einem Entführungskommando, doch im Februar 1945 war es so weit: Am helllichten Tag wurde er auf offener Straße von einem angeblichen Hilfspolizisten und einigen Helfern in Zivil mit einem Wagen gekidnappt, in einen Kibbuz gebracht und unter Folter verhört. Er widerstand Schlafentzug, massiven Schlägen, mehreren Scheinexekutionen. An das Bett gefesselt, ständig im Dunkeln liegend, trat er in den Hungerstreik und forderte die reguläre Behandlung eines Kriegsgefangenen. In seinen Memoiren »The Revolt« schrieb Begin 1951: »Seine Lebensbedingungen waren so erbärmlich, dass seine Gesundheit dauerhaft ruiniert wurde. Aber seinen tapferen Geist konnten sie nicht brechen.« Als die Haganah nach Ende des Zweiten Weltkriegs wieder mit dem Etzel zusammenarbeiten wollte, stellte Begin zwei Bedingungen: die Beendigung aller Verfolgungen und die Freilassung Eliezers. Im August 1945, nach einem halben Jahr in Gefangenschaft, war der nach Begin wichtigste Mann wieder frei. Er hatte der Folter widerstanden. Von ihm wird noch zu reden sein.[4]

Schon bald nach Kriegsende begann Etzel einen Zweifrontenkrieg. Im Land setzte Begin die Briten mit Dutzenden präzise geplanter Terrorangriffe unter Druck, deren bekanntester der Bombenanschlag auf das britische Hauptquartier im Jerusalemer King-David-Hotel am 22. Juli 1946 war. Der Anschlag forderte 91 Menschenleben, 45 Personen wurden verletzt. Die Nachricht der Terroristen, sie hätten die Briten rechtzeitig und mehrfach vor dem Anschlag gewarnt, so dass das Gebäude hätte geräumt werden können, ist vermutlich keine Propaganda-Lüge: Zahlreiche Anschläge von Etzel lassen das Bestreben erkennen, Menschenleben zu schonen. Begin, dem es auf psychologische Wirkung und Propaganda-Erfolge ankam, nicht auf eine Anzahl von Toten, wollte den Briten demonstrieren, dass sie auf Dauer im Lande nicht bestehen konnten. Aufgrund ihrer Militärmacht schienen die als Besatzer empfundenen Mandatsträger jedoch am längeren Hebel zu sitzen: Vor der Küste Palästinas fingen sie ein Flüchtlingsschiff nach dem anderen ab, voll mit tausenden Überlebender des Holocaust, internierten die Passagiere auf Zypern oder schickten sie unter den unwürdigsten Bedingungen wieder nach Europa. Unvergessen ist das Schicksal der »Exodus«, deren Insassen – allesamt Überlebende der Konzentrationslager – im Sommer 1947, in großen Käfigen gehalten, nach langer Irrfahrt ausgerechnet zurück nach Hamburg gebracht wurden.

Die Fluchthilfe aus Europa wurde von der Bricha (wörtlich: Flucht) betrieben, einer weitgespannten Truppe aus Aktivisten der Haganah, des Irgun und anderen Organisationen, in der sich Improvisation, Organisationstalent, Geschick und Entschlossenheit meisterhaft ergänzten.[5] Doch welchen Nutzen hatte die halb Europa umfassende Fluchthilfe, wenn die nach Zehntausenden zählenden Überlebenden des Holocaust, die aus Osteuropa herausgeholt wurden, nach wochenlanger Reise vor der Küste Palästinas von britischen Kriegsschiffen abgefangen wurden? Die Heimkehr ins Gelobte Land war das Nadelöhr der gesamten, halb Europa umspannenden Fluchthilfe. Daher entschloss sich der Etzel, in der Diaspora eine zweite Front zu eröffnen, die mehrere Ziele verfolgen sollte: den Aufbau einer europaweiten Organisation des Irgun Zwai Leumi, die forcierte Auswanderung nach Palästina und den Kampf gegen die Briten. Da Italien das Schlüsselland der jüdischen Auswanderung war – von dort gingen die meisten Schiffe nach Palästina –, schickte Begin seinen besten Mann nach Rom. Auf einem Öltanker traf der Irgun-Aktivist Anfang 1946 in einem italienischen Hafen ein. Es war Eliezer, der Mann mit der ruinierten Gesundheit. Aber sein Name war ohnehin falsch. Wittlin stand in seinem Pass. Es war sein neuer Deckname.[6]

Begin entsandte Dutzende Untergrundkämpfer an die zweite Front in Europa. Im Februar 1946 traf Shmuel Ariel in Frankreich ein, er sollte sich um die politische Arbeit und um die Emigration kümmern. Er agierte sehr erfolgreich und konnte dank der latenten Sympathie Frankreichs für die jüdischen Freiheitskämpfer ausgezeichnete Kontakte zu den französischen Behörden knüpfen. Ende Oktober 1946 traf Yaakov Amrami alias Joel Eilberg, der ehemalige Chef des »Delek«, zu einem kurzen Gastspiel in Rom ein: Er sollte zwei Koffer im Eingang eines bestimmten Gebäudes abstellen, worüber kurz darauf alle europäischen Zeitungen in großer Aufmachung berichteten. Wenig später wurde er von Paris aus mit einem Sonderauftrag nach London entsandt: Er war ausersehen, das Todesurteil an General Evelyn Barker zu vollstrecken, dem ehemaligen Kommandeur der britischen Streitkräfte in Palästina.[7] In Norddeutschland arbeitete Itzchak Raviv, ein Pole aus Baranowicze, der bereits 1938 in seiner Heimat zum Kommandanten des Irgun ausgebildet worden war und in der Roten Armee gegen Nazi-Deutschland gekämpft hatte. In Bergen-Hohne in der Lüneburger Heide, dem einzigen jüdischen DP-Lager in der britischen Besatzungszone, baute er Irgun-Zellen auf. Im Januar 1947 kam Eliyahu Lankin, mit Tarnnamen »Benyamin«, als Kommandeur nach Paris. Er sollte im Sommer 1948 das Schiff »Altalena« mit 900 freiwilligen Soldaten und Kriegsmaterial nach Palästina führen. Anfang Mai 1947 wurde der Operations-Chef Eitan Livni aus dem Gefängnis Acre befreit und ging als Kommandant nach Europa. Der erfahrene Organisator der präzise geplanten Anschläge, die die Briten in Palästina das Fürchten gelehrt hatten, sollte auch in Europa gegen britische Ziele kämpfen. Ebenfalls im Frühsommer 1947 tauchten Aryeh

Kommandant Menachem Begin küsst die Fahne des Irgun Zwai Leumi.

Ben Eliezer und Yaakov Hillel in Paris auf, nachdem sie aus britischen Internierungslagern in Afrika hatten fliehen können. Zeitweise war auch Amichal Paglin, genannt »Gidi«, in Europa,
Livnis Nachfolger als Operations-Chef an der Heimatfront, ein
Spezialist für den Bau von Sprengsätzen aller Art. Den Kontakt
zwischen dem Hauptquartier in Palästina und der zweiten Front
in Europa hielt Shmuel Katz, Chef-Propagandist des Etzel.[8]

Außer den Irgun-Gruppen in Italien und Frankreich wurden
weitere geheime Zellen aufgebaut, unter anderem in Deutschland
(München), in der Schweiz (Zürich), Österreich (Wien, Linz) und
Belgien (Brüssel). Da die Hauptroute der Auswanderer aus Osteuropa auf dem Landweg zunächst durch die Tschechoslowakei
und Österreich führte, wurde Prag als Drehscheibe immer wichtiger. Umso erfreulicher war es, dass dort ein junger Slowake aus
Piestany arbeitete, der dank seiner Fähigkeiten in kurzer Zeit in
der Bricha eine herausragende Aufgabe übernahm. Ende 1948
war der Irgun in 22 Ländern vertreten.[9]

Das Jahr 1946, das überwiegend dem Aufbau des Etzel in Europa diente, verlief mehr oder weniger ruhig. Elizier hatte in Italien leichtes Spiel: In den zahlreichen DP-Lagern lebten rund tausend Betaristen aus Osteuropa, er traf Dutzende Irgun-Leute aus der Vorkriegszeit, die den Holocaust überlebt hatten. Es war für Elizier, der ständig unterwegs war, mehr als leicht, sie wieder für Etzel anzuwerben. Die italienischen Behörden wussten mehr oder weniger, mit wem sie es zu tun hatten, und waren nachsichtig – sofern die Briten im Lande nicht allzu sehr Druck machten. Auch in Frankreich standen die Dinge ausgezeichnet, Ariel unterhielt beste Beziehungen zu den Ministerien, der Aufbau des Irgun Zwai Leumi ging schnell voran. So reifte im Oktober 1946 im Etzel-Hauptquartier in Palästina der Entschluss, nun loszuschlagen. Chef-Propagandist Shmuel Katz reiste nach Paris, wo er sich mit Elizier traf, las ihm aus seinem Notizbuch chiffrierte Anweisungen vor und gab ihm ein Paar neue, viel zu enge Schuhe, die er zu seinem Leidwesen während der Reise von Palästina nach Paris hatte tragen müssen. In den Sohlen waren weitere geheime Anweisungen fest verleimt worden. Sie enthielten unter anderem Eliziers Beförderung zum Etzel-Chef für ganz Europa – und den lang erwarteten Befehl, endlich loszuschlagen.[10] Eliezer alias Wittlin, der Mann mit der ruinierten Gesundheit, reiste unverzüglich nach Italien zurück und machte sich an die Arbeit.

Es sollte ein wuchtiger Schlag gegen die Briten werden. Unter der Planung und Leitung von Eliezer alias Wittlin sowie Dov Shilanski[11] herrschte strenge Arbeitsteilung: Einige Etzel-Leute erkundeten das Ziel, andere bauten die beiden Kofferbomben, für die zusammen fünfzig Kilogramm Sprengstoff verwendet wurden, ein Team bereitete sich vor, die Kommuniqués in Englisch und Italienisch zu vervielfältigen und zu verbreiten. Drei Leute würden aus Palästina kommen, hieß es, um die Sprengsätze am Objekt zu deponieren. Unmittelbar danach sollten sie Italien sofort verlassen. Keine Gruppe sollte mehr als nötig mit den anderen Teams zu tun haben.

Italien war aufgrund seiner Mittelmeerhäfen eines der wichtigsten Länder für die »Aliyah B«, die illegale jüdische Auswanderung. Doch mitten im Land saß der Feind: In seiner römischen Botschaft koordinierte Großbritannien den Kampf gegen die Auswanderung. Insofern war das Gebäude an der Via XX Settembre 68 für Etzel ein Ziel von höchstem Symbolwert. Am 30. Oktober 1946, am Tag des geplanten Anschlags, brachten zwei Teams zu je zwei Mann die Kofferbomben nach Rom. Shilanski nahm die Sprengsätze entgegen und befahl den Leuten, die Stadt sofort zu verlassen. Dann traf Eliezer mit den drei Aktivisten ein, die die Sprengsätze zur Britischen Botschaft bringen sollten. Das Trio nahm die Koffer an sich und fuhr mit dem Taxi zu einer Pension. Nachts um 23 Uhr sollte der Anschlag stattfinden, doch es kam zu Verzögerungen, von denen noch zu reden sein wird. Nachdem Eliezer einen letzten Kontrollgang zur Botschaft gemacht hatte, holte ein Irgun-Mann die drei Gäste mit ihren Koffern in der Pension ab und brachte sie mit dem Taxi in die Nähe der Botschaft. Ein Aktivist des Teams stellte die Uhren auf zehn Minuten ein, ein anderer postierte Schilder, die Passanten vor der Gefahr warnen sollten. Anschließend brachten sie die Sprengsätze zum Haupteingang des Gebäudes. Ein Liebespaar stand Schmiere, es regnete leicht. Im letzten Moment steckte ein italienischer Wächter den Kopf aus der Botschaft, blickte prüfend in den Himmel, sah drei späte Spaziergänger und ein Pärchen im Regen, hielt alles für normal und verschwand. So schnell es ging, suchten die Bombenleger das Weite. Minuten später, genau um 2 Uhr 46 am 31. Oktober, krachte es ohrenbetäubend. Die heftige Explosion war fast in der ganzen Stadt zu hören.[12]

Die Wucht der Druckwelle war so groß, dass die Fassade des Gebäudes, mehrere Stockwerke hoch, völlig abgerissen wurde. Tote waren nicht zu beklagen; ein Passant, der eines der Warnschilder gesehen und sich neugierig dem Gebäude genähert hatte, war leicht verletzt worden. Außer einigen – fehlerhaft geschriebenen – Warnschildern »Atenzione miny« fand die Polizei kaum Spuren am Tatort. Anhand der Warnschilder war offensichtlich, dass die Attentäter Ausländer sein mussten: Beim Wort »attenzione« war ein »t« ausgelassen, »miny« ist polnisch und bedeutet »Sprengsätze«. Einige Tage tappten die Ermittler im Dunkeln, bis wenig später in Rom an verschiedenen Stellen Bekennerschreiben des Irgun Zwai Leumi in Englisch und Italienisch auftauchten, auch ein persönliches Schreiben an den italienischen Ministerpräsidenten De Gasperi war darunter. Unter dem Druck des amerikanischen Geheimdienstes CIC und der Briten konnte die italienische Polizei einen Narducci ausfindig machen, der den Etzel-Leuten ahnungslos erlaubt hatte, in seiner Wohnung Bekennerschreiben und Propaganda-Schriften zu vervielfältigen. Tagelang legten sich Polizeibeamte auf die Lauer, am neunten Tag hatten sie Glück: Es erschien ein Mann namens Dov Gurwitz, der bei der Vernehmung nach einigem Leugnen zugab, Schriftstücke auf einer Vervielfältigungsmaschine abgezogen zu haben. Er berichtete beiläufig, er habe zufällig gehört, dass Narduccis Bruder Schuster sei, und habe ihn fragen lassen, ob er ein Paar Schuhe für ihn reparieren könne. Ein Mitglied des Irgun, sagte er der Polizei, habe ihm die Schuhe gegeben. Leider sei ihm der Name entfallen. »Aus der Art, wie die Schuhe aufgeschnitten waren, sei klar gewesen, dass sie geheime Weisungen enthalten hatten«, heißt es ahnungslos im Untersuchungsbericht der Polizei.[13] Es waren die Schuhe Eliezers, des Organisators des Anschlags, der sie hatte aufschneiden müssen, um an die geheimen Anweisungen aus Palästina zu kommen.

Gurwitz meinte es gut mit den Kriminalbeamten. Freundlich versicherte er ihnen, dass seiner Ansicht nach »höchstens drei Personen« die Verantwortlichen des Anschlags seien. Die drei seien Ende Oktober aus Palästina gekommen und hätten Italien am 1. November wieder verlassen. Ihre Namen kenne er bedauerlicherweise nicht. Erst viele Jahre später ist bekannt geworden, wer das Trio war: Ihre Namen sind Joel (»Joe«) Eilberg (der ehemalige »Delek«-Chef Yaakov Amrami), Ychiel Kadischai (»Simon«) und Menachem Spiegler, genannt »Julek«.[14] Die römische Polizei bekam sie zu keiner Zeit zu Gesicht – mit Ausnahme eines

Polizisten, der angeblich drei vom Tatort wegeilenden Männern hinterherschoss, aber keinen traf.

Doch unter den Irgun-Leuten gab es ein Opfer. Israel Epstein war, aus Palästina kommend, in Rom auf der Durchreise eingetroffen, er sollte in Paris Shmuel Ariel ablösen. Zufällig kam er genau zum Zeitpunkt des Anschlags in Rom an und wurde festgenommen. Als einem bekannten Etzel-Aktivisten stand ihm die Auslieferung an die Briten und damit die Verbannung in ein Internierungslager in Ostafrika bevor. Ein Aktivist namens Jakov Hewel[15], Eliezers Adjutant, nahm Kontakt mit ihm im Gefängnis auf und drängte zur Flucht. Er schmuggelte ein Seil zu ihm und schenkte den Gefängniswärtern mit Chloroform getränkte Bonbons. Zunächst ging alles gut: Die Wächter lutschten wie erwartet ihre Bonbons und wurden prompt schläfrig, Epstein holte den Strick hervor, öffnete ein Fenster und begann mit dem Abseilen. Dabei machte er Lärm, ein Wächter schreckte hoch, alarmierte seinen Kollegen und schoss auf den Flüchtenden, der am Seil hing. Epstein wurde im Magen getroffen und starb zwei Tage später im Krankenhaus.[16]

Es ist möglich, dass der Anschlag von Rom im Oktober 1946 das Vorbild für das versuchte Attentat auf Adenauer im März 1952 war. Die Münchner Ermittler müssen geahnt haben, dass sie dort fündig werden könnten, und ließen sich den 40-seitigen Abschlussbericht aus Rom[17] kommen, der eigens übersetzt worden war. Sie gingen alle Namen durch, prüften Geburtsdaten und -orte, ob eine Person darunter sei, die auch bei ihnen auf der Liste der Verdächtigen stand. Die Brüder K. waren nicht darunter, auch kein Constantinescu und Goldberg, weder Rosenberg noch Farshtej. Wittlin, der im Bericht kurz erwähnt ist, gab ihnen zu denken, der Name ist dick unterstrichen. Doch aus Wittlin war die römische Polizei nicht recht schlau geworden (oder sie unterschlug ihr Wissen): Vier Tage vor dem Anschlag war der Mann in Mailand wegen des Verdachts auf Waffenhandel mit Palästina verhaftet worden. Der Verdacht traf mit Sicherheit zu, die Beschaffung von Kriegsmaterial für die Heimat war sein Auftrag.

Doch der Bericht vom 22. Dezember 1946 enthält nicht mehr die Information, dass Wittlin Ende Dezember in Rom ein zweites Mal verhaftet wurde und zwei Monate im Gefängnis Regina Coeli einsaß. Nun stand er im Verdacht, der Organisator des Anschlags von Rom zu sein. Hewel, sein Adjutant, ist im Untersuchungsbericht der römischen Polizei mit keinem Wort erwähnt; er muss den Beamten völlig entgangen sein.

Und doch waren die Römer dichter an der Gruppe dran, als sie dachten: Sie hatten mit Wittlin den Hauptorganisator verhaftet, die graue Eminenz im Hintergrund. Doch das war ein alter Fuchs, erprobt in harten Verhören, kampferfahren und selbstbewusst. Über seine angeblich ruinierte Gesundheit wird er nicht geklagt haben. Zusätzlich hatte die römische Polizei zwei Irgun-Leute, Dov Gurwitz und Tiburzio Deitel[18], festnehmen können. Sie hatte alle Tätigkeiten der Propaganda-Zelle ermittelt, die für den Anschlag gebildet worden war – was den deutschen Ermittlern nicht gelungen war: Die in Zürich vermutete Irgun-Gruppe, die die Kommuniqués nach Paris und Den Haag geschickt hatte, ist nie bekannt geworden. Und doch war die römische Polizei mit den Ermittlungen deutlich überfordert, sie kam mit der Mentalität der Verdächtigen nicht zurecht.[19] Die meisten von ihnen waren Etzel-Aktivisten, die die illegale Auswanderung betrieben.

Was den Anschlag von Rom so wichtig macht, für Etzel *damals* und für die Rekonstruktion des Attentats auf Adenauer *heute*, ist seine ungeheuer große psychologische und propagandistische Wirkung. Bereits zwei bedeutende Siege hatte der Irgun 1946 errungen. Im Frühjahr hatten Etzel-Aktivisten 22 Kampfflugzeuge der Royal Air Force auf dem Flugfeld von Kastina in Palästina am Boden zerstört – »wirkungsvoll wie ein Sieg nach einem größeren Luftkampf«, schrieb Shmuel Katz in seinen Memoiren über den in Großbritannien stark beachteten Erfolg. Im Sommer hatte Etzel einen Flügel des King-David-Hotels mit dem britischen Armeehauptquartier in die Luft gejagt. Und nun der Anschlag auf die britische Botschaft in Rom. »Auf der Stelle nahm ich einen Zug nach London«, berichtete Katz. In der Hauptstadt des Gegners wollte er die Stimmung erfühlen, die Reaktionen der Politiker erfahren, sich an den Kommentaren in den Zeitungen weiden. Für den Chef-Propagandisten war es ein Triumph auf der ganzen Linie: »Ich konnte kaum glauben, was ich in London alles sah und hörte während der drei Tage, die ich dort verbrachte«, schrieb Katz. »Am Tag meiner Ankunft, als ich mit dem Bus die Regent Street hinunterfuhr, sah ich … die Schlagzeile des Tages: Irgun bedroht London. Diese Kurzformel entsprach dem, was die *Evening News* unter einer über die ganze Seite gehenden Hauptschlagzeile zu berichten hatte. Die jüdischen Terroristen planten, so meinte das Blatt, Regierungsgebäude zu sprengen, Persönlichkeiten des öffentlichen Lebens zu töten, Sabotageakte gegen industrielle Anlagen sowie gegen große Hotels, Telefonzentralen und sonstige Posteinrichtungen zu verüben.«[20] Nach dem völlig unerwarteten Anschlag stand Großbritannien unter Schock. In der Bevölkerung breitete sich eine hysterische Stimmung aus, man befürchtete, die Agenten des Irgun und des Lehi seien bereits nach Großbritannien eingeschleust worden. Seinem Ziel, die Briten aus Palästina hinauszubomben, war der Etzel einen großen Schritt nähergekommen.

So falsch lagen die Briten nicht. Immerhin wurde kurz darauf Amrami alias Eilberg, einer der Kofferträger von Rom, mit einem Privatflugzeug nach Großbritannien eingeflogen, um General Barker zu töten, den ehemaligen Kommandeur der britischen Streitkräfte in Palästina. Angesichts der Hysterie und Wachsamkeit im Lande musste er scheitern. Kein einziger der zahlreichen Terrorakte, die der Irgun danach ausführte, konnte die Wucht des Sprengstoffanschlags von Rom entfalten; manche blieben bereits in der Planung stecken. Sie waren nur Nadelstiche, kleine Ärgernisse, geringfügige Behinderungen eines Gegners, der immer noch eine Weltmacht war. So trafen Etzel-Aktivisten im Sommer 1947 in der Nähe von Hannover wochenlang Vorbereitungen, einen britischen Militärzug zu sprengen, hatten aber keinen Erfolg.[21] Drei Personen erhielten Gefängnisstrafen von je 20 Jahren; aufgrund einer Intervention des israelischen Außenministeriums wurden sie 1950 freigelassen.[22] Im US-Hauptquartier in Frankfurt entwendeten Angehörige des Irgun Munition, was erst am 7. September 1947 bekannt wurde. Mitte September 1947 kündigte der Irgun an, britische Verbindungsoffiziere in der US-Zone zu ermorden, falls Großbritannien die Einwanderungsbestimmungen für Palästina nicht lockern sollte.[23] Am 21. März 1948 überfielen Aktivisten ein britisches Militärlager bei Göttingen[24] – mit geradezu prominenter Besetzung: Unter den Kämpfern waren Menachem Spiegler als Kommandant, Dov Shilanski, Eitan Livni und Moshe Feldenkrais.[25]

Anfang August 1947 begann der Irgun mit Terroranschlägen in Österreich. Am 12. August 1947 verübten Aktivisten einen Bombenanschlag auf einen britischen Militärzug bei Mallnitz: Sechs Waggons entgleisten und stürzten bergwärts, so dass weder Tote noch Schwerverletzte zu beklagen waren. In der Nähe wurden einige Verdächtige verhaftet, darunter ein polnischer Jude aus der US-Zone, der zwei Pistolen und falsche Papiere bei sich hatte. Man konnte ihm nichts nachweisen, doch ein britisches Militärgericht verurteilte ihn wegen unerlaubten Waffenbesitzes, gefälschter Ausweispapiere und illegalen Grenzübertritts zu dreieinhalb Jahren Gefängnis. In der Nacht des 14. August 1947, kurz nach zwei Uhr, explodierten in den hinteren Kellerräumen des Hotels »Sacher« in Wien zwei Brandbomben. In dem von der britischen Besatzungsmacht genutzten Hotel entstand lediglich geringer Schaden. Kurz nach dem 14. August 1947 ereignete sich eine Bombenexplosion in Velden außerhalb des Hauptquartiers einer britischen Armeeeinheit.[26] Ein spektakulärer Angriff, die später so genannte Schlacht im Wiesenhof, fand in der Nacht vom 26. September 1947 im DP-Lager Gnadenwald in Tirol statt. Etwa 100 »Displaced Persons« aus Rumänien, Anhänger des radikalen revisionistischen Flügels der Zionisten und des Irgun, versuchten das Lager mit Waffengewalt zu stürmen und zu besetzen. Die Franzosen konnten den Angriff abwehren, wobei eine Person getötet, mehrere schwer verletzt und etwa 70 Personen verhaftet wurden. Der Kampf, der auf einen Konflikt des Irgun mit der Haganah zurückzuführen war, hatte für Etzel negative Folgen: Nach diesem Überfall gab die Bricha ihre neutrale Haltung auf, so dass die Haganah den Irgun aus der Fluchthilfeorganisation verdrängen und alle Zentren übernehmen konnte.[27] Im Herbst 1947 detonierten mehrere Flugblatt-Bomben vor den Toren jüdischer DP-Lager. Auf diese Konstruktionen, spezielle Sprengsätze zur explosiven und dementsprechend nachdrücklichen Verteilung von Flugblättern, gab es ein israelisches Patent.[28] Am 19. März 1948 verübte der Irgun einen nächtlichen Sprengstoffanschlag auf das Park-Hotel in Wien-Hietzing, den Sitz des britischen Hauptquartiers. Es gab eine Tote, drei Schwerverletzte und eine größere Zahl Leichtverletzter.[29]

Der Terror griff auch auf Großbritannien über. Am 16. April 1947, dem Tag der Hinrichtung von drei Terroristen in Palästina, entdeckten Kriminalbeamte von Scotland Yard im Kolonial-Ministerium in London eine Zeitbombe. Im Juni des Jahres wurden in Briefen an britische Kabinettsminister Bomben entdeckt – die ersten Briefbomben außerhalb Palästinas. Am 3. September 1947 explodierten in London beim Sortieren der Post für das Kriegsministerium Briefbomben, zwei Personen wurden verletzt. Eine Buchbombe tötete Rex Farran Anfang Mai 1948 – ein Versehen, denn das Paket (mit der ersten Buchbombe außerhalb Palästinas) war an seinen Bruder adressiert, einen britischen Offizier in Palästina. Auch bei General Evelyn Baker versuchte es der Irgun abermals: Der ehemalige britische Befehlshaber in Palästina erhielt am 11. Mai 1948 eine Briefbombe, die jedoch entschärft werden konnte.[30]

In Frankreich hielten sich die Freiheitskämpfer des Etzel zurück, schließlich war dort ihr Europa-Hauptquartier, in dem alle Fäden zusammenliefen. Mit der Regierung in Paris gab es ein Gentlemen's Agreement: Der Irgun hatte freie Hand, solange man die französischen Gesetze beachtete. Als absehbar war, dass es nach dem Ende des britischen Mandats zum Krieg mit den Arabern kommen würde, erwarb die Pariser Zentrale in der Avenue de Massine 18 im Frühjahr 1948 das Schiff »Altalena«, um

Auswanderer und große Mengen Waffen und Munition nach Palästina zu bringen. Aus allen möglichen Quellen, aus Spanien, von der Résistance, aus ehemaligen Wehrmachtsbeständen erwarb der Irgun Waffen, Munition und Sprengstoff. Im Mai konnte Ariel sogar die Zusage Frankreichs für eine große Lieferung an Waffen und Munition erreichen, die die Zentrale noch vor Ausrufung des israelischen Staates am 14. Mai 1948 nach Palästina bringen wollte. Doch die Abreise von Port-de-Bouc bei Marseille verzögerte sich Woche um Woche. Als die »Altalena« schließlich mit 900 freiwilligen Irgun-Kämpfern Mitte Juni 1948 vor der israelischen Küste eintraf, befand sich der neugegründete Staat in einer außen- und innenpolitisch labilen Lage: Der am 11. Juni durch Vermittlung der UNO zustande gekommene Waffenstillstand mit den arabischen Kriegsgegnern drohte durch das Schiff, voll mit Kriegsfreiwilligen und Militärnachschub, in Gefahr zu geraten. Zum anderen bestand David Ben Gurion, Ministerpräsident der provisorischen Regierung, strikt darauf, dass alle militärischen Organisationen, vom Lehi über Etzel bis zum Eliteverband Palmach, aufgelöst wurden – mit Ausnahme der Haganah. Begin hatte die Forderung akzeptiert und sich bereit erklärt, alle Bestände an Waffen, Munition und Sprengstoff an die Haganah zu übergeben. In der Übergangszeit, in der es noch kämpfende Irgun-Verbände gab, ordnete er an, dass seine Soldaten die »Altalena« entladen sollten. Ben Gurion verstand dies als Auftakt zum Bürgerkrieg. Er ließ den Strand von Kfar Vitkin, wo das Schiff gelöscht wurde, besetzen und konfrontierte Begin mit dem Ultimatum, binnen zehn Minuten Schiff und Waffen zu übergeben. Nach einem Schusswechsel ging Begin an Bord und verlegte das Schiff nach Tel Aviv, wo die »Altalena« am 22. Juni 1948 von der Haganah in Brand geschossen wurde und sank. Dem Etzel-Kommandanten blieb nichts anderes übrig, als klein beizugeben. In einer Radioansprache an das jüdische Volk gelobte er mit tränenerstickter Stimme seine Loyalität gegenüber dem neugegründeten Staat. Es war offenkundig, dass er die Situation völlig falsch eingeschätzt hatte: Er wollte Israel die dringend benötigten

Waffen geben und sah sich unerwartet in einen politischen Machtkampf verstrickt, den er nicht gewollt hatte und nicht bestehen konnte. Begin hat diese traumatische Erfahrung nie verwinden können.[31]

Der 17. September 1948 war für Begin und den Irgun Zwai Leumi ein weiterer Wendepunkt. An diesem Tag erschossen Terroristen in Jerusalem den UNO-Vermittler Graf Bernadotte und seinen Begleiter, den französischen Oberst André Serot. Die Gruppe Hazit Hamoledet, eine Splittergruppe des Lehi, bekannte sich zu dem Anschlag. Die israelische Regierung betrieb die Ermittlungen mit großem Nachdruck, was auch der Etzel zu spüren bekam. Unter der Androhung harter Strafen ordnete die Regierung schließlich die Auflösung des Irgun und des Lehi an. Dem kam Begin zuvor, indem er am 21. September 1948 von seiner Funktion als Oberkommandierender des Etzel zurücktrat und die Organisation für aufgelöst erklärte.

Die geänderte innenpolitische Lage war der eigentliche Grund für die rasche Auflösung des Etzel. Auch wenn Begin die Regierung unter Ben Gurion ablehnte, dem Führer der sozialistischen Arbeiterpartei Mapai, sah er in einem jüdischen Staat keinen Sinn in einer Fortsetzung der Untergrundtätigkeit. Er erkannte, dass er politisch nur überleben konnte, wenn er eine Position in der Innenpolitik des Landes einnahm. Daher hatte er bereits im Sommer 1948 mit einer Reihe seiner Kommandeure die Partei »Cheruth« (Freiheit) gegründet; in der Zionistisch-Revisionistischen Partei sah er für sich keine Zukunft. Bei den ersten Wahlen zur Knesset 1949 erzielte die Cheruth-Partei 11,52 Prozent der Stimmen und wurde drittstärkste Partei, für Begin ein enttäuschendes Ergebnis. Von den 14 Cheruth-Abgeordneten in der Knesset waren fast alle in der Mandatszeit Kommandeure des Etzel gewesen. Bei den Wahlen von 1951 wurde die Cheruth nur viertstärkste Partei und musste ihre Sitze in der Knesset fast halbieren, 1955 konnte sie die Verluste ausgleichen und wurde mit 15 Sitzen zweitstärkste Partei.[32] Ben Gurion ließ keine Gelegenheit aus, Begin und die Cheruth in der Innenpolitik auszugrenzen, doch man hielt durch. Die Zeit der Isolation endete 1965, als sich die Partei mit den Liberalen zum Gahal-Block zusammenschloss, um erstmals an einer Regierung teilzunehmen. Im Jahre 1973 vereinigte sich die Cheruth mit verschiedenen Parteien zum Likud-Block, der bis heute existiert. 1977 wurde Begin Ministerpräsident – als ehemaliger Chef einer Organisation, die für die einen Terror betrieben, für die anderen um die Freiheit Israels gekämpft hatte. Im März 1979 schloss er mit Ägyptens Präsident Sadat Frieden. Seine scharfen Angriffe gegen Bundeskanzler Helmut Schmidt im Mai 1981 wegen deutscher Panzerlieferungen an Saudi-Arabien blieben in Erinnerung; unter anderem warf er Schmidt vor, als Soldat Beobachter der Prozesse nach dem 20. Juli 1944 gewesen zu sein. Im September 1983 trat er als Ministerpräsident zurück. Damals wie heute gehen die Ansichten über ihn in Israel wie im Ausland auseinander.

Dies alles trug sich Jahrzehnte später zu. Im September 1948 war Etzel in Israel aufgelöst worden, doch in Europa gab es weiterhin die »zweite Front«. Die Aktivisten in der Diaspora hatten nicht ohne Erfolg gearbeitet und legten großes Selbstvertrauen an den Tag. Die Kommandeure in Paris und Brüssel, in München, Wien, Rom und Zürich dachten nicht daran, sich auflösen zu lassen. Man habe sich in der Diaspora gerade erst gruppiert, so die Stimmung unter ihnen, der Aufbau schreite gut voran, und es gebe noch sehr viel zu tun. Großbritannien als Hauptgegner war zwar abgetreten, aber an Gegnern war eigentlich kein Mangel.

Begin musste handeln. Am 20. Dezember 1948, auf dem Rückflug von New York nach Israel, legte er in Paris einen längeren Zwischenaufenthalt ein, um die Situation zu klären. Der neue Parteivorsitzende residierte im Hotel »Continental«, hielt vor französischen Juden eine Rede, die sehr gut aufgenommen wurde, genoss vielleicht auch den Empfang mit französischen Politikern und Helfern des Etzel, den der Irgun in Frankreich ihm zu Ehren gab.[33] Am 22. Dezember kam er zum eigentlichen Anlass seines Besuchs: Er lud seine Kommandeure zu einer Lagebesprechung ins Hotel »Royal Monceau« ein.[34] Auch Eliezer, der Mann mit der angeblich ruinierten Gesundheit, war anwesend. Die Aktivisten sparten nicht mit Kritik an der Cherut-Partei, hatte sie doch die verhasste Regierung im Lande akzeptiert. Die Irgun-Leute wollten sich nicht auflösen lassen, sie wollten weitermachen: In Israel waren ihre Ziele noch nicht verwirklicht, die Emigration der Juden aus Osteuropa musste besser organisiert werden, und sei es mit militärischen Mitteln. Und sie waren entschlossen, das Leben der Juden in der Diaspora zu verteidigen.

Ruhig hörte sich Begin seine Leute an, er ließ alle ausreden. In einer Unterbrechung der Sitzung bearbeitete er einige der Teilnehmer in Einzelgesprächen. Dann stellte er am 24. Dezember unmissverständlich klar, dass der Etzel aufgrund der innenpolitischen Lage in Israel aufgelöst werden müsse, und zwar überall, wo er tätig war, im Lande und in der Diaspora. »Die ehemaligen Kommandanten werden spontane Aktivitäten in der Diaspora nicht unterstützen, weil das nur unnötige Komplikationen bringen würde«, erklärte er kategorisch.

Nach diesem Machtwort war das Ende des Irgun Zwai Leumi gekommen – auch in Europa, wie es schien. Das Schweizer Konto des europäischen Irgun wurde aufgelöst, mit dem Geld finanzierte die Cheruth-Partei ihren Wahlkampf in Israel. Wohin die Vorräte an Waffen, Munition und Sprengstoff kamen, die man angesammelt hatte, ist nicht bekannt. Einige Aktivisten emigrierten nach Übersee, manche gingen nach Israel, nicht wenige blieben in Europa. Manche fanden sich mit der Entwicklung ab, andere haderten mit dem Schicksal. Es gab lose Gruppierungen und Seilschaften von Leuten, denen das, was geschehen war, nicht gefiel.

Menachem Begin kehrte nach Israel zurück – bereit, seine Rolle in der israelischen Politik zu suchen und zu übernehmen. Er wird gewusst haben, dass dies mit einem Ministerpräsidenten Ben Gurion nicht leicht sein würde. Der machtbewusste Regierungs-Chef war auf der Hut: Er befürchtete, dass Irgun und Lehi innerhalb der neuen israelischen Armee, vor allem aber in den neu zu schaffenden Geheimdiensten abgeschottete, unkontrollierbare Gruppierungen und Seilschaften bilden könnten, bereit zur Zusammenarbeit mit ausländischen Mächten, vor allem mit der Sowjetunion. Bei den gegebenen außenpolitischen und wirtschaftlichen Schwierigkeiten wäre das Land dann völlig unregierbar geworden. Daher baute Ben Gurion die Geheimdienste des Landes erst im Jahre 1949 auf, nachdem Irgun und Lehi vollständig aufgelöst waren. Der alte Mossad, der ehemalige Auslands-Geheimdienst der Haganah, wurde vollkommen umorganisiert, ein Großteil der Mitarbeiter – und der Name – wurden für den neuen Auslandsdienst des Landes übernommen. Im Inneren sollte Shin Beth für Sicherheit sorgen, in seinem Aufgabenbereich ungefähr dem amerikanischen FBI vergleichbar. Es ist ein offenes Geheimnis, dass einzelne, handverlesene Spezialisten des ehemaligen Irgun und des Lehi in die neuen Dienste übernommen wurden[35], wobei frühere Mitarbeiter des Lehi dem Ministerpräsidenten weniger suspekt erschienen sein sollen.[36] Die Ereignisse des Jahres 1952, als Israel die Verhandlungen mit Deutschland aufnahm, zeigen deutlich, dass Ben Gurions Befürchtungen allzu berechtigt waren. Im Lande ließen sich die alten Seilschaften unter Kontrolle halten, wozu hatte man seinen Shin Beth. Doch im Ausland war dies schwieriger, dazu war Israel auf die Zusammenarbeit mit anderen Nachrichtendiensten angewiesen. Nach allem, was man weiß, war Ben Gurion fest entschlossen, den alten Seilschaften auch in Europa keine Möglichkeit zu geben, seine Politik zu torpedieren. Schließlich war der Wiedergutmachungsvertrag mit Deutschland für Israels wirtschaftliches Überleben die letzte Chance.

Der V-Mann kehrt zurück

Für den größten Teil des Jahres 1954 zeigt die Akte so gut wie keine Bewegung, es gab keine Ermittlungen, die von Bedeutung waren. Wie die Stimmung unter den Kripobeamten des Sachgebiets »Sprengstoff-Delikte« im Bayerischen Landeskriminalamt war, ist anhand der wenigen Schriftstücke und Protokolle nicht zu erkennen. Bei der Sicherungsgruppe in Bonn herrschte ebenfalls Flaute: Kriminalrat Ochs, der im Fall des Attentats auf Adenauer offenbar wenig unternahm, war Ende Oktober 1953 in die Zentrale des BKA nach Wiesbaden versetzt worden. Ob dies auf seinen Wunsch geschah oder von seinem Vorgesetzten Brückner betrieben wurde, ist nicht zu erkennen. In den Akten, die er übergab, fanden sich Hinweise, die den Leiter der Sicherungsgruppe veranlassten, im Dezember 1953 bei der deutschen Diplomatischen Mission in Paris nachzufragen, ob sich der slowakische Emigrant, der »Vertrauensmann«, noch einmal gemeldet habe. Dies war nicht der Fall. Brückner hinterließ in Paris die Bitte, ihn zu benachrichtigen, falls der Mann noch einmal auftauchen sollte. Man möge dem Emigranten doch nahe legen, in Bonn bei der Sicherungsgruppe vorzusprechen.

Die Aktenberichte, die nun folgen, tragen einen anderen Tonfall: Sie sind, mit ein paar Ausnahmen, sprachlich vielleicht besser, aber auch glatter und unpersönlicher. Sie bieten weniger Details, vor allem nicht jene scheinbar nebensächlichen oder unwichtigen Hinweise, auf die ein Berichterstatter angewiesen ist: die Andeutung eines Gefühlsausbruchs etwa, ein persönlicher Eindruck, die Umstände einer Vernehmung, die Beschreibung einer Person. So weiß man wenig Einzelheiten über den überraschenden Besuch des slowakischen Emigranten, der fast ein Jahr nach Brückners Vorsprache in Paris am 27. September 1954 tatsächlich in Bonn eintraf. Kriminalkommissar Hermann Eiring[1] und Kriminalinspektor J. Müller vernahmen ihn zur Sache. Auf dem Protokoll ist ausdrücklich vermerkt, dass die Niederschrift[2] »nach einem Diktat des V-Mannes aufgenommen« worden sei; entsprechend holprig ist die Sprache. Der Bericht des Emigranten schien völlig neue Informationen zu bieten. Nach den wütenden, aber fruchtlosen Protesten in Israel gegen die Wiedergutmachungsverhandlungen, erklärte er, habe die Spitze der Cheruth-Partei, »die mehr oder weniger identisch mit der Leitung der gewesenen Untergrundbewegung Irgun Zwai Leumi ist, eine Entscheidung ... in der Form eines Attentats gegen Dr. Adenauer beschlossen«. Zwei ehemalige Mitglieder des Etzel seien mit diesem Auftrag betraut worden. Man habe sie mit finanziellen Mitteln versehen und nach Europa geschickt, wo sie ehemalige, zuverlässige Mitarbeiter des Etzel als Hilfspersonen aktivieren sollten. Wer die Auftraggeber in Israel waren, konnte oder wollte der V-Mann nicht sagen.

In Paris wurde bestimmt, dass der ehemalige Leiter des Irgun in Italien, später Chef des Etzel in Deutschland und 1947/48 in Frankreich, das Sprengstoffpaket in München absenden sollte. Sein Deckname sei »Alfred« gewesen, sein eigentlicher Name jedoch Dov Lutan, berichtete der V-Mann. Er sei mit einem israelischen Pass in Frankreich eingereist, habe von der Polizeipräfektur Paris einen legalen französischen Reisepass für Staatenlose bekommen, der auf einen falschen Namen ausgestellt war. Zu dieser Zeit sei auch Jakov Farshtej »im offiziellen Auftrag der Partei« in Frankreich gewesen, berichtete er. Der Name war den Beamten der Sicherungsgruppe bekannt: Farshtej war Anfang April 1952 in Paris mit vier anderen Israelis festgenommen und überraschend schnell aus Frankreich ausgewiesen worden. Unter dem Decknamen »Eli« sei er bis 1948 stellvertretender Leiter des Etzel in Europa gewesen und habe damals in Paris den Decknamen »Orbach«

benutzt. »Zweifellos war Farshtej der Kopf der Vorbereitung des Attentats zu München«, versicherte der V-Mann den Kriminalbeamten. Seiner Meinung nach hatten Shostak und Fekler, zwei aus der Gruppe der in Paris Festgenommenen, möglicherweise von dem Plan gewusst, »aber sicherlich keine aktive Tätigkeit ausgeübt«. Lutan sei in Begleitung eines Mannes mit dem Namen »David« nach Paris gekommen, eines ehemaligen Stabsoffiziers des Etzel in Israel, Fachmann für Sprengstoffe und Sabotage, der aber nicht nach München gereist sei. Übrigens kenne sich auch Lutan mit Sprengstoffen aus. Das Paket sei vermutlich in Paris oder in München zusammengebaut worden. Aus der umständlichen Schilderung des V-Mannes ergibt sich: Es waren vermutlich Dov Lutan und »David« gewesen, die in Israel den Auftrag erhalten hatten, das Attentat auf Bundeskanzler Adenauer auszuführen.

Was er über diesen Lutan denn noch so wisse, fragten die Beamten.

»Soweit mir bekannt ist, stammt Lutan aus Kowel in Polen«, meinte der V-Mann, »er hat Abitur und wahrscheinlich ein Jahr Jura studiert.« Er sei bei der revisionistischen Jugendorganisation Betar gewesen, bevor er in Palästina dem Etzel beitrat. Im Zweiten Weltkrieg habe er freiwillig in der britischen Armee gekämpft, im Nahen Osten, dann in Italien. »Anfang 1946 hat er die Armee illegal verlassen.« Als Farshtej Anfang März 1946 nach Italien kam, sei Lutan sein Adjutant geworden. Nach der Staatsgründung sei er nach Israel zurückgekehrt. Er solle am Anschlag auf das israelische Außenministerium unter Moshe Sharett am 5. Oktober 1952 in Tel Aviv beteiligt gewesen und unter dem Namen Lutan verhaftet worden sein.[3] Die Kommuniqués zum Attentat auf Adenauer habe nicht er geschrieben, das sei »mit Sicherheit« Farshtej gewesen, meinte der V-Mann.

Die Kriminalbeamten der Sicherungsgruppe legten dem V-Mann verschiedene Lichtbilder vor, auf denen er Lutan sowie Farshtej, Prager und Fekler sofort erkannte, drei der aus Paris ausgewiesenen Israelis. Lutans Gesicht war auf dem phantomhaften Bild kaum auszumachen, ein Schatten von einem Antlitz: Erkennbar war ein etwa 30-jähriger Mann mit Intellektuellen-Hornbrille und Schnauzer, das Gesicht ziemlich kantig und breit, mit kurzem Militärhaarschnitt und einem seltsam jungenhaften Gesichtsausdruck. Der V-Mann beschrieb ihn als etwa 30 Jahre alt, 1,70 Meter groß, schlank, blondes Haar, hohe Stirn, blaue Augen, ohne Koteletten, keine besonderen Kennzeichen an Fingern oder Händen. Wenn Lutans Finger wirklich keine außergewöhnlichen Merkmale zeigten, dann konnte er Mirelli nicht gewesen sein. Trotzdem war der V-Mann absolut sicher, dass Lutan mit Mirelli identisch war, dem Unbekannten vom Münchner Hauptbahnhof. Mirelli sei der Name eines Arztes in Rom, den Lutan gekannt habe, meinte er. Für die Kriminalisten war das ein schwaches Argument.

Die Erkenntnisse waren keineswegs neu. Das meiste davon hatte der V-Mann bereits Ende April 1952 in Paris zu Protokoll gegeben. Der betreffende Bericht war am 7. Mai 1952 an das Auswärtige Amt gegangen, kam irgendwann zur Sicherungsgruppe in Bonn, zu Händen von Josef Ochs, und blieb wegen dessen Versetzung nach Wiesbaden liegen. Auch das Protokoll eines weiteren Besuchs in der deutschen Diplomatischen Mission in Paris im Oktober 1952[4], bei dem der Emigrant weitere Erkenntnisse offenbarte, blieb unbeachtet. Bereits damals berichtete er, dass auf das israelische Außenministerium ein Bombenanschlag versucht worden sei: Ein Mann hatte Anfang Oktober 1952 eine Bombe in einer Aktentasche in das Gebäude schmuggeln wollen. Der »auf frischer Tat ertappte Täter« sei identisch mit der Person des Attentäters gegen den Bundeskanzler, versicherte der V-Mann. Seine Ausführungen blieben folgenlos, sorgten aber für Verwirrung: Er meinte nämlich nicht den »auf frischer Tat ertappten Täter«, mit Namen Dov Shilanski, sondern einen Mann, der bei dessen Festnahme einen Polizeibeamten angriff. Und dieser Mann war vermutlich am Attentat auf Adenauer maßgeblich beteiligt, nicht Shilanski. Diese Verwechslung zieht sich durch die gesamte Akte und konnte von den Ermittlern nie vollständig erkannt werden. Was nun die Hinweise des Emigranten vom Okto-

Wer Lutan wirklich war und wie er aussah, konnten die Kriminalbeamten zu keiner Zeit vollständig ermitteln. Sein mutmaßliches Foto in der Akte trägt die Beschriftung: »Name: ›Luthan‹ oder so ähnlich, Vorname: Jakob alias ›Dov‹, ›Dan‹, Deckname: ›Alfred‹, geb.: ?, in: angeblich in Kowel.«

Dov Shilanski wurde nach einem versuchten Bombenattentat am 5. Oktober 1952 in Tel Aviv festgenommen.

ber 1952 angeht, so war darauf keine Reaktion erkennbar; allerdings bemühte sich Brückner nun, über die deutsche Diplomatische Mission in Paris den Kontakt zu dem V-Mann herzustellen, was nach langen Monaten auch glückte. Es war eine lästige Verzögerung, um nicht zu sagen eine Panne, die sich zwischen der Diplomatischen Mission in Paris, dem Auswärtigen Amt und der Sicherungsgruppe ereignet hatte. Auf Seiten der Diplomatischen Mission in Paris und des Auswärtigen Amtes war stets eine deutliche Reserve gegenüber dem V-Mann zu spüren, und Ochs in der Sicherungsgruppe des BKA hatte vor seiner Versetzung nur noch wenig unternommen. Der sich aufdrängende Verdacht, Ochs habe von oben vielleicht den Rat bekommen, die Angelegenheit auf sich beruhen zu lassen, ist allerdings wenig plausibel, denn nach seiner Versetzung brachte der Chef der Sicherungsgruppe neuen Wind in die Ermittlungen, indem er den Kontakt zu dem Slowaken suchte. Zweieinhalb Jahre waren durch diese Panne nutzlos verstrichen.

Bereits bei seinem Besuch Ende April 1952 hatte der V-Mann ausführlich über Farshtej ausgepackt. Zur eigenen Person meinte er, er sei »während des Krieges führendes Mitglied« des Irgun Zwai Leumi in Europa, nach dem Krieg Leiter einer Fluchthilfeorganisation in der Tschechoslowakei gewesen (womit nur die Bricha gemeint sein kann). Anfang 1946 habe Jakob Farshtej sich ihm gegenüber als Leiter des Irgun für ganz Europa ausgewiesen und ihn zur Mitarbeit aufgefordert. Dank seiner guten Beziehungen zu ausländischen Konsulaten in Prag und zum tschechoslowakischen Innenministerium konnte er Farshtej Reisepapiere, Visa und Identitätskarten beschaffen. Nach der Verhaftung Farshtejs wegen des Anschlags auf die Britische Botschaft in Rom sei er im Dezember 1946 telegrafisch aufgefordert worden, dessen Freilassung zu betreiben, was ihm auch gelang. Ende 1947 musste er abermals einspringen: In Karlsbad waren Irgun-Leute verhaftet worden, die bei einem Treffen der zionistischen Partei eine Flugblattbombe hatten zünden wollen und verhaftet worden waren. Wieder ließ er seine Beziehungen spielen, um die Aktivisten freizubekommen. Ende 1948 nahm er an einem Treffen Begins mit den Irgun-Kommandanten in Paris teil. In der Akte heißt es wörtlich: »Bei dieser Pariser Tagung wurde der Vorschlag besprochen, eine Rachetätigkeit gegen Feinde des Judentums in Deutschland zu entwickeln. An dieser Sitzung habe auch Farshtej teilgenommen. Der Vorschlag sei damals jedoch abgewiesen worden.« Seine Aussage gipfelt in der Behauptung: »... wenn das Attentat gegen den Herrn Bundeskanzler von jüdischer Seite durchgeführt sei, so käme als Rädelsführer dieser Terrorgruppe nur Jakob Farshtej in Frage«.[5]

Die Reihenfolge ist bemerkenswert: Rachetätigkeit gegen Feinde des Judentums ... auch Farshtej teilgenommen. Man muss wohl annehmen, der V-Mann wollte indirekt sagen, der Vorschlag der Rache sei von Farshtej gekommen. Ein schwerer Vorwurf. In Tavins Buch »The Second Front« ist dieses Treffen mit Begin in Paris Ende Dezember 1948 ausführlich beschrieben – auch mit dem Hinweis, dass über Kampfmaßnahmen in Europa gesprochen wurde. In der (unvollständigen) Teilnehmerliste erwähnt Tavin zwar den Slowaken mit seinem Klarnamen, an letzter Stelle,[6] seine eigene Person nimmt er jedoch aus. Doch ohne jeden Zweifel war Farshtej einer der Teilnehmer dieses für den Irgun in der Diaspora so wichtigen Treffens. Seine eigene Position darzulegen, vermied er. Was Farshtej damals vorschlug, bleibt in Tavins Buch ein Geheimnis.

Wer heute die Rekonstruktion des Attentats auf Adenauer unternimmt, ist in mancher Hinsicht in einer komfortablen Lage. Es gibt, zusätzlich zu der 450 Blatt starken Ermittlungsakte mit ihren Berichten, Vernehmungsprotokollen und Verfügungen eine stattliche Reihe von Monographien und Erinnerungen zum Etzel, geschrieben von Historikern, ehemaligen Aktivisten und Insidern. Zwei der wichtigsten sind das bereits erwähnte Buch »The Second Front« von Ely L. Tavin und Eliyahu Lankins Werk »The Story of Altalena«.[7] Im Register von Tavins Buch ist kein Lutan zu finden, doch bei Lankin, dem Kommandanten der »Altalena«, entdeckt man im Index den Namenseintrag »Lutan, Jakov

(»Dan«)«. Jakov Lutan, genannt »Dan«, sein *nom de guerre*. Zurück bei Tavin, der angeblich über Lutan nichts weiß, findet sich im Register unter »Dan« der interessante Hinweis: »siehe Hewel, J.«. Unter »Hewel, Jakov« stehen die Namen »Dan« und »Nimrod« – mit zahlreichen Seitenangaben für Textstellen. Lutan ist kein Unbekannter mehr.

Den deutschen Kriminalbeamten standen diese Informationen offensichtlich nicht zur Verfügung: Tavins Buch, dem eine Promotionsschrift[8] zugrunde liegt, konnten sie nicht kennen, es erschien erst 1973. Doch Lankins populäres Werk mit dem wesentlichen Hinweis auf Lutan kam bereits 1950 heraus und hatte mehrere Nachauflagen. Allerdings gibt es beide Werke nur in hebräischer Sprache. Im Prinzip wäre es im Jahre 1954 also möglich gewesen, den Namen Lutan zu verifizieren, wenngleich unter beträchtlichen Schwierigkeiten.

Schwierigkeiten scheuten die Ermittler keineswegs, sie unternahmen sogar große Anstrengungen, alle Angaben des V-Mannes zu kontrollieren. Was auch immer sich überprüfen ließ – es schien zu stimmen. Doch nicht alles konnte man so leicht prüfen: Bei Lutan kamen sie nicht weiter. Die Routine-Recherche beim Münchner Einwohnermeldeamt ergab nichts. Eine Anfrage in Großbritannien, ob ein Lutan in der Britischen Armee oder in der Jüdischen Brigade gekämpft habe, verlief ohne Erfolg: kein Lutan bekannt. Auch in Paris fragte man bei Vertrauensleuten nach, ob über einen Lutan Erkenntnisse vorlägen, die Antwort war negativ.

Überprüft man die Mitteilungen des V-Mannes anhand der Werke von Tavin, Livni und Lankin[9], so wird deutlich, dass der slowakische Emigrant in vielen Dingen recht genau Bescheid wusste. Lutan war tatsächlich bei der VIII. Britischen Armee gewesen, vermutlich unter dem Namen Jakov Hewel, und muss mit seinem Truppenverband in Italien lange Zeit ohne Einsatz gelegen haben. Das sprach dafür, dass er bei der Jüdischen Brigade gedient hatte, einer etwa 5000 Mann starken Truppeneinheit, die gegen die deutsche Wehrmacht einzusetzen das britische Oberkommando zögerte. Man befürchtete Rachefeldzüge, die völlig außer Kontrolle geraten würden. Tavin deutet Hewels Zugehörigkeit zur Jüdischen Brigade nur an; die anderen Autoren geben konkretere Hinweise. Hewel bekam vom Etzel den Befehl zu desertieren und setzte sich als treuer Irgun-Mann nach Deutschland ab, wo er im Mai 1946 eintraf. Das bedeutete, dass der V-Mann die Reihenfolge der Aufenthalte Lutans in Italien und Deutschland vertauscht hatte. Lutan ließ sich dort nieder, wo die jüdischen Überlebenden am zahlreichsten und aktivsten waren – in München. Tavin schreibt, dass er gerade rechtzeitig kam, um an einem großen Betaristen-Treffen im DP-Lager Föhrenwald teilzunehmen. Gemäß seinem Auftrag, eine Sektion des Irgun Zwai Leumi in Deutschland aufzubauen, wollte Hewel die Betaristen unverzüglich organisieren. Doch er stieß auf Widerstand. Sie sagten, sie wollten sich dem Irgun nicht unterstellen, es sei denn, ihre Kommandeure gäben ihnen die ausdrückliche Erlaubnis.

Es ist nicht ganz klar, welche Hintergedanken Tavin die Feder führten, aber eine feine Ironie ist in seinem Bericht deutlich zu spüren, manchmal auch der Anflug einer fast väterlichen Rüge gegenüber einem Sohn, der Dummheiten gemacht hat. Tavin muss seinen Hewel gut gekannt haben. Nach seinem Bericht ließ Hewel in München Unmengen von Informationsbroschüren drucken, Woche für Woche 20 000 bis 25 000 Exemplare, in acht Sprachen, die an die ständig aus Osteuropa eintreffenden Juden verteilt wurden. Dadurch bekamen die Überlebenden des Holocaust gleich zu Beginn die nötigen Informationen über die Arbeit des Etzel. Der deutsche Eigentümer der Druckerei war der Meinung, dass es sich um Einladungen für Juden handelte. Eines Tages kamen Mitarbeiter des amerikanischen Militärgeheimdienstes CIC und klärten den Mann auf, was er da eigentlich druckte.

Im Organisieren war Hewel ausgezeichnet, aus ihm wäre sicherlich ein guter Drucker geworden. Doch im Umgang mit Menschen hatte er kein Talent. Er war zu penibel und pedantisch und wollte die Lebensgeschichte eines jeden Etzel-Kandidaten überprüfen, von wegen unklarer Vergangenheiten. So weit die menschliche Seite Hewels. Aber da war noch ein Zeit-Phänomen, das damals in ganz Europa umging: Waren die Betaristen einst das bequeme Nachwuchsreservoir, aus dem der Etzel seine Kämpfer rekrutierte, so versagten die Jung-Aktivisten nun widerspenstig ihre Mitarbeit. Es war ein schleichender Prozess, der sich in ganz Europa bemerkbar machte, überall wo Etzel und Betar miteinander zu tun hatten, gesteht Tavin ein. Aber in Deutschland war es am schlimmsten, da kam der Hewel-Faktor hinzu. Noch zu Beginn seiner Arbeit in München machte er gute Fortschritte in der Aufbauarbeit und organisierte kleine Zellen in etwa zwanzig Ortschaften. Tavin nennt sie »Hundert-Dollar-Gruppen«, weil jede dieser Zellen mit einhundert Dollar pro Monat finanziert wurde. Fischel, der zuständige Kurier, machte regelmäßig die Runde von Rom über Linz nach München und zurück nach Rom, brachte Dollarnoten und Anweisungen und nahm die Tätigkeitsberichte mit. Das lief eine Weile gut, bis die neugebildeten Etzel-Zellen den Kontakt zu Hewel abbrachen. Da reichte es Tavin. Der Europa-Chef des Irgun beorderte Hewel zum Rapport nach Paris.

Kein Fehler: Es war wirklich Tavin, der Hewel im Oktober 1946 nach Paris zitierte und mit dem jungen Leiter der Deutschland-Sektion die verfahrene Lage besprach. Tavin, der Autor der »Zweiten Front«, war kein anderer als Eli, der Europa-Chef von Etzel, Tavin war Eliezer, der ehemalige Chef des Irgun-Geheimdienstes »Delek«, den die Haganah gefoltert und dem sie angeblich die Gesundheit ruiniert hatte. Tavin war Orbach, der sich gelegentlich Pesach oder Wittlin nannte und wohl noch einige andere Decknamen hatte, die heute keiner mehr kennt. Vor allem: Tavin war Farshtej. Tavin schickte Hewel nach Italien – wohin er ebenfalls bald darauf reiste, in den Schuhen mit jener geheimen Botschaft, die Shmuel Katz ihm aus Palästina überbracht hatte – und versetzte kurz darauf Dov Shilanski[10], der es später in Israel zu großer Popularität brachte, von Italien nach München. Es war ein Wechsel der Landes-Chefs. Nachdem Hewel aus München

Stand im Verdacht, der Organisa-
tor des Attentats auf Adenauer zu
sein: Jakov Farshtej alias Tavin
alias Wittlin alias Eliezer.

fort war, schreibt Tavin ironisch, seien die Aktivisten in Deutschland plötzlich alle irguntreu geworden.

In Italien existierten Irgun-Zellen in acht Städten, darunter in
Rom, Ostia, Neapel, Salerno, Mailand und Florenz, jede von
ihnen war ständig mit fünf Aktivisten besetzt – eine Struktur, die
bis zum Ende der Etzel-Tätigkeit in Europa bestand. Hewel arbeitete dort nicht ohne Erfolg. So organisierte er eine Serie von Anschlägen mit Flugblatt-Bomben, die am 10. Januar 1947 pünkt-
lich um 11 Uhr vormittags in acht Städten an symbolträchtigen
Denkmalen zündeten und tausende Propagandazettel explo-
sionsartig verteilten. Auf den Flugblättern sahen sich die Italiener
aufgefordert, den Irgun im Kampf gegen die Briten zu unterstützen. Alle italienischen Zeitungen berichteten über den Propa-
ganda-Coup, so dass Etzel in Italien mit einem Schlag zum Tages-
gespräch wurde. Was die menschliche Seite anging, so übertrieb
Jakov Hewel es auch weiterhin: Als ein jüdischer Flüchtling aus

Polen im Verdacht stand, mit der britischen Armee zu paktieren, berief er ein internes Strafgericht ein. Obwohl der Schaden für den Irgun gering war, schreibt Tavin missbilligend, wurde der Mann im Februar 1947 zum Tode verurteilt und hingerichtet. Tavin übt nur verhalten Kritik; man könnte den Fall aber auch anders sehen: Einen Hang zum Radikalen, zu einer gewissen Unerbittlichkeit kann man Hewel nicht absprechen, ebenso wenig den Wunsch zu bestrafen. Ende 1947 ging Hewel nach Paris, wo er unter der Aufsicht von Eliezer-Orbach sein Organisationstalent bei der Beschaffung von Waffen für Palästina entfalten konnte. Im März 1948 kam er wegen Waffenhandels für drei Wochen in Untersuchungshaft,[11] im Sommer reiste er auf der »Altalena« nach Israel.

Tavins Buch »Die zweite Front« erschien 1973 und beschreibt die Tätigkeit des Etzel in der Diaspora, die offiziell am 16. Januar 1949 endete. Es handelt sich dabei um den ausgesprochen seltenen Fall, dass ein Untergrundaktivist mit einer historischen, moderaten Beschreibung seiner eigenen Terrorarbeit zum Doktor der Geschichte promoviert wurde. Immerhin hatte er etwas zu sagen, er saß an der wichtigsten Schaltstelle des Etzel in Europa und besaß wie kein anderer den Überblick, was auf dem Kontinent vor sich ging. Doch wie alle Berichte über den Etzel bricht auch sein Werk im Januar 1949 ab, als die Organisation abgewickelt und die Pariser Zentrale in der Avenue de Massine 18 von der Cheruth-Partei übernommen wurde. Eliezer wurde zum Europa-Abgeordneten der Partei ernannt und blieb unter dem Namen Farshtej in Paris. Zu welcher Gruppe von Kommandanten gehörte er – nach Begins Machtwort? Konnte er den Etzel vergessen? Wollte er insgeheim weitermachen, die alten Ziele des Irgun verwirklichen? Warum musste es einen Europa-Abgeordneten der Partei geben, ein halbes Jahr nach der Parteigründung? Jene, die mit Begins Entscheidung unzufrieden waren, gaben zu bedenken, es sei ja noch so viel zu tun.[12] Legt man den Verdacht des V-Mannes zugrunde, dann war Farshtej alias Eliezer alias Orbach einer jener Unzufriedenen, der Radikalen. Decknamen hatte er jedenfalls genug, um weiterzumachen.[13] Was unternahm, was organisierte Farshtej? Im März 1951 traf er in München für einen längeren Zeitraum ein.[14]

Das große Schweigen über den Etzel nach dem Januar 1949 hat viele Gründe. Der nächstliegende: Die Organisation war aufgelöst worden. Doch es gab Leute, die weitermachten, die die Verbindung untereinander hielten. Die Äußerungen über diese Zeit in Europa kann man buchstäblich an den Fingern einer Hand abzählen. Tavin sagt darüber kein Wort, er hätte sicherlich einiges mehr darüber mitteilen können. Der ehemalige »Altalena«-Kommandant Lankin schweigt sich darüber aus, Eitan Livni, der frühere Operations-Chef, schreibt keine Zeile darüber. Immerhin machte der amerikanische Historiker J. Bowyer Bell einen Versuch, als Außenstehender.[15] Die Insider, die wirklich etwas sagen konnten, schwiegen, weil sie Konsequenzen in Israel oder im Ausland befürchteten – und es immer noch tun. Oder immer noch die konspirative Gesinnung aus den alten Tagen pflegen. Symptomatisch ist die Aussage eines ehemaligen Etzel-Aktivisten, der für Irgun Zwai Leumi bis 1951 in Wien, Linz und München tätig war: »Ich kann darüber nicht reden, bis heute nicht.«[16]

Zu den wenigen Quellen, die etwas über die Etzel-Arbeit in Europa nach 1948/49 aussagen, gehören die Vernehmungsprotokolle des slowakischen Emigranten aus Piestany, der sich im September 1954 in Bonn eingefunden hatte. Doch den Ermittlern ging es nicht darum, die weißen Flecken in der Geschichte des Irgun zu tilgen; sie wollten mehr Anhaltspunkte, anhand derer sich seine Aussagen überprüfen ließen. Doch zum Erstaunen der Ermittler entzog sich der V-Mann diesem Versuch »in geschicktester Weise«. Das »recht spärliche Ergebnis« war, dass der Slowake auf einen in München lebenden polnischen Juden hinwies, dem diese Vorgänge ebenso bekannt sein müssten wie ihm. Den Namen könne er aber nicht preisgeben, weil damit zu rechnen sei, dass der Mann wegen Nichtanzeige eines geplanten Verbrechens strafrechtlich verfolgt würde. Außerdem müsse er sich selbst schützen. »Aus dem Verhalten des V-Mannes schien das Bestreben erkennbar, alles zu tun, die Kriminalpolizei von der Täterschaft des Lutan zu überzeugen«, heißt es misstrauisch in dem amtlichen »Vermerk«. Der V-Mann verschwieg nicht, aus der Andeutung eines Beamten der deutschen Diplomatischen Mission in Paris herausgehört zu haben, dass man im Bundeskanzleramt und im Auswärtigen Amt aus politischer Rücksicht nicht geneigt sei, den Täter zu verfolgen. Dem Slowaken schien dies nicht zu gefallen.[17]

Am 3. Oktober fuhr das Trio Eiring, Müller und der Slowake nach München[18], wo der V-Mann kurz nach Ende des Zweiten Weltkrieges, aus Prag kommend, einige Zeit gelebt hatte. Als Berichterstatter wünscht man sich, Einzelheiten zu erfahren: Wie reiste die Gruppe, worüber wurde unterwegs gesprochen, in welchem Hotel stieg man ab? Doch die Akte schweigt dazu, gibt nur den schmalen Hinweis preis, dass die Beamten den V-Mann unterwegs abermals anhielten, weitere Angaben zu machen, so dass sie seine Hinweise überprüfen könnten. Immerhin offenbarte er nun, sein Gewährsmann in München sei Rechtsanwalt, sein Nachname beginne mit »S«. An einer ersten Lagebesprechung im Bayerischen Landeskriminalamt mit Kriminalinspektor Gnirs nahm der Emigrant, der in den Münchner Akten durchgehend »Pelat« genannt wird, nicht teil. Zunächst zeigte man den Täterzeugen aus der Pension »Daheim« und dem Koffergeschäft Lutans Lichtbild. Doch keine der Frauen sah sich imstande, den Täter nach zweieinhalb Jahren wiederzuerkennen. Pelat nahm dies später »sehr beeindruckt und enttäuscht« zur Kenntnis, er schien davon überzeugt gewesen zu sein, dass die Zeugen Lutan erkennen würden. Gnirs konfrontierte ihn mit dem Hinweis, dass sein Münchner Gewährsmann nur Tobias Silbermann* sein könne. Pelat, »sichtlich überrascht«, gab dies zu und schien verunsichert, weil er nicht wusste, ob die Ermittler mit dem Mann bereits Kontakt aufgenommen hatten. Gnirs legte nach: Ob er den Revisio-

* Name geändert

nisten Abramowicz kenne. Den hatte der Kriminalinspektor schon lange auf seiner Liste. Überrascht fragte Pelat zurück: »Gideon Abramowicz?« – was bedeutete, dass er den Mann kannte. Er könne die Ermittler zu dessen früherer Wohnung führen, sagte er. Man fuhr sofort hin: Rossinistraße 1, erster Stock, bei Frau R. – dort hatte Gideon Abramowicz unter dem falschen Namen Ber Wilenczyk bis 1950 gewohnt. Pelat berichtete, dass er Post auf verschiedene Namen bekommen habe. Auf Sendungen des Irgun aus Paris habe Abramowicz' Vorname stets »Eli« oder »Elias« gelautet, damit er diese Briefe sofort erkennen konnte. »Eli« deshalb, weil dies der Name von Farshtej in Paris war.

Am letzten Tag seines Aufenthalts in München erklärte sich V-Mann Pelat bereit, Tobias Silbermann aufzusuchen, um in einem Gespräch weitere Details von ihm zu erfahren. Ein Beamter des Bayerischen Landeskriminalamtes rief den Rechtsanwalt an, reichte den Hörer an Pelat weiter, der seinen Gesprächspartner sofort mit »Du« ansprach und ihm mitteilte, er sei in München. Silbermann lud ihn daraufhin prompt zum Abendessen ein. Gegen 22 Uhr meldete sich Pelat bei Eiring zurück. Silbermann sei gesprächig gewesen und habe Lutan, den man in jüdischen Kreisen in München »Alfred« nannte, als Täter bezeichnet. Lutan habe zwei Tage vor dem Anschlag eine jüdische Familie in Frankfurt besucht. Kurz nach dem versuchten Attentat habe die Polizei deren Wohnung durchsucht und dem Mann Lutans Lichtbild gezeigt. Der habe geleugnet, Lutan zu kennen, und einige Tage später alles Gideon Abramowicz erzählt. Der berichtete es Silbermann in München. Abramowicz war offensichtlich mit beiden gut bekannt.

Tobias Silbermann zufolge sei Lutan einen Tag vor dem geplanten Attentat in München eingetroffen, wo er Kontakt mit zwei Männern aufzunehmen hatte. Einer von ihnen fuhr zu ihm – Silbermann –, doch habe er das Ersuchen abgelehnt, Lutan zu empfangen und sich den Plan anzuhören, den er für »zwecklos« hielt. Er habe von der Tat abgeraten. Noch am selben Tag habe Lutan mit einem der beiden Männer zwei Stunden lang die Lage am Hauptbahnhof erkundet, dort sei er gesehen worden. Am Abend verließ Lutan München mit der Bahn, um außerhalb zu übernachten. »Am Vormittag des nächsten Tages (Tattag) sei er wieder nach München zurückgekehrt und habe von nun an ohne Mitwirkung weiterer Personen völlig allein sein Vorhaben durchgeführt«, teilte Pelat Silbermanns Aussage mit. »Insbesondere habe er den Jungen das Paket selbst übergeben. Sofort nach der Übergabe des Paketes habe er Deutschland in Richtung Salzburg verlassen.« Über »David«, den ehemaligen Stabsoffizier des Etzel in Israel, konnte Pelat nun berichten, dass er eine ranghöhere Stellung als Lutan eingenommen habe.[19]

Es ist sonderbar, dass Silbermann diese Details wusste, obwohl er doch jeden Kontakt mit Lutan abgelehnt hatte. Woher wollte er wissen, dass Lutan das Paket selbst übergab? Gnirs vermutete, dass die beiden Männer, die Lutan aufgesucht hatte, die Brüder K. sein könnten und dass Josef K. es war, der die Buben ansprach und ihnen das Paket gab. Pelat versicherte, die Männer nicht zu kennen, er meinte aber, dass einer der beiden »nicht mehr hier« sei. »Die Angaben des V-Mannes hinsichtlich der beiden jüdischen Männer wirken nicht überzeugend«, vermerkte Eiring in seinem Bericht. Auch Gnirs war skeptisch. Dass Lutan das Paket eigenhändig den Jungen übergeben haben sollte, hielten beide für unwahrscheinlich. Die Kripobeamten hatten Pelat im Verdacht, von den Brüdern K. abzulenken – sofern es wirklich die Brüder waren, die Lutan besucht hatte. Warum waren Pelat und Silbermann davon überzeugt, dass Lutan der alleinige Täter war?

Eiring und Gnirs vereinbarten, die Hinweise des V-Mannes fortan gemeinsam auszuwerten, womit die Allianz zwischen dem Bundeskriminalamt und dem Bayerischen Landeskriminalamt wieder hergestellt war. Man musste sich nun den Mann in Frankfurt vornehmen, bei dem es sich zweifellos um den jüdischen Textilgroßhändler Samuel Bernstein* handelte, den Kriminalkommissar Theo Saevecke von der Sicherungsgruppe Anfang April

* Name geändert

1952 vernommen hatte. Offensichtlich wusste Bernstein mehr, als er damals zugegeben hatte. Auch Tobias Silbermann musste verhört werden. Doch zurzeit war dies unmöglich: Um Pelat zu schützen, sollte eine Weile Gras über die Sache wachsen.

Zunächst ging Kriminalinspektor Gnirs der Spur Wilenczyks nach, jenes »Abramovici« aus der Personengruppe aus dem »Drei-Mäderl-Haus«, den er so lange vergebens gesucht hatte. Die Wohnungsinhaberin, Frau R., erinnerte sich zwar gut an ihren ehemaligen Untermieter, doch mit dem Namen Abramowicz konnte sie nichts anfangen. Auch wie lange er bei ihr gewohnt hatte, war unklar. Gemäß Auskunft der Behörde war er von Juli 1946 bis Anfang 1950 als lediger Kraftfahrer gemeldet und hatte als Journalist bei einer Zeitschrift in der Maria-Theresia-Straße 9 gearbeitet. Gegen ihn lief ein Verfahren wegen Urkundenfälschung.

Und wieder stellte sich eine junge Dame ein, die Gnirs entscheidend weiterhalf: Sie hieß Gerda Kiel* und war sehr gesprächig. Am 21. Juni 1948, dem Tag der Währungsreform, war sie von Karlsruhe nach München getrampt. Zwei Herren aus Paris nahmen sie im Wagen mit. In München zeigte sie den beiden Ortsfremden die Maria-Theresia-Straße 9, wo sie geschäftlich zu tun hatten. Einer von ihnen hieß Marec Rändler* und schien für Gerda Kiel eine vielversprechende Partie zu sein. Er logierte im Hotel »Vierjahreszeiten«, dem ersten Haus am Platze, und lud sie mehrere Male zum Abendessen dorthin ein. In diesem Hotel, berichtete Gerda Kiel dem Kriminalinspektor[20], hätte sie bei mehreren »Tischgesellschaften« Gideon Abramowicz kennen gelernt, einen Freund Marec Rändlers, ferner eine junge, attraktive Dame aus Prag mit Namen Alena, die kurz darauf nach Paris fahren wollte, um einen Herrn Vogel zu heiraten. »Wer Vogel ist, ist hier bekannt«, schrieb Gnirs knapp angebunden in seinem Bericht; den Herrn hatte er erst wenige Wochen zuvor ausführlich in München kennen gelernt. Gerda Kiel riet Abramowicz, der eine

* Name geändert

andere Unterkunft suchte, ein Zimmer bei ihrer Mutter in der Siegesstraße 17 zu mieten. Doch ihre Mutter konnte den Mann nicht ausstehen und vermietete an einen anderen Herrn.

Die recht banal erscheinenden Ereignisse verdeutlichen, wie Kriminalisten vorgehen: Sie interessieren sich schlicht für alles, auch für das, was geringfügig und nebensächlich erscheint, um anschließend die Details zu bewerten und einzuordnen. In diesem Fall wollten sie wissen, wer denn statt Abramowicz bei Gerda Kiels Mutter einzog. Sie vermuteten, dass dies ein Bekannter oder Freund Gideons sein könnte. Die Frage blieb zunächst ungeklärt. Es gab anderes zu tun, denn es stellte sich eine »Vertrauensperson« ein, über deren Identität die Akte keine Angabe macht. Doch es muss sich um eine weibliche Person gehandelt haben, von der schon einmal die Rede war, denn in der Akte heißt es: »In der Zwischenzeit wurde mit einer anderen Vertrauensperson, die den Decknamen ›Palme‹ trägt, Verbindung gehalten.«[21] Die Ermittler kannten sie also schon länger. Palme, man spürt es zwischen den Zeilen, war ungefähr so alt wie Rahel und die Brüder K., zu denen sie 1951 offenbar enge Beziehungen hatte. Damals holte sie die Brüder oft in der Redaktion der Zeitung *Unzer Welt* in der Maria-Theresia-Straße 9 ab, wo beide arbeiteten, und machte mit ihnen Druckschriften versandfertig. Kriminalinspektor Gnirs fragte Palme, welchen Umgang die Brüder gehabt hätten. Sie nannte schließlich einen Mann, der besonders mit Abraham K. »sehr engen Kontakt« gehabt und in der Siegesstraße gewohnt habe.

Da war sie wieder, die Siegesstraße. War es etwa Nr. 17? Palme wusste es nicht mehr genau, daher zeigte sie den Beamten das Haus. Es war tatsächlich die 17. Die Vermieterin, Gerda Kiels Mutter, gab an, dass der Mann damals nur kurze Zeit bei ihr gewohnt habe. An den Namen konnte sie sich ebenfalls erinnern: Es war Jakob Farshtej, der danach angeblich nach Paris gereist sei. Es war, wie die Kriminalisten vermutet hatten: Gideon Abramowicz hatte ihm das Zimmer vermittelt.

»Zur Klarstellung« wurden nun die drei Frauen, die mit

Farshtej zu tun gehabt hatten, »an einem Ort zusammenge-zogen«, wie es militärisch-knapp in der Akte heißt. Gerda Kiel kannte den Mann kaum, sie war damals verreist. Auf Fotos er-kannte sie ihn als gelegentlichen Gast der Tischgesellschaften im Hotel »Vierjahreszeiten«. Palme identifizierte ihn unter mehreren Lichtbildern auf Anhieb und erinnerte sich, dass sie mit Farshtej ein Seifenkistlrennen auf der Theresienwiese besucht hatte. Das sah eher nach einer Privatreise Farshtejs nach München aus. Einen Tag später ging sie zu Rahel K. und erfuhr den Spitznamen des Mannes, der ihr entfallen war: Eli. Gerda Kiels Bruder erin-nerte sich, dass Farshtej im März 1951 in München gewesen war und vor der Unterkunft in der Siegesstraße in einer Pension ge-wohnt habe.

Mitte November 1954 vernahm Gnirs erneut Rahel K.[22], die gerade Vorbereitungen für ihre Emigration nach Israel traf. »Mit Zögern« identifizierte sie unter mehreren Fotos Farshtej, den sie nur als »Eli« kannte. Sie gab an, Abraham würde Eli schon seit Jahren kennen, denn der sei ebenfalls in Luzk geboren, und Farshtejs Großvater habe lange Jahre als Buchhalter bei der Ban-kiersfamilie K. gearbeitet. Eli sei jetzt in Israel, betonte sie. Und dann platzte sie heraus: Sie ahne sehr wohl, worum es hier gehe. Das sei doch dieselbe Sache, wegen der ihr Mann Abraham einge-sperrt sei und ihr Schwager Josef gesucht werde, wegen dieses Attentats! »Betont stellte Frau K. fest, daß Eli Farshtej ›ein sehr großer Idealist‹ gewesen sei und daß sie ihm das Attentat ohne weiteres zutraue«, heißt es in der Akte. »Ihr Mann und ihr Schwager Josef K. würden zu so etwas aber zu feige sein.«

So kamen die Ermittler nicht weiter. Ende November 1954 luden Gnirs und Weigel Tobias Silbermann zur Vernehmung vor[23], den Rechtsanwalt aus München, der Lutan angeblich hatte abblitzen lassen. Der gebürtige Pole war im Januar 1950 von Paris »zu einem Kuraufenthalt« nach München gekommen und arbeitete bis zum Sommer 1951 in der Redaktion der jiddischen Zeitschrift *Unzer Welt* in der Maria-Theresia-Straße 9, für die er Beiträge schrieb. Er war Mitglied der Zionistisch-Revisionistischen Partei bis zu ihrer Auflösung gewesen. Wen er denn so kenne, will Gnirs von ihm wissen. Vielleicht Gideon Abramowicz? Ja, den kenne er als Generalsekretär der Zionistisch-Revisionistischen Partei in Deutschland, der heiße eigentlich Boruch Sakin, sei in Baranowicze in Ostpolen geboren und lebe jetzt vermutlich in Brasilien. Abraham K.? Den habe er öfters im Restaurant der Maria-Theresia-Straße 9 getroffen. Und Josef K., seinen Bruder? Den auch, der sei Vorsitzender des Jüdischen Studentenvereins in München. »Dürfte sich jetzt in Israel aufhalten«, meint er. Gnirs bohrt weiter: Hermann Fekler? Der sei ihm ebenfalls bekannt, antwortet Silbermann, den habe er im Sommer 1949 in Paris als Mitglied der europäischen Leitung der Revisionistischen Partei kennen gelernt. Farshtej? Silbermann verneint, woraufhin Gnirs ihm ein Lichtbild des Mannes zeigt. Silbermann kennt ihn nur unter den Vornamen Eli und Eliezer: »Ich lernte ihn 1948 in Paris kennen, er war Angehöriger der jüdischen Untergrundbewegung ›Irgun Zwai Leumi‹.« Über einen Aufenthalt Eliezers in München wisse er nichts.

Schließlich kommt die Rede auf Lutan. Gnirs und Weigel probieren es mit dem Vornamen Dov. Einen Dov kenne er nur aus Paris, meint Silbermann. Er habe in unmittelbarer Umgebung des Eliezer gelebt. Dov komme aus Israel und habe mit der Untergrundbewegung zu tun gehabt, er stamme aus Polen. »Dem Wesen nach machte Dov auf mich den Eindruck eines unsympathischen Lausbuben«, beschreibt Silbermann seinen Eindruck. Zu Lutan oder Liothan befragt, antwortet er: »Diese Namen sagen mir gar nichts, solche Personen kenne ich nicht.«

Über das Sprengstoff-Attentat habe er aus der Zeitung erfahren, »von einer Planung, Vorbereitung und Durchführung« sei ihm nichts bekannt gewesen. Eli Grünenfeld*, Redakteur der Zeitschrift *Unzer Welt*, habe ihm »zwei oder drei Tage« danach berichtet, dass das Attentat von einem ehemaligen Mitglied des Irgun Zwai Leumi mit dem Beinamen »Alfred« ausgeführt wor-

---

* Name geändert

den sei. Das Protokoll verzeichnet bemerkenswerterweise keine Reaktion der Kriminalisten darauf. Im Klartext bedeutet dies nämlich, dass Silbermann und Grünenfeld bereits »zwei oder drei Tage« nach dem Attentat wesentlich mehr wussten als die Münchner Sonderkommission unter Josef Ochs. Der dringende Verdacht, dass ehemalige Angehörige des Irgun das Attentat begangen hatten, ergab sich erst viel später. Keine einzige Zeitung hatte darüber etwas veröffentlicht, nicht einmal im *France Soir* vom 5. April 1952 über die fünf festgenommenen Israelis in Paris war vom Irgun die Rede. Und über einen »Alfred«, wie Lutans Deckname in Deutschland lautete, war schon gar nichts publiziert worden. Silbermanns sonderbares Statement fiel keinem der Ermittler auf.

Die Vernehmung Silbermanns bestätigt einmal mehr den Eindruck, dass Juden und Israelis recht viel über das Attentat bekannt gewesen sein muss. Silbermann, das ist offensichtlich, wusste mit Sicherheit mehr, als er zugab. Liest man seine Angaben über jene Leute, die Gnirs ihm nannte, so hat man das Gefühl, als ob ihm bei einigen geradezu der Atem stockte. Die verwendeten Formulierungen erwecken den Eindruck, als ob er sich abschottete, um jeden Verdacht zu vermeiden. Kriminalinspektor Gnirs war skeptisch, was Silbermann ihm da erzählte. Um Pelat als V-Mann nicht zu gefährden, konnten er und Weigel mit ihren Fragen aber nicht weitergehen. Doch Mitte April 1955 kam man wieder auf ihn zurück[24] und befragte ihn über den Boten, einen der beiden Brüder, der ihn am Vortag des Attentatsversuchs besucht hatte. Doch dieses Mal reagierte Silbermann sehr heftig. Mit aller Deutlichkeit wies er die Unterstellung zurück, »daß sich eine für die Tat in Frage kommende Person persönlich oder durch Boten oder auf irgendeine andere Weise bei mir bemerkbar gemacht hat«. An den Mann war nicht ranzukommen.

Ende Mai 1955 fuhren Gnirs und Eiring nach Frankfurt, um Samuel Bernstein zu vernehmen.[25] Man musste ihm nicht lange vorhalten, dass er Saevecke Anfang April 1952 offensichtlich nicht die Wahrheit gesagt hatte. Bereitwillig packte er aus. Nach seinem Bericht besuchte ihn einige Tage vor dem Attentat nachmittags ein unbekannter Mann in seinem Geschäft. Er lebte in Israel, war auf der Durchreise von Paris und bestellte Grüße von Abramowicz. Seinen Namen hatte Bernstein vergessen. Ziel und Zweck der Reise nannte der Unbekannte nicht. Bernstein lud ihn zum Abendbrot ein, um von ihm Neuigkeiten aus Israel zu erfahren. Am Abend wurde ihm schnell klar, dass der Mann rechtsradikale Ansichten vertrat. »Er sagte, daß es im Jahre 1947 ... für Begin ... ein leichtes gewesen wäre, eine innere Revolution in Palästina zu entfachen, um die militärische und die Staatsgewalt zu erlangen. Er verurteilte, daß Begin die unausbleiblichen Opfer gescheut habe.« Abramowicz bestätigte ihm später, dass der Besucher dem Irgun angehört habe.

Der Mann blieb etwa zwei Stunden und wurde von zwei oder drei Personen in einem Opel-Kapitän mit deutschem Kennzeichen abgeholt. Nach der Hausdurchsuchung einige Tage später vermutete Bernstein, dass das Interesse der Kriminalpolizei mit dem Besuch des Mannes zusammenhängen könnte. »Ich bin damals zu der Annahme gekommen, daß diesem Manne das Attentat ... durchaus zuzutrauen war.«

Im Frühjahr 1954 war Samuel Bernstein drei Wochen in Israel, wo er auch mit Mitgliedern der Cheruth-Partei ins Gespräch kam. »Von diesen Leuten ist mir der Name des Attentäters genannt worden. *Es war dies der gleiche Name, unter dem sich der oben genannte Besucher bei mir in Frankfurt vorgestellt hat*« (im Protokoll unterstrichen; d. Verf.). Die Cheruth-Leute verurteilten die Tat und versicherten ihm, dass der Attentäter bereits ein Jahr vor dem Anschlag aus der Partei ausgeschlossen worden sei.[26] Damals erfuhr er erstmals die Tatzusammenhänge, »wie sie in Israel offenes Geheimnis sind«. Sie deckten sich mit Pelats Aussagen. Unmittelbar nach der Paketübergabe soll der Attentäter über Österreich wieder nach Paris gefahren sein.

Die neuen Erkenntnisse warfen weitere Fragen auf. Warum besuchte Lutan Samuel Bernstein, der mit den radikalen Revisionisten verkracht war? Smalltalk vor einem politischen Anschlag erscheint wenig wahrscheinlich. Wer waren seine Begleiter? Wo übernachtete Lutan in der Nähe Münchens? Und warum wandte sich Lutan – vermutlich – an die Brüder K.? Hatte er von Farshtej, der die beiden gut kannte, einen Tipp bekommen? Wenn Josef K. das Paket übergab (was vermutlich so war), wo war Lutan in dieser Zeit? Beobachtete er die Szene am Bahnhof? Stand der Opel-Kapitän am Nachmittag des 27. März 1952 etwa am Bahnhof, an der Bayerstraße? Haben die Jungen etwa die Scheiben des Wagens geputzt?

Trotz der offenen Fragen ergibt sich durch Bernsteins Aussage ein einigermaßen klares Bild. Einige radikale Juden, ehemalige Irgun-Aktivisten, hatten vermutlich das Attentat geplant. Lutan brachte die Bombe nach München, wollte das Paket aber nicht selbst übergeben. Josef K. ließ sich vermutlich dazu breitschlagen, war der Aufgabe aber nervlich nicht gewachsen und machte Fehler. Es zeigte sich, dass Pelat den Ablauf der Ereignisse im Großen und Ganzen kannte, allerdings lückenhaft und bei weitem nicht alle Details. Über die Münchner Vorgänge musste er sich von Silbermann informieren lassen, der ebenfalls nicht alle Einzelheiten wusste. Dies könnte darauf hindeuten, dass die Art der Übergabe erst am Tattag festgelegt wurde. Vollkommen im Dunkeln ist, wer die Propaganda-Arbeit ausführte. Die Urheber der Kommuniqués, die in Zürich und Genf abgeschickt wurden, konnten nie ermittelt werden. Es könnte sein, dass jemand in die Schweiz einreiste, um die Briefe aufzugeben. Weiterhin ist möglich, dass Farshtej tatsächlich der eigentliche Organisator des versuchten Attentats war, die Figur, die im Hintergrund die Fäden in der Hand hielt. Immerhin war er Anfang 1952 mit vier anderen Israelis in Frankreich eingereist, unter denen ein zweiter ehemaliger Etzel-Mann war: Eliezer Sudit-Sharon.[27]

Wie stand Pelat zu diesem Kreis der radikalen Ex-Irgun-Aktivisten? Genau dieser Punkt stellte die Ermittler vor große Probleme. Sie wurden den Verdacht nicht los, dass mit dem Mann irgendetwas nicht stimmte. Als Motiv gab er an, er sei mit dem Attentat auf Bundeskanzler Adenauer nicht einverstanden. Es ging ihm angeblich um eine Ehrenrettung des Judentums, sofern die Unschuld von jüdischer Seite erwiesen sei. Das kam nach seiner Aussage aber nicht in Frage. Konnte die Missbilligung eines Anschlags so weit gehen, dass ein Etzel-Aktivist seine ehemaligen Mitstreiter verriet? Er musste wissen, was man beim Irgun mit Verrätern machte.[28] Gab es einen anderen Grund, den die Ermittler nicht kannten? Wollte er sich für irgendetwas rächen? Oder wollte er schlicht die ausgesetzte Belohnung von 15 000 Mark kassieren? Angeblich hatte er diese Frage im Oktober 1952 verneint, doch der protokollführende Beamte kehrte sein Statement ins direkte Gegenteil um und schrieb: »... gab er zur Antwort, daß es ihm darum gehe, in den Besitz einer solchen Prämie zu kommen.« Der V-Mann unternahm später einige Anstrengungen, um klarzustellen, wie er es gemeint hatte.[29] Man glaubte ihm. Und trotzdem wurde man aus ihm nicht schlau. Die Ermittler beschlich das Gefühl, dass der Mann sie manipulierte.

Wollte Pelat von Josef K. ablenken?

Walbaums Theorie

Jede Geschichte im Umfeld der Geheimdienste hat bekanntlich zwei Varianten. Am Ende ist immer alles genau umgekehrt oder steht gewissermaßen auf dem Kopf. Die bekannten Schurken treten in den Hintergrund und machen anderen Platz, die bisher unscheinbar am Rande standen. Das Attentat auf Adenauer ist keine Ausnahme: Auch hier soll zum Schluss alles ganz anders gewesen sein. Zumindest behauptete dies ein ehemaliger Mitarbeiter des Sachgebiets »Sprengstoff-Delikte« im Bayerischen Landeskriminalamt, der als guter Kenner der Tatumstände und der bisherigen Ermittlungen gelten muss. Er hatte unter Kriminalinspektor Gnirs gearbeitet und nach dessen Fortgang die kleine Arbeitsgruppe kurze Zeit geleitet. Im Jahre 1955 versetzte die Direktion des BLKA den Beamten, sein Name ist Heinrich Walbaum, in das neugegründete Sachgebiet »Staatsschutz-Delikte«, amtlich »III b/3« genannt, dessen Leiter er in späteren Jahren wurde. Dieses neue Referat beteiligte sich ebenfalls an den Ermittlungen des Attentats auf Adenauer. Doch im Grunde genommen blieb alles beim Alten: Auch Walbaum war im Zweiten Weltkrieg Pionier gewesen, er war – wie seine Kollegen vom alten Sachgebiet »EA 2« – Fachmann für Zünder und Sprengsätze, Bomben und TNT und wusste, wie man Brücken sprengt und Häuser in die Luft jagt.

Walbaum war ein ruhiger, zurückhaltender Mann. Von seinen Kollegen wird er als nicht sehr gesprächig geschildert, als ungemein genau bis in die letzten Details und enorm fleißig. Er muss ein Arbeitstier sondergleichen gewesen sein. Eine Führungspersönlichkeit war er wohl nicht, eher ein »Vorarbeiter« seiner Kollegen und Untergebenen. Seine Vorgesetzten bis hinauf zur Direktion des Landeskriminalamtes hatten Vertrauen zu ihm, Walbaum war ein integrer Mann. Dass sich das neue Referat an den Ermittlungen des Attentats auf Adenauer beteiligte, lässt darauf schließen, dass man sich durch ihn vielleicht einen Erfolg erhoffte. Auf Heinrich Walbaum lastete ein gewisser Erwartungsdruck.

Walbaum enttäuschte nicht und legte eine neue Theorie vor. Zu ihrem wichtigsten Baustein wurde ein Sprengstoffanschlag, der sich am 5. Juli 1955 in München ereignete. An jenem Dienstag, kurz vor 15 Uhr, explodierte im Postamt in der Agnesstraße in Schwabing ein Sprengsatz, der die Schalterhalle völlig zerstörte. Den Polizeibeamten, die wenige Minuten später eintrafen, bot sich ein Bild der Verwüstung. Die Bombe hatte das gesamte Glasdach der Halle zerschmettert, ein Meer von Scherben bedeckte den Boden des großen Schalterraums. 18 Personen waren zum Teil schwer verletzt. In der Mitte der Halle lagen die entstellten Körper einer alten Frau und eines Mannes, deren Gliedmaßen zum Teil abgerissen waren. Dem Mann hatte die Wucht der Detonation das Gesicht völlig zerstört.[1]

Um 15 Uhr 30 trafen die Sprengstoff-Spezialisten des Bayerischen Landeskriminalamtes ein, darunter Kriminalinspektor Gnirs und sein Kollege, Kriminalinspektor Walbaum. Da sich in der verwüsteten Schalterhalle ein Reisepass auf den Namen Matus Cernak fand, der keinem der Kunden des Postamtes und keinem Schalterbeamten gehörte, wurde er dem männlichen Leichnam zugeordnet. Aufgrund der Unterlagen im Postamt ergab sich folgender Ablauf: Der Mann hatte am frühen Nachmittag in seinem Schließfach in der »Agnes-Post« eine Mitteilung gefunden, dass ein eingeschriebenes Paket für ihn eingetroffen sei. Er legte den Zettel am Schalter vor, erhielt das an ihn gerichtete Paket und quittierte den Empfang. Er ging zu einem der hölzernen Pulte in der Mitte der Halle und öffnete die Sendung exakt um 14 Uhr 57. Die Druckwelle tötete Matus Cernak auf der Stelle, ebenso eine ältere Frau, die in seiner Nähe stand.

Matus Cernak hatte einen Namen. Als Vorsitzender des »Büros des Slowakischen Nationalrates im Ausland, Landesgruppe Deutschland« war er ein einflussreicher Exilpolitiker, den die politischen Verhältnisse aus seinem Heimatland vertrieben hatten. Er gab die Zeitung *Slobodne Slovensko (Die freie Slowakei)* sowie die *Slowakische Korrespondenz* heraus, ein für deutsche Leser, vor allem Politiker, bestimmtes Monatsblatt von gemäßigter politischer Richtung, jedoch mit scharfen Kommentaren und Seitenhieben gegen andere Exilgruppen. In dieser Zeitschrift bezeichnete sich der Herausgeber Cernak gern als »Minister«, der er einmal gewesen war. Beide Blätter hatte er bisher bei sich zu Hause redigiert – in zwei Zimmern, die er in der Friedrichstraße 21 in Untermiete bewohnte. Im Juni, kurz vor dem Anschlag, war der alleinstehende Cernak gerade dabei, sich eine Vierzimmerwohnung im vierten Stock der Ainmillerstraße 31 einzurichten, in der außer der Redaktion der Zeitschriften die Zweigstelle des Slowakischen Nationalrates im Ausland, das Slowakische Sozialkomitee sowie das unter seiner Leitung stehende Slowakische Institut untergebracht waren. Dieses Institut gab Bücher und Broschüren heraus und organisierte Vorträge – alles im Dienst der slowakischen Sache. Zwei bis drei Mal im Jahr reiste er nach Bonn, um den Kontakt mit deutschen Politikern zu pflegen. Sein politisches Gewicht in der slowakischen Emigration war mehr als beachtlich, er stand in Verbindung mit maßgeblichen Exilpolitikern seines Landes in den Vereinigten Staaten, Kanada, Spanien, England und Frankreich. Matus Cernak war ohne Zweifel der bedeutendste Politiker der gesamten slowakischen Emigration.

Es lag nahe, dass der Sprengstoffanschlag ihm gegolten hatte. Binnen kurzer Zeit stand fest, dass das Paket im Postamt 9 im Frankfurter Hauptbahnhof aufgegeben worden war. Gegen 20 Uhr ging ein Blitzfernschreiben an die Kripo Frankfurt, um drei Uhr nachts lag die Antwort vor: Der Postbeamte sei gefunden und könne sich erinnern. Noch in der Nacht berichtete der Mann den bayerischen Kriminalbeamten fernmündlich, dass das

Paket am Montag, dem 4. Juli, gegen 19 Uhr 15 von einem Mann aufgegeben worden war, der Wert darauf legte, die Sendung am anderen Tag in München zu wissen. Der Unbekannte war 40 bis 45 Jahre alt, 1,65 bis 1,70 Meter groß, mittelschlank, hatte ein ovales Gesicht, dunkles Haar, dunklen Bartwuchs und war »überhaupt ein dunkler Typ«. Besondere Kennzeichen hatte der Postbeamte nicht wahrgenommen. Der Mann trug einen dunklen Filzhut, einen Mantel in gedeckter Farbe und sprach gebrochen deutsch mit slawischem Akzent. Das Paket war sorgfältig mit braunem Papier verpackt, verschnürt und mit großen und kleinen Druckbuchstaben direkt beschriftet, ohne Aufkleber. Der Postbeamte meinte sich zu erinnern, dass der Absender gleichlautend mit dem Empfänger gewesen sei: »Rechtsanw. Dr. Cernak«. Die Ermittler konnten den Postbeamten dazu bewegen, für einige Tage nach München zu kommen.

Die bayerischen Behörden maßen dem Attentat auf Cernak große Bedeutung bei, nicht zuletzt deshalb, weil zahlreiche Exilgruppen aus allen möglichen europäischen Ländern München als ihr Zentrum ausersehen hatten. Eine Sonderkommission wurde eingerichtet, für die Ergreifung der Täter setzte man eine Belohnung von 10 000 Mark aus. Nach und nach stellte sich heraus, dass Cernak eine schwierige politische Biographie hatte, die eng mit dem nationalsozialistischen Deutschland verbunden war. Im Jahre 1903 als Sohn eines Mühlenbesitzers in Vieska in der Slowakei geboren, studierte Cernak an der Philosophischen Fakultät in Prag und Leipzig, war Gymnasiallehrer in Tyrnau und Pressburg, später Referent in der Schulabteilung des tschechoslowakischen Unterrichtsministeriums, Abteilung Slowakei. Er trat der Slowakischen Volkspartei Andrej Hlinkas bei und wurde 1938 Minister ohne Portefeuille der rechtsgerichteten Regierung des Generals Sirovy, der tschechoslowakischen Übergangsregierung. Infolge des enormen politischen Drucks, den Deutschland in der Sudetenfrage auf die Tschechoslowakei ausübte, erstarkte der slowakische Nationalismus, so dass die Slowakische Volkspartei mit ihrem SA-ähnlichen Verband der Hlinka-Garde der Prager

Jozef Tiso, 1938 bis 1945 Präsident des Slowakischen Staates, und NS-Außenminister Joachim von Ribbentrop (rechts) bei einem Treffen in Salzburg am 28. Juli 1940.

Regierung politische Zugeständnisse abringen konnte. Im September 1938, als Hitler im Abkommen von München Großbritannien, Frankreich und Italien dazu brachte, der Abtretung des Sudetenlandes an Deutschland zuzustimmen, war die Stunde für eine weitgehend autonome Slowakei gekommen. In der autonomen Regierung der Slowakei unter Jozef Tiso, der 1938 Hlinka als Führer der Slowakischen Volkspartei nachgefolgt war, bekleidete Cernak das Amt eines Schulministers. Nachdem deutsche Truppen im März 1939 die »Rest-Tschechei« besetzt hatten, überredete Hitler den zaudernden Tiso, den Slowakischen Staat auszurufen und sich als dessen Präsident einzusetzen. Dem Anschein nach war die Slowakei nun ein selbständiger Staat, faktisch war sie von Deutschland völlig abhängig. Tisos ursprüngliche Absicht war dies nicht gewesen: Der Präsident hätte einer starken, autonomen Slowakischen Republik im Verbund mit einer politisch schwachen, aber wirtschaftlich potenten Tschechei den Vorzug gegeben. Mit seiner überwiegend katholischen Bevölkerung neigte der Marionettenstaat eher dem italienischen Faschismus zu, war aber politisch und wirtschaftlich zu einer engen Zusammenarbeit mit Nazi-Deutschland gezwungen. Dieser Regierung gehörte Matus Cernak zunächst als Minister ohne Portefeuille an, während des Zweiten Weltkriegs ging er als Gesandter und bevollmächtigter Minister seines Landes nach Berlin; 1944 wurde er von seinem Posten abgelöst. Im Frühjahr 1945 setzte sich Cernak aus der Slowakei nach Westen ab, wurde von den Alliierten jedoch an die Tschechoslowakei ausgeliefert und verbüßte eine zweijährige Gefängnisstrafe. Er kam noch glimpflich davon, mehrere Regierungsmitglieder wurden hingerichtet, darunter Expräsident Jozef Tiso. Kurz nach dem kommunistischen Umsturz 1948 flüchtete Cernak unter abenteuerlichen Umständen – angeblich in einem Diplomatenkoffer versteckt – nach Österreich; zwei Jahre später ließ er sich in München nieder.

Im Slowakischen Nationalrat waren die meisten der ehemaligen Diplomaten, Politiker, Professoren, Geistlichen und Intellektuellen des Landes vertreten, viele von ihnen hatten dem ehemaligen Slowakischen Staat gedient. Nachdem Cernak im Frühjahr und Sommer 1953 mehrere Monate durch die Vereinigten Staaten und Kanada gereist war, die Länder mit der größten slowakischen Emigration weltweit, galt er als aussichtsreichster Kandidat für den Posten des Leiters der Gesamtorganisation. Allerdings waren »nicht unmaßgebliche Persönlichkeiten«, wie es in der Akte heißt, abgesprungen und hatten sich tschechischen Exilgruppen angeschlossen, unter anderem der tschechischen Redaktion von Radio Freies Europa in München. Es zeigte sich, dass die slowakische Emigration in viele Fraktionen und Gruppen zerfiel, die miteinander zerstritten waren. Wer unter den Emigranten hatte Matus Cernak so abgrundtief gehasst, dass er ihn mit einem Sprengsatz vernichtete?

Feinde hatte Cernak nicht gerade wenige: Da war die tschechische Redaktion von Radio Freies Europa, die ihn für einen Se-

Der slowakische Exilpolitiker
Matus Cernak Anfang der fünfziger
Jahre

paratisten hielt und im Sender jede politische Meinungsäußerung des Slowakischen Nationalrats verhinderte. Monat für Monat schoss Cernak deshalb in seiner *Slowakischen Korrespondenz* eine Breitseite gegen die Redaktion ab. Im Westen lebende tschechische Nationalisten griffen Cernak ebenfalls an. Mit Ferdinand Durcansky, dem Leiter des »Slowakischen Befreiungskomitees« in München, der die Gründung einer selbständigen Slowakischen Republik forderte, lag Cernak ebenfalls im Streit. Durcansky wollte eine Republik frei von Kommunismus und tschechischer Bevormundung, Cernak hingegen suchte die Föderation mit den Tschechen. Als ehemalige Minister der Regierung Tiso waren sie zu Intimfeinden geworden.[2]

Den Ermittlern gab zu denken, dass sie in der »Agnes-Post« zwar eine große Anzahl Splitter fanden, die offenbar von einem Metallmantel stammten, aber keine Überreste des Pakets, des

Zünders sowie keine Schmauchspuren. Das war außergewöhnlich, denn selbst bei Bomben mit hoher Sprengkraft bleiben in der Regel Schmauchspuren zurück, die eine Bestimmung des Sprengstoffs ermöglichen, sowie Teile des Zünders. Die Kriminaltechniker des BLKA vermuteten einen Sprengstoff, der sich bei der Detonation völlig umsetzte, ohne Schmauch zu hinterlassen. Sie nahmen ferner an, dass der Zünder aus einem Material bestand, das bei der Detonation restlos zerstört wurde. Außerdem könnte die gesamte Verpackung so stark nitriert worden sein, dass sie an der Explosion teilnahm. Mit anderen Worten: Die Bombenbauer waren technisch nicht nur hochprofessionell, sie hatten vermutlich eine technische Raffinesse erprobt. Und sie wollten keine Spuren hinterlassen, die man hätte zurückverfolgen können.[3]

Was den Absender betraf, der angeblich »Rechtsanw. Dr. Cernak« hieß, so konnte es sich nur um den in Frankfurt lebenden Bundestagsabgeordneten und Rechtsanwalt Dr. Fritz Czermak handeln, dessen Namen der Postbeamte als »Cernak« gelesen hatte. Czermak war mit dem Ermordeten persönlich bekannt gewesen. Wie er der Polizei mitteilte, hatte er den Slowaken gelegentlich auf Tagungen und Veranstaltungen getroffen. Doch er stritt ab, ihm je ein Paket geschickt zu haben, er kenne nicht einmal seine Adresse in München. Also hatten die Täter aus bestimmten Gründen seinen Namen verwendet.[4]

Es gab weitere Überraschungen. In Cernaks Wohnung stießen die Ermittler auf zwei große Koffer mit Schriftstücken und Dokumenten, die »Stück für Stück« übersetzt werden mussten. Nach und nach stellte sich heraus, dass der Tote ein Doppelleben geführt hatte. Es gab den Exilpolitiker Cernak, und es gab Cernak, den Chef eines Nachrichtendienstes. Gnirs fand eine Liste von rund dreißig Agenten, die mit Decknummern aufgeführt und zum Teil näher charakterisiert waren. Da war von einem Mitarbeiter die Rede, der ein »feinfühliges Beobachtungstalent« habe. Über den Agenten mit der Nummer 12 hieß es, er sei der »beste Kurier«, der überhaupt in der Emigration zu finden sei: Seit 1948 aktiv, habe er bei mindestens 25 Grenzübergängen

Nachrichtenmaterial sowie zehn Personen mitgebracht. Für seine Dienste bekam die Nummer 12 daher die höchsten Honorare der Agentengruppe.[5]

Die Dinge lagen eindeutig: Cernak hatte einen Nachrichtendienst aufgebaut, der gegen die kommunistische Tschechoslowakei spionierte und den er »einer bestimmten ausländischen Macht zur Verfügung stellte oder zumindest zur Verfügung bereit hielt«. Wahrscheinlich handelte es sich um den amerikanischen Geheimdienst CIA, möglicherweise aber um einen französischen Nachrichtendienst, zu dem Cernak Verbindungen hatte.[6] Weiterhin sollte Cernak »von einer in München stationierten ausländischen Abwehrorganisation für nachrichtendienstliche Betätigung gewonnen werden«. Damit war vermutlich die Organisation Gehlen gemeint, die damals noch vom amerikanischen Geheimdienst CIA geführt wurde, in Deutschland offiziell gar nicht existierte und im April 1956 von der Bundesrepublik Deutschland als Bundesnachrichtendienst (BND) übernommen wurde.[7] Zu einer Zusammenarbeit mit der »in München stationierten ausländischen Abwehrorganisation« kam es jedoch nicht, denn Cernak verlangte zu viel Geld.

Cernak machte auf andere stets den Eindruck eines einfachen, rechtschaffenen und gläubigen Menschen, doch offenbar war seine Persönlichkeit etwas komplizierter angelegt. Trotz seiner zahlreichen Kontakte lebte er isoliert, ein Privatleben schien er nicht zu haben. Er war aus seinem Heimatland vertrieben; seine in der Slowakei verbliebene Frau hatte sich von ihm losgesagt, ebenso sein Sohn und zwei Brüder. Möglich, dass er gern hoch pokerte und zu Selbstüberschätzung neigte: Vom Wert seiner nachrichtendienstlichen Erkenntnisse und von seinem Arbeitsstil schienen seine Partner nicht ganz überzeugt zu sein. Cernak konnte offensichtlich nicht delegieren und wollte alles selbst erledigen. Seinen Nachrichtendienst schottete er selbst gegen Mitglieder des Slowakischen Nationalrates ab. Nur er allein hatte Zugang zum Schließfach in der »Agnes-Post«. Das bedeutete im Klartext: Cernak war ein Geheimdienst-Chef, der die Post selbst holte und eigenhändig öffnete. Das war ihm zum Verhängnis geworden. Cernak war ein Dilettant.

Die meisten seiner Landsleute in der Emigration waren wohl ahnungslos, wer Cernak wirklich war. Andere, die es vielleicht besser wussten, zeichneten nach seinem Tod ein lichtes, helles Bild von ihm. Im August 1955 erschien in München die Broschüre »Wer war Matus Cernak?«, in der man folgende Worte findet: »... an der Lauterkeit seines politischen Wollens und an der Sauberkeit seiner Arbeit (sind) keine Zweifel möglich.« Oder: »Das oberste Gebot seiner politischen Arbeit war, stets und überall reine Hände zu bewahren und sich von allen geheimen Dingen fernzuhalten.«[8] Das war irreführend, um nicht zu sagen glatt gelogen. Im Slowakischen Nationalrat im Ausland, dem Herausgeber der Schrift, saßen Leute, die eng mit ihm zusammenarbeiteten und ihm das Geld für seinen Dienst beschafften. Am besten wussten wohl jene, die er ausspionierte, was sie an ihm hatten – und die deswegen beschlossen, ihn zu ermorden. Die Gegner, die Cernak so abgrundtief hassten, dass sie ihn nicht einfach erschossen, sondern mit einem Sprengsatz regelrecht vernichteten, waren seine »Kollegen« vom tschechoslowakischen Geheimdienst StB. Das waren keine Dilettanten.

In den Wochen vor dem Verbrechen waren Ereignisse eingetreten, die zeigten, dass sich der Strick um Cernaks Hals langsam zuzog. Vor dem Militärischen Kollegium des Obersten Gerichtshofes in Prag wurden Mitte Juni 1955 zwölf Personen der Spionage für westliche Nachrichtendienste angeklagt[9], darunter ein Bernard Nemcek als Hauptangeklagter. Cernak verfolgte die Berichterstattung über den Prozess mit größter Aufmerksamkeit. Einige der Männer muss er gekannt haben, vermutlich waren sie sogar Agenten seines Nachrichtendienstes. Bernard Nemcek wurde zum Tode verurteilt, elf der Angeklagten erhielten Gefängnisstrafen bis zu 25 Jahren. Ferdinand Durcansky, Leiter des »Slowakischen Befreiungskomitees« in München, war jedoch überzeugt, dass der eigentliche, ungenannte Hauptangeklagte dieses Prozesses Matus Cernak gewesen sei.[10] Wenige Tage vor dem

Anschlag verschwand ein enger Mitarbeiter Cernaks, der bei Radio Freies Europa als Sprecher beschäftigt war, spurlos aus München. Kurz darauf hörte man ihn als Sprecher im Staatlichen Rundfunk der Slowakei. Josef Oravec, ein enger Vertrauter Cernaks, reiste mit einem offensichtlich geheimdienstlichen Auftrag in die Tschechoslowakei. In den Tagen vor dem Anschlag war seine Rückkehr längst überfällig, was Cernak in große Unruhe versetzte. Der Mann kam nie zurück.[11] Es tauchten Drohbriefe gegen führende Vertreter des Nationalrates in Europa und Nordamerika auf, in denen davor gewarnt wurde, »die Einheit der Tschechoslowakei anzugreifen«. Und schließlich wurde das Attentat Anfang Juli angeblich dem FBI angekündigt. Die Information stammte von einem Dr. Michael Zibrin in Chicago, einem ehemals aktiven Politiker der slowakischen Emigration. Ihm war zugetragen worden, dass gegen ihn und Cernak ein Attentat geplant werde. Das FBI stufte diese Meldungen als »nicht sehr dringlich« ein.[12] Cernak wusste die Anzeichen der drohenden Gefahr nicht zu lesen.

Die polizeilichen Ermittlungsprotokolle in der Akte »M Inn 91889« brechen Mitte August 1955 ohne Abschlussbericht plötzlich ab. Das neugegründete Sachgebiet für »Staatsschutz-Delikte« des Bayerischen Landeskriminalamtes übernahm den Fall – sehr wahrscheinlich, dass der inzwischen versetzte Walbaum auch dieses Attentat mitnahm. Die neu anfallenden Unterlagen dieses Falles nahmen einen anderen Weg, so dass in der Akte »M Inn 91889« nicht mehr allzu viel passierte. Ein gewissenhafter Mitarbeiter legte noch einen Beitrag der *Süddeutschen Zeitung* vom 19. Oktober 1955 hinein, in dem es heißt: »Die Vermutungen, Cernak habe sich im Netz einer Spionageorganisation befunden, haben sich nicht bestätigt.« Ohne Quelle. Es ist das letzte Schriftstück in der Mappe. Es scheint so, als habe die Ignoranz das Feld behauptet.

Walbaum ermittelte nun den Anschlag auf Matus Cernak sowie weiterhin das Adenauer-Attentat. Aber noch eignete sich der Mord an Cernak nicht als Baustein für eine neue Theorie zum Attentat auf den Bundeskanzler. Es fehlte das Wichtigste – das Fundament. Walbaum bekam es aus den Vereinigten Staaten frei Haus geliefert. Der bayerische Staatsschützer hatte erfahren, dass der slowakische Emigrant, bisher in der Akte als »V-Mann« und »Pelat« geführt, längere Zeit vom amerikanischen Geheimdienst beobachtet worden war. In einem offiziellen Brief bat Walbaum um Auskunft über diesen Mann, den er fortan mit Namen nennt – Walther V. Im Juli 1957 erhielt er von einem Dr. Stanislav Vrtilek aus Illinois ein längeres, ziemlich geschwätziges Antwortschreiben mit einem antisemitischen Grundton.[13] Vrtilek teilte mit, von 1949 bis 1951 in der Schweiz tätig gewesen zu sein, als CIA-Agent, wie er andeutete. Bei der Beschattung von Kommunisten in Prag und später in der Schweiz seien er und seine Kollegen durch Zufall »auf das groß und sehr geschickt angelegte kommunistische Spionagenetz und die ... kommunistischen Umtriebe« eines Familien-Clans von vier Brüdern mit dem Namen Vogel gestoßen, die 1938 aus der Slowakei in die Vereinigten Staaten ausgewandert waren.[14] »Die besondere Gefährlichkeit ... wurde besonders durch den Umstand begünstigt, daß diese Leute in den höchsten Kreisen verkehrten und über außerordentlich gute Beziehungen und Konnektionen verfügten, die sie ... vor allem auch zu ihrem Schutze ausnützten«, schrieb Vrtilek. Die Brüder hätten sofort nach ihrer Ankunft in den Vereinigten Staaten mit Hilfe des jüdischen Joint und von Geldern, die ihnen Eduard Beneš und Honza Masaryk[15] »aus ihren geheimen Fonds« zukommen ließen, Fuß gefasst und ihre »typisch jüdischen Geschäfte« begonnen. »Sie nützten schon damals reichlich ihre Verbindungen zu Dr. Beneš und seiner Clique in London aus und knüpften Verbindungen zu den Kommunisten an«, berichtete der angebliche CIA-Agent. »Durch irgendeinen Schwindel oder jüdischen Dreh« hätten sie vorzeitig die amerikanische Staatsbürgerschaft erworben.

Die vier Brüder hatten einen Neffen namens Walter, der 1938 nicht mit ihnen nach New York ging, sondern in der Slowakei blieb. Nachdem die Rote Armee im April 1945 die Slowakei besetzt hatte, habe er »unverzüglich gute Verbindungen zu den Kommunisten angeknüpft«, berichtete Vrtilek. »Erst ... gegen Ende des Jahres 1947 verlegte er seine Tätigkeit mehr nach Prag und baute dortselbst anscheinend durch Vermittlung ... von Slánský-Salzmann und anderer Juden aus der Führung der Kommunistischen Partei in Prag eine großzügige Zusammenarbeit und Kooperation« aus.[16] »Dazu gehört auch der Aufbau eines umfangreichen Spionagenetzes«, versicherte Vrtilek. »Am 6. April 1948 reiste Walter V. im Einvernehmen und anscheinend sogar in direktem Auftrage der Kommunisten nach dem Westen (...) und errichtete kurz darauf seinen Hauptstandort in München, um von dort aus seine gesamte prokommunistische Tätigkeit zu organisieren und zu leiten.« Besonders verdächtig erschien dem »CIA-Mann« der tschechische Reisepass von Walter V., der »mit der bekannten Ausreiseklausel der sechsten Abteilung des tschechoslowakischen Innenministeriums versehen war«.[17] Angeblich sei in diesem Pass ein geheimer Vermerk gewesen, dass der Inhaber ein zuverlässiger Vertrauensmann der Kommunistischen Partei sei. In Paris habe sich Walter V. einen israelischen Reisepass ausstellen lassen und sei in den Jahren 1948 bis 1951 »ununterbrochen zwischen Paris, Zürich, München, Wien, Antwerpen, Frankfurt, Budapest, Prag, Berlin-Ostzone, Stuttgart, Amsterdam, Warschau« gereist. Außerdem sei er in dieser Zeit zwei Mal in Bukarest gewesen, in der Schweiz etwa acht bis zehn Mal pro Jahr. Im Gegensatz zu seinen Onkeln, die stets in Luxushotels abgestiegen seien, bevorzuge Walter V. nur Hotels zweiten Ranges, in Zürch meist das Hotel »Simplon«. Überhaupt habe sich Walter V. »sehr unauffällig« bewegt, habe »sehr raffiniert und geschickt« gearbeitet und »nicht so verschwenderisch und auf großem Fuße gelebt, wie seine Onkel es taten«. Vrtilek hatte Walter V. nie zu Gesicht bekommen.

Vrtilek ließ Walbaum nicht im Ungewissen darüber, was die »Gruppe Vogel« denn angeblich so trieb. Nach seiner Darlegung handelten die Brüder Vogel mit strategisch wichtigen Gütern, deren Export in den Ostblock die Vereinigten Staaten mit einem

Embargo belegt hatten – unter anderem Kugellager, Quecksilber, langfaseriger Asbest, Nickel, nahtlose Stahlröhren und Buntmetalle. Die Waren wurden unter falscher Deklaration ausgeführt und den sozialistischen Ländern über Drittstaaten zugeliefert, wobei die Schweiz bei diesen so genannten Umgehungsgeschäften die Drehscheibe war.[18] Oberhaupt der »Gruppe Vogel« sei Zdeněk Vogel, doch Walter V. sei der »europäische Hauptleiter«, die »treibende Kraft« des Quintetts. Vrtilek gab den Reingewinn des Familienunternehmens durch die europaweiten Schiebergeschäfte und den Schwarzhandel von 1949 bis zum ersten Quartal 1951 mit »zumindest 30 Millionen US-Dollar« an, und das sei »sehr niedrig geschätzt«, versicherte Dr. Stanislav Vrtilek dem Herrn Kriminalinspektor.

Akribisch zählte Vrtilek auf, wie oft die Brüder in den letzten Jahren nach Europa geflogen waren: Zdeněk Vogel reiste im Jahre 1948 drei Mal an, ein Jahr später brachte er es auf sieben Reisen, 1950 flog er sechs Mal nach Europa. Bei Richard Vogel zählte der »CIA-Agent« insgesamt neun Reisen in den Jahren 1948 und 1949, Karel Vogel kam vier Mal nach Europa. Sonderbarerweise schien Vrtilek nicht zu wissen, welchem Gewerbe die angeblichen Agenten überhaupt nachgingen: Die Brüder Vogel waren Pelzhändler und hatten vor dem Zweiten Weltkrieg in Prag die Firma Arnstein & Pick betrieben, ein gut beleumundetes, erfolgreiches Import-Unternehmen für erstklassige Rauchwaren, die vor allem bei den tschechoslowakischen Hut- und Mützenherstellern Verwendung fanden. Die Pelze kauften die Brüder auf dem internationalen Markt ein. Im Jahre 1938, im Jahr des Abkommens von München, verließen sie die Tschechoslowakei, um in New York die United Skins Trading Corporation zu gründen.[19] Anscheinend waren die Brüder Vogel erfolgreiche, international tätige Geschäftsleute, die ihren Handel aus wirtschaftlichen Gründen an eines der Weltzentren der internationalen Bekleidungsindustrie verlegt hatten, an dem in großem Stil auch mit Rauchwaren gehandelt wurde. Die Tschechoslowakei war ihnen wirtschaftlich – vielleicht auch politisch – zu eng geworden, vor allem als

Deutschland die Sudetenkrise heraufbeschwor. Vrtilek sah in den zahlreichen Europa-Flügen der Brüder ein untrügliches Zeichen für eine Spionagetätigkeit. Dabei waren sie vielleicht nur erfolgreiche Geschäftsleute.

In einem furiosen Rundumschlag nennt Vrtilek zweifelhafte Unternehmen, dubiose Geschäftspartner, gerissene Geheimdienstleute und Dunkelmänner, die mit der Gruppe Vogel zusammengearbeitet haben sollen. Walter V.'s Schiebertätigkeit sei zum Teil mit der Wismut AG[20] in der Sowjetischen Besatzungszone bzw. in der DDR sowie mit der USIA[21] in Wien verbunden gewesen. Die USIA, die »Uprawlenie Sowetskowo Imuschtschestwa w Awstrii« (Verwaltungsstelle für sowjetisches Eigentum in Österreich), war eine Besatzungsbehörde, die rund dreihundert Industriebetriebe sowie etwa einhundertvierzig land- und forstwirtschaftliche Unternehmen in Österreich verwaltete. Diese Betriebe galten als ehemaliges deutsches Eigentum und gehörten, kraft Besatzungsrecht, dem sowjetischen Staat. Mit dem Leiter der USIA, dem ehemaligen Obersten M. W. Tichomirow[22], soll Walter V. eng zusammengearbeitet haben. Tichomirow, der in Wien, Trattnerhof 1, nahe dem Graben, das Firmenimperium der USIA leitete, beschaffte kriegswichtige Güter und Rohstoffe für die Sowjetunion, was auf eine geheimdienstnahe Tätigkeit schließen lässt. Einen Teil seiner Schiebergeschäfte habe Walter V. über die sowjetische Militärbank in Wien finanzieren können. Weiterhin habe Walter V. über den aus Prag stammenden Bohumil G. Kontakt mit der Sowjet-Botschaft in Paris gehalten; mit der Tschechoslowakei habe er über Dr. B., den Direktor der Firmen Papco und Mercuria, sowie über die Stewardess M. von »Czechoslovak Airlines« in Verbindung gestanden. Bei einem geschickt eingefädelten Geschäft habe es allerdings eine Panne gegeben: Über eine vorgeschobene österreichische Firma habe Walter V. in der Bundesrepublik etwa 5000 Tonnen nahtlose Stahlröhren kaufen lassen, die nach Venezuela verschifft werden sollten. Sie waren für den kommunistischen Konzern Wismut AG bestimmt. Er erwarb die Ware für die USIA und ließ sie über Antwerpen auf einem polnischen Frachter nach

Danzig verschiffen. Das Geschäft flog auf, weil die Ware falsch deklariert war: Der Abnehmer in Venezuela existierte gar nicht.

Interessanterweise war die Familie Vogel nicht nur dem »CIA« aufgefallen, sondern auch dem Nachrichtendienst der Schweiz. Die Berichte und Notizen der Eidgenossen sind im Gegensatz zu Vrtileks geschwätzigem Bericht von einer geradezu staubtrockenen Nüchternheit. Es wurde penibel aufgelistet, wann welcher der Brüder Vogel in der Schweiz war, woher kommend, in welchem Hotel abgestiegen. Sie stiegen immer in den ersten Hotels ab, waren als Gäste sehr geschätzt und willkommen. In einem Schreiben der Stadtpolizei Zürich an das Kriminalkommissariat heißt es: »Diese Gebrüder Vogel sollen durch ihre handelspolitischen Transaktionen ein Vermögen von über 20 Millionen Dollar zusammengerafft haben. Es habe sich ferner ergeben, dass Zdeněk Vogel ein intimer Freund des russischen Botschafters in Washington sei und dass er auch Verbindung mit dem tschechischen Gesandten, Dr. Hoffmeister, in Paris habe. (...) Einen Teil seiner handelspolitischen Nachrichten habe Zdeněk Vogel oder dessen Brüder vom Vorsitzenden des ›Rates der freien Tschechoslowakei‹ in Washington bezogen und diesem, also Dr. Peter Zenkl[23], Schmiergelder im Betrage von 2 – 3000 Dollar monatlich ausgehändigt.« Die Embargo-Ware, heißt es weiter in dem Schreiben, sei über England, Holland und Belgien in die Tschechoslowakei oder zum Teil über die Schweiz und USIA-Firmen in Österreich direkt nach Russland verschoben worden. Erneut fällt der Name der tschechischen Stewardess M., mit der sich Zdeněk Vogel 1948 traf. Siebzehn Mal sei der Mann von Anfang 1948 bis Mitte 1951 im vornehmen Hotel »Baur en Ville« in Zürich abgestiegen. Sein Bruder Richard Vogel, der es in zwei Jahren nur auf zehn Besuche in diesem Hotel brachte, habe sich in Zürich mit dem einschlägig bekannten Boris Trifonow getroffen.[24] Karel Vogel kam vier Mal in das Luxushotel. Da alle drei Brüder im »Baur en Ville« als »sehr gute Gäste« geschätzt wurden, mochten die Beobachter dort vorläufig keine »Erhebungen« machen.[25] Den Schweizer Behörden fiel auf, dass der von französischer Seite als

»gefährlicher Sowjetagent« bezeichnete Kunes Pany, ein Tscheche, im Dezember 1950 Kontakt mit Zdeněk Vogel und dessen Bruder Richard aufnahm.[26]

Der zitierte Bericht hat allerdings einen Schönheitsfehler: Die »von glaubwürdiger Seite« übermittelten Informationen stammten von der »amerikanischen Wirtschaftspolizei«, die einem groß angelegten Handel mit Embargo-Waren nach dem Osten auf die Spur gekommen war. Die »Hauptleute« dieser Gruppe verdächtiger Geschäftsleute waren die Brüder Vogel. Die Schweizer schöpften also aus jener Quelle, die Vrtilek und seine Kollegen erschlossen hatten, denn Vrtilek war sehr wahrscheinlich Mitarbeiter der erwähnten »amerikanischen Wirtschaftspolizei« – und nicht des »CIA«, wie er Walbaum andeutungsweise mitgeteilt hatte. Der Prozess, der da erkennbar wird, ist eine Art Potenzierung der Verdachtsmomente quer durch die Akten der Nachrichtendienste. Eine Akte gebiert die andere. Die Vermutungen und Annahmen machten fleißig die Runde, blieben aber stets vage. Beweisen oder untermauern konnten auch die stocknüchternen Schweizer Beamten die Verdächtigungen der Amerikaner nicht. Und trotzdem muss es gesagt werden: Die Beobachtungen waren hochinteressant, und man kann sich ihnen nicht ganz entziehen. Wozu mussten sich die drei Vogel-Brüder – der vierte Bruder, Otto mit Namen, blieb stets in den Vereinigten Staaten – dauernd mit Stewardessen, ehemaligen Obersten der Sowjet-Armee, bulgarischen Agenten, tschechischen Kurieren und Repräsentanten osteuropäischer Außenhandelsfirmen treffen? Kein Einziger aus diesem illustren Kreis hatte etwas mit Rauchwaren zu tun.

Man sollte unterscheiden zwischen den so genannten Umgehungsgeschäften und Spionage. Den Amerikanern war der Handel mit Embargo-Gütern mit der Schweiz als Drehscheibe ein Dorn im Auge. Es spricht vieles dafür, dass die Brüder Vogel und ihr Neffe Walter V. sich daran in großem Stil beteiligt haben. Sie werden gemacht haben, was sie am besten konnten: verhandeln, Transaktionen tätigen, Geschäfte abschließen – nicht mit Pelzen, sondern mit solchen Gütern, die die östlichen Staaten dringend brauchten und für die sie viel Geld auf den Tisch legten. Waren die Vogel-Brüder deshalb Agenten östlicher Geheimdienste? Mussten sie sich deshalb an Terroranschlägen beteiligen? Wohl kaum, dazu hatten diese Dienste ihre eigenen Leute, die das besser konnten. Es liegt jedoch nahe, dass sich im Zuge der geschäftlichen Verhandlungen nachrichtendienstliche Tätigkeit nicht ganz vermeiden ließ.

Walter V. war Kaufmann. Aber was machte er im Zweiten Weltkrieg? Walbaum hat sich allem Anschein nach nie mit dieser Frage beschäftigt – eine Frage, die seiner Theorie hätte nützen können. Während die Vogel-Brüder 1938 ihren gutgehenden Handel mit Pelzen nach New York verlegten, blieb ihr Neffe Walter V. im Lande und ging zu den Partisanen. In der Gebirgslandschaft der östlichen Slowakei schloss er sich dem Kampf gegen den verhassten Slowakischen Staat und die nicht minder verhassten Deutschen an. Möglicherweise beteiligte er sich ebenfalls am Slowakischen Aufstand 1944. Was dies bedeuten könnte, wird erst deutlich, wenn man die persönlichen Lebensumstände Walter V.s vor dem Hintergrund der geschichtlichen Ereignisse in der Slowakei während des Zweiten Weltkriegs betrachtet.

Der Slowakische Staat übernahm 1939 mit erstaunlicher Bereitschaft und Eile die deutschen Rassengesetze und machte sich daran, der jüdischen Bevölkerung die Existenzgrundlage zu nehmen.[27] Die jüdische Bevölkerung wurde aus ihren Wohngebieten vertrieben und interniert, ihr Hab und Gut beschlagnahmt. Als Deutschland die Gestellung von 20 000 slowakischen Arbeitern forderte, bot Tiso stattdessen 20 000 internierte Juden an. In der Folgezeit wurden weit über 60 000 Juden – insgesamt lebten rund 87 000 Juden in der Slowakei – nach Auschwitz deportiert. Die noch im Lande verblieben waren, wussten, was auf sie zukam, und bereiteten sich planmäßig und systematisch auf den Widerstand vor, auch in den beiden größten Konzentrationslagern Nováky und Sered. Ende August 1944 brach der Aufstand los, angeführt von der Kommunistischen Partei der Slowakei (KPS), aber unter starker Beteiligung jüdischer Kämpfer. Deren Zahl wurde recht genau ermittelt – etwa 1560, rund zehn Prozent der beteiligten Partisanen. Einer von ihnen war Walter V. Der Aufstand dauerte bis Oktober 1944 und blieb, trotz des Einmarsches deutscher Truppenverbände, nicht ohne Erfolg. Zum Beispiel konnte der Widerstand der jüdischen Nováky-Brigade, die sich aus Kämpfern des gleichnamigen Konzentrationslagers gebildet hatte, zu keiner Zeit gebrochen werden. Der Slowakische Aufstand ist einer der vielen Beweise für den groß angelegten jüdischen Widerstand gegen den Holocaust.

In der Ermittlungsakte und in der Literatur über Walter V. gibt es scheinbar widersprüchliche Hinweise: Mal soll er als Betarist gekämpft haben, mal war er angeblich ein Aktivist des Irgun Zwai Leumi; beides könnte zutreffen. Wie dem auch sei, Walter V. war bereits damals ein Widerstandskämpfer aus dem revisionistischen Lager. Doch ähnlich, wie die Geschichtsschreibung über den Aufstand im Warschauer Ghetto die Teilnahme revisionistischer Kämpfer lange Zeit totgeschwiegen hat[28], so selten findet man in der Literatur über den Slowakischen Aufstand einen Vermerk der Beteiligung von Organisationen wie Betar oder Irgun Zwai Leumi, die für einen jüdischen Staat mit weitgezogenen Grenzen einschließlich des Westjordanlands eintraten. Der vorläufig einzige Hinweis auf den »Partisan« Walter V. stammt denn auch von einem ehemaligen Kommandanten des Irgun.[29]

Bei den Ermittlungen des Cernak-Attentats könnte Walbaum ein mögliches Tatmotiv der Familie Vogel übersehen haben, das auf den ersten Blick sogar für die Theorie des Staatsschützers spricht: das Motiv der Rache. Könnte es nicht sein, dass Matus Cernak als ehemaliger Gesandter des Slowakischen Staates in Berlin einer Vergeltung der Familie Vogel zum Opfer fiel? Cernak, der nach dem Krieg stets leugnete, von Deportationen slowakischer Juden nach Auschwitz etwas gewusst zu haben[30], obwohl ein großer Teil des Schriftverkehrs zwischen Berlin und Bratislava über seinen Schreibtisch gegangen sein muss? Seine Unkenntnis darf bezweifelt werden. Waren Angehörige der Familie Vogel durch seine indirekte Mithilfe in einem Konzentrationslager ums Leben gekommen, so dass sich die Brüder rächen wollten? Eine Racheaktion zehn Jahre nach Ende des Zweiten Weltkriegs? Alles in allem gesehen, so ganz überzeugend ist das nicht, Rachedurst kennt selten Geduld.

Nach Kriegsende war Walter V. zunächst in der Slowakei, dann in Prag für die jüdische Fluchthilfeorganisation Bricha und für den Irgun tätig. Dabei ging es nicht so sehr um die Flucht aus der Tschechoslowakei hinaus, sondern *durch* das Land. Am 4. Juli 1945 waren bei einem Pogrom in der südpolnischen Stadt Kielce über vierzig Juden umgebracht worden, woraufhin Zehntausende in kurzer Zeit aus Polen flüchteten. Ein großer Teil von ihnen zog gen Süden, um durch die Tschechoslowakei nach Österreich und Bayern zu gelangen, in die DP-Lager der amerikanischen Besatzungszone. Die sowjetischen Besatzer behinderten die Flüchtlinge meist nicht; sie wollten sie schlicht loswerden.

Praktisch über Nacht war die Tschechoslowakei zum wichtigsten Transitland der jüdischen Auswanderung geworden. Die Flüchtlinge, die zu Hunderten eintrafen, mussten auf bestimmten Routen durch das Land geleitet werden, sie brauchten Unterkünfte, sie mussten versorgt werden. Bis zum Jahresende 1945 war die Fluchthilfeorganisation Bricha so weit aufgebaut, dass sie die Auswanderung relativ reibungsfrei organisieren konnte.[31] Die wichtigsten Posten innerhalb der Organisation in der Tschechoslowakei waren von einigen Überlebenden, zumeist aber von Aktivisten der Haganah und des Irgun besetzt, die aus Palästina gekommen waren. »Der herausragende unter ihnen war Walter Vogel, der in kurzer Zeit eine Schlüsselposition der tschechischen Bricha bei den Rettungsaktivitäten einnahm«, schreibt Tavin, dessen Buch »The Second Front« hier erneut zum Tragen kommt. Als Irgun-Mann schaffte er es, erste Kontakte mit dem Innenministerium und der tschechischen Polizei herzustellen sowie mit den Vertretern Frankreichs, Italiens und der US-Armee in Prag. Schließlich ging er nach Paris, um dort eine Verbesserung der Fluchthilfe in der Tschechoslowakei zu erreichen. Mit der Vermittlung von M. Katz und Claire Weyda trat er an das Hauptquartier des Etzel heran und suchte die Kommandeure zu überzeugen, man möge seine Kontakte in der Tschechoslowakei nutzen, um den Irgun im Lande neu aufzubauen. Aber erst im April 1947 habe man erste Schritte zum Aufbau von Etzel-Parteizellen in der Tschechoslowakei unternommen, berichtet Tavin.[32]

Es gab in der Tschechoslowakei die Fluchthilfeorganisation Bricha, in der Haganah und Irgun miteinander um Einfluss rangen, und es gab eine kleine Irgun-Zelle von überlebenden Juden, die den Etzel weiter ausbauen wollten, vor allem als Tor nach Osteuropa. Dies alles spielte sich in einem Lande ab, in dem die Kommunisten fest entschlossen waren, die Macht an sich zu reißen, und in dem amerikanische Agenten vor Ort versuchten, sich auf all das einen Reim zu machen. Sie sahen überall nur Kommunisten. Walter V. verhandelte zweifellos mit Jan Masaryk, mit dem Generalsekretär der Kommunistischen Partei Rudolf Slánský und mit Außenminister Vlado Clementis[33] – aber nicht, um einen kommunistischen Nachrichtendienst aufzubauen, sondern um die Auswanderung der Juden voranzutreiben und Propaganda für den Irgun zu machen. Vrtilek nennt diese Politiker in einem Satz, doch zwischen einem Jan Masaryk und einem Rudolf Slánský lagen Welten: Jan Masaryk, Sohn des tschechoslowakischen Präsidenten Tomáš G. Masaryk, war 1945 bis 1948 Außenminister der ČSR und beging 1948 in Zusammenhang mit dem kommunistischen Umsturz (angeblich) Selbstmord – einem Umsturz, an dem der Generalsekretär der Kommunistischen Partei Rudolf Slánský maßgeblich beteiligt war.

Walter V. arbeitete mit teilweise konspirativen Methoden, aber er baute keinen Nachrichtendienst auf, sondern organisierte die jüdische Auswanderung ins Land Israel. Sein ständiger Arbeitskontakt war ein Dr. Palat, der zweite Mann im tschechoslowakischen Innenministerium, der für die Etzel-Leute immer ein offenes Ohr hatte. Walter Vogel, einem der »Etzel-Kommandanten in der Tschechoslowakei«, gelang es, »das Herz von Dr. Palat zu gewinnen«, sagt Tavin. Er machte aus ihm einen Freund des Irgun. Infolgedessen half Palat dem Etzel bei Pässen und Aufenthaltsgenehmigungen, bei der Freilassung von Inhaftierten, er drückte ein Auge bei Gesetzesübertretungen zu. Palat verschaffte sogar die Erlaubnis, dass der Irgun in den Karpaten ein militärisches Ausbildungslager aufbauen konnte.[34] Und selbstredend wird er Walter V. einen Reisepass mit einigen Extras besorgt haben. Mit anderen Worten: Vrtilek und seine Kollegen haben beschattet, beobachtet und registriert, aber nicht erkannt, worum es eigentlich ging. Man muss schon mit außergewöhnlicher Blindheit geschlagen sein, um den Irgun mit einem kommunistischen Geheimdienst zu verwechseln.

Walbaum las das Vrtileksche Machwerk aufmerksam durch, unterstrich alle Namen und Firmen und heftete das Schreiben ab. Über vier Jahre lag der geschwätzige Brief des »CIA-Agenten« trocken in der Ermittlungsakte – ohne Folgen, ohne Kommentar, ohne irgendeine Verfügung. In dieser Zeit reifte in dem Staatsschützer der Plan, Vrtileks Brief zum Fundament seiner Theorie des Attentats auf Adenauer zu machen. Im August 1961 entfaltete der inzwischen zum Kriminaloberinspektor beförderte Walbaum ohne jede Vorankündigung seine große Theorie, die die bisherige Richtung der Ermittlungen vollkommen umkehrte.[35] Demnach haben Josef K. und Walter V. »im östlichen Auftrag« gehandelt: »K. als Auf- bzw. Abgeber des als ›Drucksache‹ bezeichneten Sprengstoffpäckchens und V. als ›V-Mann‹ der Polizei, der durch seine Angaben die politisch gewünschte Ermittlungsrichtung auf das zionistische Judentum zu lenken hatte.« Es fragt sich, ob das eigentlich nötig war.

Walbaums vierseitiges Schriftstück ist das am schwersten verständliche Dokument der gesamten Ermittlungsakte. Der Grund liegt nicht so sehr in der geschraubten Sprache, sondern in der umständlichen, verstiegenen Denkweise um mehrere Ecken herum. Seine Begründung kommt nicht auf den Punkt. Er impliziert, statt Vermutungen zu formulieren, er deutet Zusammenhänge nur an, wo er diese genau benennen müsste. Walbaum sagt im Grunde nur, dass »der Osten« die Bomben von München und

Den Haag in einem politischen Spannungsfeld plazierte, damit die »Weltpresse – insbesondere die deutschfeindliche« – das große Ratespiel beginne: *Cui bono?* Wem nützten die Anschläge? Das politische Spannungsfeld ergibt sich dabei aus dem Widerstand der Cheruth-Partei und der ehemaligen Irgun-Aktivisten gegen Ben Gurions Politik der Verhandlungen mit Deutschland. Folglich fiel der erwünschte Verdacht auf die Revisionisten. Für den Anschlag seien zwei Juden eingesetzt worden, die »keineswegs Revisionisten« seien: Walter V. und Josef K. Warum gerade die deutschfeindliche Weltpresse sich die Frage *cui bono?* stellen sollte, da die Zielgruppe Juden waren, bleibt Walbaums Geheimnis.

Unbefriedigend bleibt die Suche nach dem Zweck, den östliche Auftraggeber in dem Attentat gesehen haben könnten. Antisemitismus gab es ohne jeden Zweifel in der Politik der Tschechoslowakei und der Sowjetunion: Der Schauprozess in der ČSR gegen die Slánský-Gruppe sowie die angebliche Verschwörung der jüdischen Kreml-Ärzte Anfang 1953 zeigten deutlich eine antisemitische Richtung. Beide »Verschwörungen« erfüllten aber einen anderen Zweck: die Anpassung der tschechoslowakischen Innen- und Außenwirtschaftspolitik an die Sowjetunion durch die Entmachtung einer bestimmten Gruppe von Funktionären in der ČSR und die Vorbereitung einer großen Repressionswelle in der Sowjetunion. Der Antisemitismus oder Antizionismus war hier Mittel zum Zweck, nicht das Ziel. Welchen politischen Ertrag – aus östlicher Sicht – sollte also das Attentat erzielen? Es war in Moskau, Warschau, Ost-Berlin und Prag bekannt, dass Adenauer und Ben Gurion einen Verhandlungserfolg suchten: Adenauer, weil er eine Einigung mit Israel für eine Voraussetzung der Westintegration hielt; Israel, weil der Staat vor dem Bankrott stand. Das Attentat bestärkte beide nur, mit den Verhandlungen fortzufahren.

Die Rechnung wäre also nicht aufgegangen, zumal die Sowjetunion mit den beiden deutschen Staaten anderes vorhatte: Im März 1952, wenige Tage vor dem Attentat auf Adenauer, bot

Moskau den drei westlichen Alliierten die Wiedervereinigung Deutschlands an – um den Preis der Neutralität. Der einzige Sinn eines Anschlags könnte auf den ersten Blick gewesen sein, die Verhandlungen zu stören, so dass Adenauers Weg in die Westintegration gefährdet wäre. Mit einer Bombe im innerisraelischen Spannungsfeld wäre aber nicht der Staat Israel als solcher denunziert worden, sondern die erklärten Gegner der israelischen Politik – die Cheruth-Partei und die ehemaligen Irgun-Aktivisten. Die Rechnung geht also überhaupt nicht auf.

Walbaum vernachlässigt Details, Lutan zum Beispiel erwähnt er mit keinem Wort, bei Josef K. wunderte er sich nicht, warum der angebliche Ost-Agent ausgerechnet nach Israel flüchtete. Dass der britische Geheimdienst *und* der israelische Nachrichtendienst vor Anschlägen jüdischer Aktivisten gewarnt hatten, dass der französische Nachrichtendienst DST die deutsche Seite auf Lutan und seine Reisen nach Deutschland aufmerksam gemacht hatte – all dies berücksichtigt Walbaum nicht.[36] Für ihn zählt nur die Frage, wer den Zentralen Nachrichtendienst DST Anfang April 1952 auf die fünf Israelis hingewiesen hatte, unter denen Farshtej war.[37] Den Hinweis nahm Roger Wybot höchstselbst entgegen, der langjährige Chef des DST, ein Mann der Résistance.[38] Niemand konnte Wybot später dazu bewegen, die informierende Seite bekannt zu geben, er nahm sein Wissen mit in die Pensionszeit. Dass der Chef den Hinweis selbst entgegennahm, deutet darauf hin, dass die informierende Seite hoch gestellt war, sozusagen nicht von der Straße kam und nicht das erste Mal mit ihm Kontakt hatte. Walbaum stellte fest, dass Vogel nicht der Informant gewesen war.[39]

Walbaum sah sich auf einer heißen Spur. Als die »tschechische« Emigration bei den Ermittlungen des Attentats auf Cernak durchleuchtet wurde, schrieb Walbaum, sei man auch auf die Brüder Vogel gestoßen. Es stellte sich heraus, dass Zdeněk Vogel mit Walter V. verwandt war und »sich am 5.7.55 in Frankfurt/M. aufhielt, von wo das Sprengstoffpäckchen an Cernak abgesandt worden war«. Walbaum impliziert etwas, ohne es auszusprechen: Zdeněk Vogel, hinter dem der tschechoslowakische Geheimdienst steht, war am Attentat auf Cernak beteiligt. Er unterhielt enge geschäftliche Beziehungen mit seinem Neffen Walter V., den ein amerikanischer Agent als östlichen Spion erkannt haben wollte. Also müssen sie alle, Zdeněk Vogel, seine Brüder und ihr Neffe Walter, östliche Agenten sein – nicht zuletzt auch Josef K.

Denkt man Walbaums Theorie zu Ende, war Zdeněk Vogel, ein extrovertierter Geschäftsmann, von New York nach Frankfurt geflogen, um an den Vorbereitungen eines Sprengstoff-Attentats teilzunehmen. Als das Paket unterwegs nach München war, blieb er noch ein, zwei Tage seelenruhig in seinem Frankfurter Luxushotel wohnen, bis er in den Nachrichten hörte, dass die Bombe ihr Ziel vernichtet hatte. Wäre ein östlicher Geheimdienst bei einem stillen, heimtückischen Anschlag auf einen Mann wie Zdeněk Vogel angewiesen, der überall, wo er war, die Aufmerksamkeit auf sich zog? Mit Sicherheit nicht. Die Täter des Cernak-Attentats wollten unerkannt bleiben.

Walbaums Theorie impliziert ferner, dass die Urheber des Anschlags auf Cernak und des Attentats auf Adenauer ein und dieselben waren. Das ist recht unwahrscheinlich, denn beide Verbrechen sind nur auf den ersten Blick einander ähnlich. Vergleicht man ihre Signatur, so zeigt sich aus einer Reihe von Gründen, wie wenig sie miteinander zu tun haben. So war die Bombe gegen Cernak technisch einwandfrei, um nicht zu sagen: perfekt. Weiterhin verhielt sich der Mann, der das Paket zum Frankfurter Postamt brachte, völlig unverdächtig (weil er vom Inhalt nichts wusste). Das Paket war völlig unverdächtig ausgezeichnet und gelangte ohne Schwierigkeiten zu Cernak. Demgegenüber zeigte das Münchner Sprengpaket deutliche Mängel: Das Zündhütchen war irgendwann einmal feucht geworden und daher nicht voll funktionstüchtig, der Sprengstoff reagierte träge. Der Unbekannte am Münchner Hauptbahnhof stand unter Stress; indem er den Jungen nachging, verhielt er sich verdächtig. Die Adresse des Pakets an Adenauer enthielt eine politische Anspielung und musste durch den hohen Rang des Adressaten sofort Aufmerksamkeit erregen – eine Hürde, die die Attentäter nicht hatten nehmen können. Außerdem war das Paket falsch adressiert: Im »Bundeshaus« tagten die Abgeordneten, der Bundeskanzler aber saß im Palais Schaumburg.

Der wichtigste Unterschied liegt jedoch in der verschiedenen Qualität der Planung. Der Anschlag auf Cernak war der Psychologie des Opfers vollkommen angepasst. Die Tschechoslowakei hatte Matus Cernak als einen ihrer gefährlichsten Feinde erkannt und sich zu einer Vergeltungsaktion entschlossen, die einen mehrfachen Zweck erfüllte. Cernak sollte auf eine Weise getötet werden, die der Exilgemeinde als unvergessliche Warnung erscheinen musste. Es kam also auf die propagandistische Wirkung an. Hätte man Cernak auf dem Weg zum Postamt erschossen, wäre der Feind zwar ausgeschaltet, die Propaganda-Wirkung aber gering gewesen. Es musste daher ein Sprengstoff-Attentat sein – ein Verbrechen mit großer propagandistischer Wirkung, auf die es den Tätern zweifellos ankam. Eine Paketbombe tötet den Gegner nicht nur, sondern vernichtet ihn im Bruchteil einer Sekunde bis zur völligen Unkenntlichkeit[40], wobei die besondere Heimtücke darin liegt, dass das Opfer seine Vernichtung selbst auslöst, indem es das Paket arglos öffnet.

Mit welcher Pefektion der Anschlag geplant war, zeigte der Absender »Rechtsanw. Dr. Czermak«, wobei die Ähnlichkeit der Namen reiner Zufall ist. Dem tschechischen Nachrichtendienst war bekannt, wie misstrauisch Matus Cernak war. Seine Vermieterin in der Friedrichstraße 21 berichtete, er habe Angst gehabt. Der Mann lebte ständig in dem Bewusstsein, dass man ein Attentat auf ihn verüben könnte, und verhielt sich dementsprechend vorsichtig. Bei unbekannten Sendungen pflegte er die Polizei zu rufen, ab und zu warf er verdächtige Pakete zu Testzwecken aus dem Fenster. Es ist nie eines explodiert. Die Täter mussten also einen Weg finden, sein Misstrauen zu umgehen. Mit einer geradezu unheimlichen Sicherheit verwendeten sie den Namen des Bundestagsabgeordneten Dr. Fritz Czermak, mit dem Cernak persönlich bekannt war, den er aber nicht so gut kannte, dass er ihn hätte anrufen können, um sich über ein Paket zu vergewissern. Von ihm muss sich der Exilpolitiker insgeheim etwas erhofft haben: Vielleicht etwas mehr Kontakt, vielleicht etwas mehr Aufmerksamkeit für die slowakische Sache. Die Agenten des StB, die Cernak umstellt hatten, müssen diese vermutlich kaum wahrnehmbare Erwartung gespürt haben. Obwohl sich Cernak der Gefahr eines Anschlags bewusst war, hatte er nicht erkannt, dass sein Wunsch nach mehr Kontakt oder Beachtung vonseiten des deutschen Politikers der Hebel war, sein Misstrauen auszuschalten, so dass er neugierig das Paket öffnete. Das war meisterhafte, das war perfide Psychologie. Im Vergleich dazu gleicht das Attentat auf Adenauer einem ungezielten Schuss in die Luft. Ein plumper Protest, mehr nicht.

Bei diesen gravierenden Unterschieden muss die These der übereinstimmenden Täterschaft wie ein Kartenhaus in sich zusammenfallen. Beim Attentat auf Adenauer war nichts perfekt – weder die Konstruktion der Bombe noch das Paket und die Adressierung, die Übergabe schon gar nicht. Die Sendung gelangte nicht einmal, wie beabsichtigt, in die Nähe Adenauers und konnte daher ihren politischen Zweck nicht erfüllen. Die mutmaßliche Absicht der Attentäter, noch einmal einen Anschlag von der propagandistischen Wirkung des Attentats auf die Britische Botschaft in Rom im Oktober 1946 zu unternehmen, der Großbritannien in Angst und Schrecken versetzt hatte, war fehlgeschlagen. Und selbst dieser spektakuläre Anschlag, ein Ruhmesblatt in der Geschichte des Etzel, zeigt dilettantische Züge, wie alle Anschläge des europäischen Irgun. Tavin, der als »Eliezer« den Anschlag in Rom organisierte, schrieb offen darüber.[41] Als am 30. Oktober 1946, abends um 23 Uhr, alles vorbereitet schien, stellte Spiegler fest, dass eine der Uhren nicht korrekt lief. Außerdem kam Zweifel an der Qualität des aus Österreich stammenden Sprengstoffs auf. Daraufhin ordnete Eliezer an, dass ein Kommando eine Portion TNT im Colosseum testen solle. Es muss eine komödiantische Szene gewesen sein: Zwei Männer eilten kurz vor Mitternacht zum Colosseum, wo sie mit ihren Händen ein Loch in die Erde gruben, den Sprengstoff samt einem Zünder hineinlegten, in Deckung gingen und den Sprengsatz zündeten. Die Ware war in Ordnung. Unterdessen holte Eliezer seinen eigenen Wecker aus seiner Wohnung, woraufhin Spiegler die Bombe mit der neuen Uhr zusammenbaute. Diese Verzögerungen waren der Grund, warum die Kofferbomben erst um 2 Uhr 46 detonierten. Ein bisschen spät für einen Bombenanschlag.

Man sieht, der chronische Dilettantismus des europäischen Irgun hatte System. So perfekt der Anschlag auf Matus Cernak in jeder Hinsicht war, so stümperhaft nimmt sich das Attentat auf Adenauer aus. Da waren Dilettanten am Werk, die lediglich in einer Hinsicht wirklich gut waren: im Verwischen der Spuren und im Verbergen. Lutan, der mutmaßliche Organisator, blieb stets eine nebulöse Figur, Josef K., anscheinend der Überbringer der Bombe, lebte über ein Jahr unerkannt in München, obwohl die Ermittler ihn auf der Liste hatten.

So fällt die Theorie, ein östlicher Dienst habe das Attentat auf Adenauer geplant, bei näherer Betrachtung in sich zusammen. Die im Jahre 1952 kursierende Warnung, der tschechische Geheimdienst plane ein Attentat auf Adenauer[42], ändert wenig daran, ebenso die zahlreichen Desinformationskampagnen und Anschläge vor allem des tschechischen Nachrichtendienstes, der in der Bundesrepublik Deutschland aufgrund der Exilanten und der Sudetendeutschen sehr aktiv war. Der tschechische StB hat sehr wohl zahlreiche Anschläge verübt, oft nur mit dem Ziel, Verwirrung und Unfrieden zu stiften. Doch der Anschlag auf den Bundeskanzler trägt nicht die Handschrift der Tschechen: Der StB hätte Adenauers korrekte Adresse gewusst. Wie sehr hätten sich die in Moskau professionell geschulten StB-Offiziere verleugnen müssen, um einen Anschlag wie den auf Adenauer hinzubekommen, bei dem so viel schief ging?

Dass der tschechoslowakische Geheimdienst tatsächlich das Cernak-Attentat geplant hatte, klärte sich in den siebziger Jahren. Während des Prager Frühlings war der StB-Offizier Ladislav Bittman[43] in den Westen geflüchtet, kurz darauf packte er aus. Nach seinen Berichten war Hauptmann Stanislav Tomeš der Urheber des Anschlags – ein Spezialist für die »Organisation Gehlen«, den Vorläufer des Bundesnachrichtendienstes. In seinem Dienst hieß Tomeš »Genosse Peng«, weil dem späteren Residenten seines Dienstes in Berlin bei Verhören feindlicher Agenten die Fäuste locker saßen. Laut Bittman brachte ihn der Anschlag auf Cernak auf den Gedanken, weitere Morde per Post zu organisieren, zum Beispiel auf André-Marie Trémeaud, den Präfekten des Departement du Bas-Rhin in Straßburg.[44] Tomeš plante das Cernak-Attentat, ein Nachrichtendienst-Offizier – vielleicht Tomeš selbst – übergab das Paket in Frankfurt einem Bertelot, der für den StB gelegentlich kleine Gefälligkeiten ausführte. Im Auftrag seines Nachrichtendienst-Offiziers brachte Bertelot das Paket zur Post, ohne den Inhalt zu kennen. Als er von dem Anschlag hörte, setzte er sich nach Österreich ab und wurde von seinem Führungsoffizier in die ČSR geholt. Er lebte danach in Prag, bekam von seinem Dienst ein Gehalt von 1500 Kronen monatlich, las deutsche Zeitungen – und soll sich entsetzlich gelangweilt haben.[45]

So viel zum Anschlag auf Cernak. Beim Attentat auf Adenauer nennt Walbaum ausdrücklich Josef K. als Hauptverdächtigen, nimmt aber Walter V. den Status eines Informanten und macht ihn zum Mittäter. Seine Theorie setzt vor das Attentat ein anderes Vorzeichen, das Vorzeichen der Kommunistenfurcht, so dass Walter V. vom Rand des Geschehens als Täter in den Mittelpunkt rückt. Es scheint so, als ob die bisherigen Ermittlungen eingebettet wären in die große Kommunistenfurcht, so dass die bisherigen Täter – versprengte, radikale Revisionisten – nun nur noch als vermeintliche, politisch erwünschte Täter dastehen, während die neuen Täter zu Kommunisten gewendete Revisionisten sind. So kompliziert wird es, wenn man fundierten Ermittlungsergebnissen eine neue, ideologisch gefärbte Theorie überstülpt. Letzten Endes ist Walbaums Theorie nichts anderes als ein Reflex auf kommunistische Praktiken: So wie die Ankläger die Slánský-Gruppe aus wirtschaftspolitischen Zwängen in ein dichtes Geflecht verdächtiger Beziehungen mit amerikanischen, französischen und schweizerischen Agenten und Dunkelmännern einwoben, so interpretierte Walbaum in einer Atmosphäre der Kommunistenfurcht die konkreten Ermittlungsergebnisse im Licht der neuen Ost-Agenten-Theorie völlig um.

Walbaum wäre besser bei Bomben und Sprengsätzen geblieben. Die Politik war nicht sein Feld.

In den Jahren, da Walbaum an seiner große Theorie arbeitete, waren seine ehemaligen Kollegen vom Sachgebiet »Sprengstoff-Delikte« nicht untätig geblieben. Emil Weigel, nun zum Kriminalinspektor aufgestiegen, teilte im Januar 1959 den »Letzten Stand der Ermittlungen« aktenkundig mit.[46] Aus welchen Quellen auch immer – Weigel verwies auf einen persönlich bekannten Beamten der Sûreté Nationale –, man war sich in München nun sicher über einige der Decknamen Jakov Lutans: »Dan«, »Dov« und »Alfred«. Mit Hilfe »amerikanischer Stellen« meinte er vermuten zu können, dass außer Dov Shilanski auch Lutan am Sprengstoffanschlag auf die Britische Botschaft in Rom im Oktober 1946 beteiligt war – »allerdings unter einem hier noch nicht bekannten Namen«. Im Falle Shilanskis lag er richtig, doch nach Tavins Darstellung war Lutan erst kurz nach dem Anschlag in der italienischen Hauptstadt aufgetaucht. Was den Namen angeht, traf Weigels Vermutung aber zu: Lutan benutzte in Italien einen Decknamen, und zwar Hewel. Auch wie sich Lutan in Israel in den Jahren nach 1948 angeblich nannte, wusste man in München: Ben Josef Dov. Der Kriminalinspektor konnte ferner berichten, dass Palme Einzelheiten zu Lutan eingefallen waren. Palme war jene Vertrauensperson, die die Familie K. gut kannte und Gnirs von Farshtejs Aufenthalt in München im März 1951 berichtet hatte. Palme erzählte, dass Lutan »sehr wahrscheinlich« im Jahre 1951 für einige Monate in München in der Lucile-Grahn-Straße in einer Parterrewohnung in Untermiete gewohnt habe, und zwar im ersten oder zweiten Haus nach der Eckkneipe an der Äußeren Wienerstraße (der heutigen Einsteinstraße). Er habe »ein Schnurrbärtchen wie Hitler« und eine »etwas stärkere

Brille« getragen. Lutan sei viel mit den Brüdern K. verkehrt, sein Name habe bei den Brüdern K. »eine besondere Rolle gespielt«. Das bedeutete, dass Lutan die Brüder K. bereits vor dem 27. März 1952 kannte, dem Tag des versuchten Attentats auf Adenauer. Sie alle – Lutan, die Brüder K. und Farshtej – waren alte Bekannte. Weigel wird sich erinnert haben, dass Anfang April 1952, beim ersten Hinweis von »vertraulicher französischer Seite« auf Lutan, berichtet worden war, der Mann sei bereits einige Male von Paris aus nach Deutschland gereist. Also war Lutan, nachdem er 1948 nach Israel gegangen war, 1951 nach Paris zurückgekehrt und hatte sich einige Monate in München aufgehalten – vermutlich zu jener Zeit, da auch Farshtej in der bayerischen Hauptstadt war.

Über Farshtej hatte der Kriminalinspektor ebenfalls neue Erkenntnisse: »... (es) kann mit ziemlicher Sicherheit angenommen werden, daß der in Mailand festgenommene Wittlin identisch ist mit dem später in Frankreich aufgetretenen Farshtej«. Das war völlig richtig. Dass Farshtej alias Wittlin allerdings ein zweites Mal verhaftet wurde, war ihm nicht bekannt. Weigel nahm sich vor, weiterhin französische, britische und amerikanische Stellen zu befragen, außerdem wollte er Samuel Bernstein* in Frankfurt nochmals nach dem Namen seines Gastes befragen und Tobias Silbermann* über Lutans Aufenthalt in München vernehmen. Auch Walter V. alias Pelat, den slowakischen Emigranten, hätte er gern noch einmal gehört: Ihm waren da Dinge über einen Matus Cernak zu Ohren gekommen, die dessen Aussagen »nicht mehr voll glaubwürdig« erscheinen ließen.

Also war Walbaums große Theorie in das Sachgebiet »Sprengstoff-Delikte« eingedrungen und verbreitete bei den Kollegen Unsicherheit, Zweifel und Unruhe.

* Name geändert

Letzte Fragen, einige Antworten

Es ist eine Illusion zu glauben, man könnte nach über fünfzig Jahren durch die akribische Analyse von Kriminalakten und die Lektüre von Memoiren und wissenschaftlicher Werke ein politisches Verbrechen aufklären. Was einige Dutzend Kriminalisten in jahrelanger Arbeit nicht geschafft haben, kann ein Einzelner nicht erreichen. Darüber hinaus trat die Frage, *wer* es gewesen war, im Verlauf der Arbeit in den Hintergrund, um der Frage, *wie* es denn gewesen sein könnte, Platz zu machen. Das maßgebliche Prinzip dieser Arbeitsweise ist nicht kriminalistische Beweisführung, sondern historische Plausibilität.

Es ist nicht plausibel anzunehmen, dass verbohrte Alt-Nazis, verbitterte SS-Männer oder wildgewordene Landser das Attentat auf Adenauer organisiert haben. Es gibt in keiner der zurzeit einsehbaren Akten auch nur den geringsten Hinweis, dass dieser Personenkreis – aus Trotz gegen die Politik Adenauers oder aus Hass auf die Juden – den Anschlag begangen haben könnte. Diese Vermutung war gleich nach dem Attentat aufgetaucht.

Gewiss: Der tschechische Geheimdienst StB war schon 1952, vier Jahre nach dem kommunistischen Umsturz, ein effizienter Dienst mit in Moskau gut ausgebildeten Mitarbeitern. Es ist bekannt, dass dieser Nachrichtendienst hochprofessionelle und erfolgreiche Anschläge und Desinformationskampagnen gegen den Westen führte. Ein Anschlag von der minderen Qualität des Attentats auf Adenauer wäre unter seinem Niveau gewesen. Die Leute waren einfach zu gut. Obwohl Walbaums Theorie durch die eigenen Widersprüche in sich zusammengebrochen ist, eine

Urheberschaft des tschechischen Nachrichtendienstes am Attentat auf Adenauer also ausgeschlossen werden kann, ändert dies nichts daran, dass Walter V. und seine vier Onkel sehr wohl am Handel mit Embargo-Gütern zugunsten östlicher Länder beteiligt gewesen sein können. Aufgrund der ausgezeichneten Kontakte Walter V.s zu tschechischen Behörden aus seiner Zeit als Irgun-Mann in Prag liegt dies sogar nahe.

Es bleibt ein Personenkreis übrig, der entschiedenen Widerstand gegen die Wiedergutmachungsverhandlungen leistete: ehemalige Irgun-Aktivisten; Überschneidungen mit Angehörigen der Cheruth-Partei können nicht ausgeschlossen werden, sind sogar wahrscheinlich. Dieser Personenkreis ist das Umfeld, aus dem die Täter kamen.

Die Gruppe der Attentäter muss viel größer gewesen sein als bisher angenommen. Die verschiedenen Anschläge wurden in Paris geplant und von dort dirigiert. Nach den unterschiedlichen Konstruktionsweisen der Sprengsätze von München und Den Haag und den unterschiedlichen Materialien und Werkspuren zu urteilen, gab es sehr wahrscheinlich zwei Bomben-Konstrukteure mit jeweils eigenen Werkstätten. Eine schriftgewandte Person, womöglich im Fälschen von Pässen geübt, übernahm die Adressierung des Pakets. Jemand verfasste das Kommuniqué, vermutlich ein anderer tippte es auf einer Schreibmaschine, reiste in die Schweiz – ein reines Ablenkungsmanöver – und brachte die Sendungen zur Post. Da unwahrscheinlich ist, dass der Verfasser auch der Bote war, kommen hierfür etwa zwei bis drei Personen in Frage. Weiterhin reisten zwei Aktivisten von Paris aus nach Amsterdam, um die beiden Briefbomben abzuschicken, die für die deutsche Wiedergutmachungsdelegation bestimmt waren. Nicht zu vergessen, gab es noch den Hauptverdächtigen Lutan alias »Alfred«, der mit zwei bis drei Begleitern im Opel-Kapitän nach München fuhr, weiterhin die beiden Brüder in München und »David«, den Bombenexperten. Nimmt man noch einige Leute für Logistik und Organisation hinzu, kommt man auf rund fünfzehn Personen – ohne die mutmaßlichen Drahtzieher in Israel.

Brachte vermutlich die Bombe nach München: Lutan alias Jakov Hewel alias »Alfred«.

Die gesamte Gruppe der Attentäter stand unter der Beobachtung des israelischen Geheimdienstes, der ihre Abreise aus Israel registrierte, ihr Auftauchen in Paris beobachtete und die Fahrt der zwei Aktivisten von Paris nach Amsterdam verfolgte. Allem Anschein nach wusste auch der britische Geheimdienst, der eine Reihe Mitarbeiter in Israel hatte, von den Aktivitäten dieser Gruppe. Der israelische Geheimdienst gab seine Erkenntnisse an die Nachrichtendienste Frankreichs und der Niederlande weiter. Aus diesem Grunde kannte die niederländische Polizei die beiden Männer namentlich, die mit den Briefbomben im Handgepäck nach Amsterdam reisten, um sie auf der Post aufzugeben, konnte sie jedoch nicht dingfest machen.[1] Nachdem das Duo nach Paris zurückgekehrt war, schlug die französische Sûreté Nationale zu und nahm fünf Israelis fest. Was darauf folgte, stand – zum Teil – im *France Soir* vom 5. April 1952. Es wurden aber noch einige andere ehemalige Irgun-Leute in Paris vernommen. Es könnte durchaus sein, dass weitere Personen ausgewiesen wurden.

Dieser Ablauf ist nur zum Teil in den zurzeit einsehbaren Akten dokumentiert. Ein wichtiger Baustein der beschriebenen Ereignisse stammt aus einer Zeitung, deren Bericht in Deutschland kaum beachtet wurde (wie auch der Beitrag im *France Soir* bei den deutschen Medien auf wenig Interesse stieß). Die *New York Times* schrieb, dass zwei namentlich bekannte Terroristen von Paris nach Amsterdam fuhren, von der niederländischen Polizei jedoch nicht gefasst werden konnten und erst nach ihrer Rückkehr in Paris festgenommen wurden. Das ergibt ein nahezu geschlossenes, plausibles »Bild« der wichtigsten Abläufe. Erstaunlicherweise wird die Reise der beiden Attentäter von Paris nach Amsterdam in der Ermittlungsakte mit keinem Wort erwähnt – ein klares Anzeichen dafür, dass Akten irgendwo unerkannt liegen, unter Verschluss gehalten werden oder vernichtet wurden.

Aus der Gruppe der informierten Geheimdienste gingen Hinweise über Samuel Bernstein in Frankfurt sowie Lutan als Hauptverdächtigen an die Sicherungsgruppe des Bundeskriminalamtes. Allerdings kamen diese Hinweise so spät nach dem Attentat, dass bei der Fahndung nichts mehr erreicht werden konnte. Damit war die einzige Chance vertan, die die Ermittler gehabt hätten: innerhalb der ersten Stunden Lutan, den mutmaßlichen Überbringer der Bombe nach München, zu fassen. Ein, zwei Tage danach war es nahezu unmöglich, seiner habhaft zu werden. Angeblich soll Lutan über Österreich nach Paris gefahren sein, was angesichts der Erkenntnisse, die den französischen und israelischen Nachrichtendiensten vorlagen, riskant war. Es ist nicht bekannt, ob er ebenfalls aus Frankreich ausgewiesen wurde oder das Land unbehelligt verlassen konnte, um nach Israel zurückzukehren. Was in Paris weiter geschah, ist nicht bekannt. Im Oktober 1952 machte Lutan von sich reden, als er in Jerusalem einen Polizisten angriff, der Dov Shilanski festnahm. Shilanski hatte eine Bombe ins Außenministerium schmuggeln wollen – ein versuchter Anschlag, der im Zusammenhang mit dem Widerstand rechtsgerichteter Kreise gegen den Wiedergutmachungsvertrag mit Deutschland gesehen werden muss.

Weiterhin ist offensichtlich, dass einige »Stellen« voll und ganz darüber im Bilde waren, was geschehen war und wer die Täter waren. Warum sollte Ben Gurion, der mit seinen Nachrichtendienstchefs eng zusammenarbeitete, nicht alles daran gesetzt haben zu erfahren, wer seine Politik torpedieren wollte? Es ist einfach undenkbar, dass der israelische Ministerpräsident, der sich der drohenden Gefahr durch alte Seilschaften der aufgelösten Untergrundorganisationen sehr wohl bewusst war, nicht alle Hebel in Bewegung setzte, zu erfahren, wer die Täter waren. Er wird sie gekannt haben, bis auf den letzten Mann. Auf einem anderen Blatt steht, ob diese Leute verfolgt wurden. Darüber ist so gut wie nichts bekannt.

So waren die deutschen Behörden in einer prekären Lage: Es wurde ihnen nicht allzu viel mitgeteilt. Im Reigen der internationalen Nachrichtendienste und Kriminalbehörden müssen sich die deutschen Kriminalbeamten wie Bittsteller vorgekommen sein. Wiederholt vermerkten die Ermittler, dass sie im Laufe der Jahre mit den Dienststellen der meisten Länder gut zusammenarbeiteten, namentlich mit den Diensten Großbritanniens und der Vereinigten Staaten, der Schweiz, Österreichs und Italiens – nur nicht mit den Kriminalbehörden und Nachrichtendiensten Frankreichs. Das 1950 geschaffene, für Abwehr und Gegenspionage zuständige Bundesamt für Verfassungsschutz war bis Mitte der fünfziger Jahre noch im Aufbau begriffen und beteiligte sich allem Anschein nach zu keiner Zeit an den Ermittlungen des Attentats auf Adenauer. Die »Organisation Gehlen« unterstand bis 1956 dem amerikanischen CIA und hatte damals den Blick strikt nach Osten gerichtet; was in Frankreich vor sich ging, durfte den Dienst nicht interessieren. Neben dem – theoretisch – zuständigen Bundesamt für Verfassungsschutz war also die einzige bundeseigene Organisation, die sich mit abwehrähnlichen Aufgaben befasste, der Ermittlungsdienst der Sicherungsgruppe in Bonn. Das waren im Jahre 1952 ganze 32 Mann. Sie unternahmen, später unterstützt von den Beamten des Bayerischen Landeskriminalamtes, Dutzende Vorstöße, bei den französischen Behörden einen Fuß in die Tür zu bekommen: Man sprach die Franzosen auf Tagungen und Kongressen an, pflegte auf den Jahresversammlungen der Internationalen Kriminalpolizeilichen Organisation (IKPO) den Kontakt zu den Pariser Kollegen, man nutzte selbst kleinste Anlässe, französische Kriminalbeamte nach Bonn und München einzuladen, um ihnen den Fall darzulegen und im persönlichen Gespräch um Hilfe zu ersuchen. Alle Versuche verliefen im Sande. Nur die persönlichen Beziehungen deutscher Kriminalisten zu einigen französischen Beamten erbrachten einige Erfolge, wofür die Franzosen Kopf und Kragen riskierten. Immerhin erfuhr man auf diese Weise, dass es nicht Walter V. war, der Roger Wybot, den Chef des französischen Zentralen Nachrichtendienstes DST, auf Lutan hingewiesen hatte. So sind – außer den Registraturen der israelischen Dienste – die Archive des Zentralen Nachrichtendiestes DST und des Nationalen Sicherheitsdienstes Sûreté Nationale jene Orte, an denen mit an Sicherheit grenzender Wahrscheinlichkeit die volle Wahrheit über das Attentat auf Adenauer liegt.[2] Und offensichtlich wird das Wissen gut unter Verschluss gehalten.

Was Israel anging, so machten sich die Ermittler, vor allem Ernst Brückner, der Chef der Sicherungsgruppe, Anfang 1954 ausführlich Gedanken über einen Auslieferungsantrag an Israel.[3] Es kommt einem vor wie die Pflichtübung von Kriminalisten, die von Gesetzes wegen zur Aufklärung von Kapitalverbrechen verpflichtet sind. Knapp zehn Jahre nach dem Holocaust überlegte man allen Ernstes, Israel zu ersuchen, Bürger des Landes an Deutschland auszuliefern. Brückner kündigte an, einen Vorstoß beim Bundeskanzler zu unternehmen, wohl wissend, dass das Bundeskanzleramt wie auch das Justiz- und das Außenministerium dieser Frage ablehnend gegenüberstanden. Die Bedenken galten nicht so sehr einer Gefährdung des Wiedergutmachungsvertrages, sondern dem Verhältnis zu Israel im Allgemeinen, das in der näheren Zukunft in diplomatische Beziehungen münden sollte. Man wollte jede Störung und Irritation Israels vermeiden.

Im November 1962 traf Eugen Gerstenmaier (Mitte), der damalige Bundestagspräsident, zum ersten inoffiziellen Besuch eines deutschen Politikers in Israel ein. Er wurde, zusammen mit Ehefrau Brigitte Gerstenmaier, von David Ben Gurion und Felix E. Shinnar (links) empfangen.

Über die Entscheidung des Bundeskanzlers ist in der Akte nichts zu finden; sie kann nur ablehnend gewesen sein sein.

Die Ermittler, die sich jahrelang abmühten, die Attentäter aufzuspüren, hatten – man sagt es ungern – keine Chance. Man darf mit Fug und Recht annehmen, dass Bundeskanzler Adenauer jeden Versuch einer Auslieferung und der Vorbereitung eines Prozesses verhindert hätte. Er war trickreich und, wenn es darauf ankam, skrupellos und machtbewusst genug, um sich über die in der Verfassung verankerte Unabhängigkeit der Justiz hinwegzusetzen und eine Anklage zu verhindern. Denn bei ernsthaften Bemühungen um eine Auslieferung, vor allem bei einem Prozess, hätte Deutschland nur verlieren können, vor allem mit Alt-Nazis und ehemaligen SS-Leuten als Ermittlern und Richtern. So war es das Beste, wenn sich die Kriminalbeamten in Bonn und München erfolglos abarbeiteten. Es klingt zynisch, aber die politische Großwetterlage war so beschaffen: An einem Erfolg der Ermittler bestand kein Interesse. Adenauers Wort über das Attentat trifft den Nagel auf den Kopf: »Für mich ist das die Tat eines Verrückten. Ebenso wie jeder anständige Deutsche es ablehnt, mit den Wahnsinnstaten sadistischer Gestapoleute identifiziert zu werden, lehne ich es ab, das Judentum mit dem blödsinnigen Fanatismus eines einzelnen zu belasten, nur weil dieser einzelne zufällig ein Jude ist.« Dieses Zitat hat den Schönheitsfehler, dass es sich nicht gesichert nachweisen lässt. Paul Weymar, der es in seiner autorisierten Biographie anführt, nennt als Quelle Nahum Goldmann, der sich auf Weymar bezieht.[4] Adenauers Wort könnte einem Wunsch entsprungen sein. Es passte einfach zu gut.

Obwohl Adenauer in den Akten kaum auftaucht, ist seine »Anwesenheit« im Hintergrund sehr wohl zu spüren. Dass er die Ermittlungsarbeit aufmerksam verfolgte, erschließt sich aus der Tatsache jenes »persönlichen Referenten«, der ihm regelmäßig Bericht erstatten musste: Kriminalkommissar Hermann Eiring von der Sicherungsgruppe. Wohlgemerkt, nicht sein Chef Brückner erstattete dem Bundeskanzler Bericht, sondern ein untergeordneter Mitarbeiter, der mit allen Einzelheiten der Ermittlungen des Attentats gut vertraut war. Er wird die Details besser gekannt haben als sein Chef. Tut man Adenauer Unrecht, wenn man daraus schließt, der Bundeskanzler wollte jenen Zeitpunkt nicht verpassen, an dem er noch eingreifen konnte, um Störfaktoren seiner Politik auszuschalten?

Was die professionelle Arbeit der Ermittler angeht, so war sie im streng kriminalistischen Sinne über weite Strecken ausgezeichnet. Mit zwei Einschränkungen. Die erste Einschränkung betrifft die föderalistische Struktur der Bundesrepublik Deutschland, die Ursache jenes alten, seit 1949 bestehenden Streits, welche polizeilichen Befugnisse dem Bundeskriminalamt gegenüber den Landespolizeibehörden zustünden. Dieser Konflikt, der mit anderen Inhalten und Schwerpunkten die Polizeiarbeit bis auf den heutigen Tag belastet und ihren Erfolg mindert, machte sich in den Ermittlungen des Attentats auf Adenauer deutlich, ja fast lähmend bemerkbar. Er ist eine der Ursachen des Misserfolgs der Sonderkommission im Jahre 1952, aber nicht die einzige. Zu späterer Zeit kooperierten BKA und BLKA besser miteinander, wobei das BKA die Auslandsarbeit übernahm. Erinnert sei daran, dass es die bayerischen Ermittler Gnirs und Weigel waren, die in die Schweiz fuhren, um Josef K.s Verlobte Elke Gruber zu vernehmen – nicht die Beamten des BKA.

Die zweite Einschränkung: Fast alle Ermittler waren mit der politischen Einschätzung von Personen und dem Verständnis historischer Prozesse deutlich überfordert. Zwischen Sozialisten und Sozialdemokraten zu unterscheiden, kam ihnen kaum in den Sinn, das waren »Kommunisten«. Über den Holocaust herrscht in den Akten ein deutlich vernehmbares Schweigen, obwohl der Völkermord der Deutschen an den Juden unübersehbar der Horizont ist, vor dem sich das Attentat auf Adenauer abspielte. Die Bomben gegen den Bundeskanzler und die deutsche Wiedergutmachungsdelegation standen im Zeichen der Rache von Juden an den Deutschen. In den Akten ist darüber kein Wort zu lesen. Es ist weiterhin offensichtlich, dass die Ermittler nicht den geringsten Begriff von Judentum und Israel hatten – und meist daran auch nicht interessiert waren. Einige von ihnen – man muss es anerkennen – waren darum bemüht. So glichen die ausführlichen Vernehmungen, die Gnirs und Weigel mit dem jüdischen Journalisten Goldberg führten, nachdem der Verdacht seiner Teilnahme am Attentat auf Adenauer ausgeräumt war, eher einer Geschichtsstunde, besser gesagt einer Nachhilfestunde in Fragen der jüdischen Geschichte und des Judentums. Eine rühmliche Ausnahme. Im Übrigen trieb die Ignoranz ihre Blüten, was im Fall der amerikanischen Wirtschaftspolizei, die im Irgun einen kommunistischen Nachrichtendienst erkannte, besonders deutlich wird. Die Unkenntnis reichte über Deutschland hinaus. Vrtileks Kommentare, auch dies muss gesagt werden, sind die einzigen antisemitischen Bemerkungen, die sich in den Akten finden lassen. Einige unsensible, gedankenlose Bemerkungen über Juden gibt es gleichwohl.

Etwa ab Mitte der sechziger Jahre wurde die Akte nur noch

verwaltet. Alle sechs Monate erkundigte sich die Staatsanwaltschaft des Landgerichts München 1 beim BLKA, ob sich ein neuer Ermittlungsansatz ergeben habe. Die Antwort war jedes Mal negativ. Zeitungsjournalisten fragten nach, ob sie zu den Ermittlungen etwas erfahren könnten, und wurden mit der Begründung abgewiesen, es handele sich um ein laufendes Verfahren. Franz N., ein ehemaliger Beamter der Wasserschutzpolizei Emden, wollte im Januar 1965 wissen, was aus seinem Täterhinweis geworden sei, den er 1952 dem BKA gegeben habe. Er wolle sich fortan detektivisch betätigen, und obwohl er keine hundertprozentige Garantie geben könne, sei er der festen Überzeugung, auf der richtigen Fährte zu sein. Und ob die seinerzeit ausgesetzte Belohnung auch für ihn gelte, und an wen er sich wenden könne, eventuell an den Herrn Alt-Bundeskanzler selbst? »Welche Spur könnte er verfolgt haben?«, rätselte daraufhin ein Staatsanwalt, »welches Ergebnis brachten seine etwaigen Ermittlungen?« Die Antwort wusste Walbaum: Der Mann habe am 18. April 1952 als Kriminalpolizeimeister der Emdener Wasserschutzpolizei auf dem Dienstwege einen Josef R. aus Warnsdorf in der ČSR als Täter angegeben und bereits am 25. April 1952 vom BKA die Antwort erhalten, dass der Mann nachweislich als Täter ausscheide. Diese Auskunft hatte Franz N., der bei der Wasserschutzpolizei offenbar kriminalistisch nicht ausgelastet war, erst so richtig in Fahrt gebracht. Der Mann schickte drei weitere Schreiben, unter anderem an Kriminalrat Ochs, und bekam drei Mal dieselbe Auskunft erteilt: Josef R. scheide als Täter aus. 1965 wollte er es wieder wissen.[5]

Im Juni 1965 kam interessante Post: Der Bestsellerautor Jürgen Thorwald schickte ein Exemplar seines Buches »Das Jahrhundert der Detektive« an die Staatsanwaltschaft und bat, da er für den Folgeband einen Fall mit schwierigen Sprengstoffuntersuchungen beschreiben wolle, um Material über das Attentat auf Adenauer. »Aus schweizerischen, französischen und anderen Quellen, teils auch aus israelischen, sind mir die größeren Zusammenhänge des ›Adenauer-Sprengpaketes‹ natürlich bekannt«, schrieb er beiläufig. Er war in der Tat erstaunlich gut informiert. So kannte er den Namen Josef K. und glaubte zu wissen, dass das Attentat von einer der radikalen israelischen Gruppen ausgegangen sei. Die Organisation sei »längst in Acht und Bann getan«, beruhigte er die Staatsanwaltschaft. Er gab sich erstaunt, dass »diese zur Historie gewordene Angelegenheit noch keinen offiziellen Abschluss erfahren« habe, zumal es sich bei der »Adenauer-Affäre um ein so klares Stück der Vergangenheit (handele), das selbst in Israel verurteilt« werde. Kurz und gut, der Mann wollte an die Akte ran. Der Staatsanwalt ließ sich jedoch von Thorwalds Sachkenntnis nicht beeindrucken und teilte mit, »daß das ... Ermittlungsverfahren ... noch nicht abgeschlossen werden konnte«, der Mord sei »noch nicht verjährt«, eine Einstellung des Verfahrens sei nicht möglich. In einem Schreiben bat der Staatsanwalt seinen Vorgesetzten um Auskunft, was mit dem Buch geschehen solle, das Thorwald mitgeschickt hatte. »Gegen die Annahme des Buches ›Das Jahrhundert der Detektive‹ für die dortige Bibliothek bestehen keine Bedenken«, lautete die beruhigende Antwort.[6]

Nachdem die Akte als Verschluss-Sache über Jahre nur noch verwaltet worden war, sah ein Oberstaatsanwalt des Landgerichts München 1 die Unterlagen im Jahre 1978 flüchtig durch und diktierte anschließend eine Verfügung: »Die durchgeführten Ermittlungen bieten nicht genügend Anlaß zur Erhebung der öffentlichen Klage. Nach dem derzeitigen Stand der Ermittlungen ... besteht kein hinreichender oder dringender Tatverdacht in Richtung gegen den Beschuldigten K.« Aufgrund der durchgeführten Ermittlungen sei der Nachweis nicht zu führen, dass es sich bei der Person, die am 27. März 1952 den Zeugen Breitschopp und Beyersdorf ein Sprengstoffpaket übergeben habe, um den Beschuldigten Josef K. gehandelt habe. »Besondere Auffälligkeiten«, meinte der Oberstaatsanwalt, »konnten nicht festgestellt werden. Hinzu kommt, dass beide eine bei dem Beschuldigten Josef K. tatsächlich vorhandene Auffälligkeit nicht wahrnahmen. Nach Angaben von Zeugen ... soll der Beschuldigte K. zur Tatzeit auffallend kurze Fingernägel gehabt haben.« Hierüber hätten beide Erkennungszeugen nichts bekundet, glaubte der Oberstaatsanwalt. Außerdem bleibe ungeklärt, ob Mirelli mit der »von den Zeugen Breitschopp und Beyersdorf beobachteten Person identisch« sei. Das sei ein »vager Anfangsverdacht« gegen den Beschuldigten K., der sich nicht habe erhärten lassen, meinte der Beamte und stellte das Ermittlungsverfahren am 27. Oktober 1978 ein.[7] Seit dem Anschlag waren über sechsundzwanzig Jahre vergangen.

Warum die Staatsanwaltschaft sechsundzwanzig Jahre brauchte, um zu dieser für den Beamten so klaren und einleuchtenden Erkenntnis zu kommen, bleibt ein Rätsel der Behörde. Es war alles in allem eine befremdende Begründung, die der Oberstaatsanwalt da abgegeben hatte, denn sie ließ eingehende Kenntnis der Akte vermissen. Josef K.s Finger waren durch ständiges Abkauen derart missgestaltet, dass von »kurzen« Nägeln nicht mehr die Rede sein konnte. Es waren Nagelstumpen von drei bis vier Millimetern Länge, die von Haut zugewuchert waren. Und genau dies hatte Beyersdorf berichtet, indem er sagte, eine deutlich sichtbare Verletzung bemerkt zu haben, eine Verstümmelung oder Quetschung des Fingernagels.

Dass Josef K.s Fingernägel einen recht schwachen Beweis darstellten, war offensichtlich: Beyersdorf sprach von *einem* Finger – »mit größter Wahrscheinlichkeit« der Mittelfinger der linken Hand[8] –, bei Josef K. waren aber *alle* Fingernägel verunstaltet. Beyersdorf könnte mehrere verunstaltete Finger bemerkt haben, aber in der Verwirrung angenommen haben, es sei nur einer gewesen – um dann unsicher zu werden, um welchen es sich gehandelt habe. Ein sicherer Beweis war das nicht, und jeder Rechtsanwalt hätte diese Unsicherheit vor Gericht zugunsten seines Mandanten ausgenutzt. In seiner Begründung wischte der Oberstaatsanwalt diese Zusammenhänge vom Tisch. Dass die Jungen es waren, nach deren Angaben Mirellis Täterskizze erstellt worden war, übersah er. All die Jahre war nie in Zweifel gezogen worden, dass die Jungen mit Mirelli gesprochen hatten; nun war es plötzlich völlig ungewiss. Der Fall hätte nach so vielen Mühen der Ermittler eine sorgfältigere Begründung der Einstellung verdient. Man wird den Eindruck nicht los, dass eine neue Generation von Staatsanwälten eingerückt war, die des alten Falles überdrüssig geworden war und die Akte loswerden wollte.

Was die Berichterstattung der deutschen Zeitungen angeht, so muss man eine gewisse Unentschlossenheit, Zurückhaltung und allzu großen Respekt vor dem Staat feststellen. Die Presse akzeptierte die Nachrichtensperre, die Mitte April 1952 verhängt wurde, als wäre dies die normalste Sache der Welt. Erstaunlich, dass der *Spiegel*, der sich durch eine 30-teilige Serie über das Los der Kriminalbeamten im Dritten Reich den Ruf von Deutschlands bedeutendstem Kriminalisten-Fachblatt erworben hatte, nur ein einziges Mal halbwegs ausführlich über das versuchte Attentat berichtete – und das mit deutlichem Akzent auf der erfolglosen Polizeiarbeit. Über die Belastung der deutschen Finanzen durch das Wiedergutmachungsabkommen und den Boykott der deutschen Wirtschaft durch arabische Staaten schrieb das Magazin dagegen wesentlich ausführlicher. Nachdem das Gespann Globke-Ochs im September und Oktober 1952 die Richtung der Ermittlungen auf eine jüdische Terroristengruppe bekannt gegeben hatte, griffen internationale Zeitungen das Attentat erneut auf. Danach wurde es wieder still um die Ermittlungen. Offenbar kam niemand auf den Gedanken, auf eigene Faust zu ermitteln, und sei es, mit Herrn Farshtej in Israel ein Gespräch zu suchen. Der investigative Journalismus war noch nicht erfunden. Symptomatisch für diese »Bloß-nicht-daran-Rühren«-Einstellung ist der Bericht von Johann Freudenreich in der *Süddeutschen Zeitung*[9]: Der ehemalige Polizeireporter betonte, dass es »reine Spekulation« sei, was bisher berichtet worden sei. Als wäre damit schon alles gesagt. Dabei muss Freudenreich, der von 1934 bis 1946 in Palästina gelebt hatte, unter anderem als Angehöriger der »Palestine Police Force« und der Zollfahndung Haifa, über den historischen Hintergrund einiges gekannt haben. Das Attentat auf Adenauer wurde zur reinen »Zwei-Buben-Geschichte«

samt Einladung bei Adenauer zu Kakao und Kuchen. Irgendwann geriet alles in Vergessenheit.

Im Jahre 1956 erschien in einem Hamburger Verlag ein Buch mit dem Titel »Das Attentat«[10], in dem ein junger Staatsanwalt mit Namen Hans Langemann dem versuchten Anschlag auf Adenauer ein Kapitel widmete. Langemann legte später eine aufsehenerregende Karriere hin: Er ging zum BND, wurde Agentenführer und Operations-Chef. Er baute einen eigenen Unter-Geheimdienst[11] auf, den am Ende nur er kontrollieren konnte. 1970 wurde er »auslandsnachrichtendienstlicher Berater« bei den Olympischen Spielen in München, wo er das Massaker der palästinensischen Terroristen an der israelischen Nationalmannschaft verschlief. 1973 stieg er im bayerischen Innenministerium zum höchsten Staatsschutzbeamten des Freistaats auf. Als man ihn wegen seiner undurchsichtigen Aktivitäten loswerden wollte, trat er 1980 an den Nachrichtenhändler Frank P. Heigl heran, um im großen Stil auszupacken, vor allem über führende Staatsmänner Bayerns. Anfang 1982 erschien sein Material in der Zeitschrift *Konkret*[12], kurz darauf wurde er von BKA-Beamten festgenommen, vom Dienst suspendiert und in einem aufsehenerregenden Prozess 1984 nach allen Regeln der Staatskunst aus dem Verkehr gezogen. Er kam mit einem milden Urteil davon – und schwieg fortan wie ein Grab.

Doch Mitte der fünfziger Jahre war Langemann noch ein unbekannter, ehrgeiziger Jurist, der auf seine Chance hoffte, der geregelten, aber vielleicht etwas langweiligen Tätigkeit eines Staatsanwalts in Hagen, Westfalen, zu entgehen. Im Zuge seiner Studien für seine Doktorarbeit, die anschließend als Buch erschien, bereicherte er das veröffentlichte Wissen über das Attentat auf Adenauer mit einigen bisher unbekannten Details, vor allem über den Irgun und einige Anschläge, die die Untergrundorganisation in Europa begangen hatte. Die Details mussten ihm von Ermittlern zugespielt worden sein, die unmittelbar mit dem Fall zu tun hatten. Im Vorwort seiner Monographie bedankte sich Langemann denn auch bei einem Bonner Kriminalrat für einschlägige Hinweise, ohne den Mann zu nennen. Da Theo Sae-vecke, der Kriminalrat der Sicherungsgruppe, Langemann beim BND »tippte«, wie man das in der Branche so nennt[13], woraufhin Langemanns unaufhaltsame Karriere beim Pullacher Dienst be-gann, könnte der ehemalige SS-Hauptsturmführer der Gewährs-mann gewesen sein. Allerdings war Saevecke nur kurz an dem Fall dran; eine Zusammenarbeit Langemanns mit Hermann Eiring könnte ebenfalls möglich sein.

Es ist nicht bekannt, ob sich Langemann später noch einmal mit dem Attentat auf Adenauer befasste. Gelegenheit hätte er je-denfalls genug gehabt. Die Beziehungen des BND zum israeli-schen Mossad waren zeitweise ausgezeichnet, die gegenseitige Amtshilfe lief gut. Beim BND soll Langemann auch für die Liefe-rung von Militärgütern nach Israel zuständig gewesen sein.[14] Später, als oberster Staatsschützer Bayerns, verschaffte er Mos-sad-Mitarbeitern die Gelegenheit, Araber in bayerischen Gefäng-nissen zu verhören.[15] Für ein Multitalent wie Langemann wäre es ein Leichtes gewesen, sich als Gegenleistung Informationen über die Hintergründe des Attentats zu verschaffen, doch wahrschein-lich unternahm er keinen Versuch. Langemann hatte alle mög-lichen Interessen, Vorlieben und Obsessionen – historische Stek-kenpferde waren keine darunter.

Im Jahre 1984 erschien Christian Zentners »Illustrierte Ge-schichte der Ära Adenauer«. Darin findet sich ein kurzes Kapitel über das Attentat, das ausgesprochen bemerkenswert ist. Fast über die gesamte Länge des Textes fasst Zentner die bekannten Fakten der »Zwei-Buben-Geschichte« zusammen. Doch gegen Ende nennt er einen Namen, der zu keiner Zeit – man kann sich täuschen – in deutschen Zeitungen zu lesen war. Bei der Suche nach dem obskuren Mario Mirelli, schrieb er, sei »ein Mann in den dringenden Verdacht (geraten), mit ihm personengleich zu sein. Es handelte sich um den 34jährigen in Kiew geborenen Josef Kronstein ...«.[16] Zentners Informationen waren jedoch fehler-haft, einige biographische Details der Brüder gerieten ihm durch-einander. Angeblich sei der Hauptverdächtige am 10. August

1953 aus Paris geflohen. Das Datum stimmte halbwegs, aber es war München, und der Verdächtige floh nicht, sondern tauchte in der bayerischen Hauptstadt unter. Woher Zentner diese Details hatte, gab er nicht preis. Obwohl der korrekte Name Josef K.s damit in der Öffentlichkeit war, blieb die Publikation allem Anschein nach völlig unbeach-tet. Da publizierte jemand den Namen eines der mutmaßlichen Täter – und keiner sah hin.

Gemäß geltendem Recht verjährt Mord nicht. Das Ermittlungsverfahren könnte also theoretisch jederzeit wieder eröffnet werden. Dass der Anschlag zu Jürgen Thorwalds Zeit noch keine »zur Historie gewordene Angelegenheit«, noch kein »klares Stück der Vergangenheit« war, liegt auf der Hand. Thorwalds Formulierungen lassen eine Geschichtsauffassung erkennen, die die vergangenen Ereignisse als abgestorbenen, verstaubten Stoff sieht, der sich nicht mehr rührt. Doch da Geschichte sehr lebendige Prozesse in Gang setzen kann, ist sich der Verfasser nicht sicher, ob Thorwalds vorschnell ausgesprochenes Statement bereits für das Jahr 2003 zutrifft. Wie dem auch sei, es wäre wünschenswert, wenn sich die Leser, die Beteiligten, die Interessierten mit Besonnenheit und Ruhe diesem vergessenen, verschollen geglaubten Kapitel der deutsch-israelischen Beziehungen zuwenden könnten. Die Zeit ist reif dafür.

Bei den Recherchen ergab sich, wie bereits erwähnt, eine Verschiebung der Perspektive: Stand am Anfang die eher kriminalistische Frage im Vordergrund, *wer* es gewesen war, ergab sich im Laufe der Arbeit die Frage, *wie* es denn gewesen sein könnte. Nach und nach geriet immer mehr der Zustand der Adenauer-Republik ins Blickfeld des Verfassers. Die Frage nach jenen Terroristen, denen die politische Perspektive ihrer Tätigkeit abhanden gekommen war, trat dagegen immer mehr in den Hintergrund. Die vorhandenen Akten zeigen den Staat Adenauers in einer politischen Zwangslage. Er stand nicht immer gut da, aber angesichts der Lage, in der er sich befand, kam er irgendwie um die Klippen herum. Es hätte schlimmer sein können.

Die Akteure und was aus ihnen wurde ...

Bernhard Gnirs verließ zum 1. Mai 1956 das BLKA und ging zur Bundeswehr. Seine beruflichen Stationen: Pionierschule und Akademie des Heeres für Bautechnik München, Stabsoffizier, Bataillonskommandeur. An der Führungsakademie Hamburg besuchte er einen Lehrgang über »Moderne Führungsverfahren«, die er bei der Pionierschule München als Autor für neue Führungsvorschriften umsetzte. 1977 ging er als Oberstleutnant in den Ruhestand. Im Sommer 2002 holte ihn der alte Fall »K. Josef wegen Sprengstoffverbrechen« wieder ein.

Emil Weigel leitete ab dem 1. Januar 1964 das Sachgebiet »Sprengstoff-Verbrechen« im BLKA, Ende Juli 1979 ging er als Kriminal-Oberamtsrat in Pension. Sein altes Interesse für Zünder, Sprengstoffe und Bomben hat sich der ehemalige Weltkriegs-Pionier bis heute bewahrt.

Heinrich Walbaum, der bayerische Staatsschützer, stieg zum Leiter der Abteilung »Staatsschutz« im BLKA auf – wann das war, mochte die Pressestelle des Bayerischen Landeskriminalamtes nicht mitteilen. Im Januar 1964 kam Walbaum abermals auf das Attentat auf Adenauer zu sprechen: Im November 1962 bekamen deutsche Wissenschaftler, die in Kairo an einem geheimen Raketenbauprogramm des ägyptischen Präsidenten Nasser arbeiteten, per Post eine Buch- und mehrere Paketbomben zugeschickt; es gab mehrere Tote. Die Sendungen waren bei deutschen Postämtern aufgegeben worden. Da diese Anschläge einige Parallelen zu dem Attentat auf Adenauer offenbarten, schaltete das ermittelnde Bundeskriminalamt Walbaum ein. Der bayerische Staatsschützer schrieb: »Eine jüdische Urheberschaft zu diesen Verbrechen vom November 1962 drängt sich ebenso förmlich auf, wie es bei dem Verbrechen vom März 1952 der Fall war, als die Bundesrepublik die Wiedergutmachung anstrebte. Aus Erfahrung heraus kann deshalb dieser zu offensichtlichen Spur nicht allein gefolgt werden. Ebensogut können politische Intrigen des derzeit größten Waffenlieferanten, der Sowjetunion, vorliegen.«[1] Walbaum war sich treu geblieben: Wieder einmal sollte es der Osten gewesen sein. Der Fall konnte später geklärt werden: Der Urheber der Bomben gegen die Raketenforscher war der israelische Geheimdienst Mossad, der die Beteiligung deutscher Wissenschaftler am Raketenbauprogramm Nassers als Provokation empfand. Sehr zum Unwillen Ben Gurions kamen Einzelheiten der groß angelegten Jagd des Mossad (Codename »Damokles«) in die internationale Presse. »Nach einer dramatischen Auseinandersetzung« mit Ben Gurion musste Mossad-Chef Isser Harel 1963 seinen Hut nehmen.[2] – Mitte der siebziger Jahre ging Walbaum in Pension und verstarb kurze Zeit später.

Theo Saevecke ging 1971 in Pension. Bis zuletzt sah er sich ungerecht behandelt, ein Opfer der Medien. Dass er im Zweiten Weltkrieg üble Verbrechen begangen hatte, konnte er zu keiner Zeit einsehen. Bis zu seinem Tod im Jahre 2000 bewahrte er stramme Haltung: »Ohne den Fehler mit den Juden hätte Hitler den Krieg gewonnen.«[3]

Über die berufliche Laufbahn von **Josef Ochs** und **Hermann Eiring** nach den Ermittlungen des Attentats auf Adenauer ist wenig bekannt. Auf einem Organigramm des BKA vom Oktober 1954 wird **Ochs** als Leiter des Referats »Betrug und verwandte Straftaten« genannt, ein ruhiger Posten. 1958 versuchte das Ministerium für Staatssicherheit ihn in Wiesbaden auf recht plumpe Weise auszuspähen. 1965, im Jahr seiner Pensionierung, verlor die Stasi jegliches Interesse an ihm. 1970 wurde Ochs noch einmal von Staatsanwälten zu den alten Vorwürfen vernommen. 1987 verstarb er. **Hermann Eiring**, 1958 als Kriminalhauptkommissar erwähnt, wurde 1961 als Geheimschutzbeauftragter der Sicherungsgruppe bestätigt. 1963 ging er in Pension.

Brandmeister **Karl Reichert** hätte nicht sterben müssen. Um die Frage, warum er das verdächtige Paket meinte öffnen zu müssen, gab es in München einen hässlichen Streit. Es stand der Verdacht im Raum, dass er von seinen Vorgesetzten nicht ausreichend über die bestehenden Vorschriften informiert worden war. Und die besagten klipp und klar, dass Reichert das Paket hätte in Empfang nehmen und sicherstellen müssen, um es später zu durchleuchten. Hauptbrandmeister **Martin Demmer**, seinen Vorgesetzten, konnte ein schuldhaftes Verhalten nicht nachgewiesen werden.[4]

Werner Breitschopp studierte in Basel Maschinenbau, ersparte sich dadurch einen Aufenthalt bei der Bundeswehr und jobbte danach als freiberuflicher Ingenieur für Sonderprojekte. Er lebt heute in Frankfurt am Main. Fotos und Zeitungsausschnitte zum Attentat auf Adenauer verwahrt er in einer Kiste; er hat sie jüngst mal wieder hervorgekramt. Seinen Schulfreund Bruno Beyersdorf verlor er völlig aus den Augen. Die goldene Uhr, die Adenauer ihm damals schenkte, besitzt er immer noch; sie läuft ausgezeichnet.

Bruno Beyersdorf, dem der eingedrückte Fingernagel Mirellis aufgefallen war, kam in jungen Jahren auf die schiefe Bahn, er machte Karriere als Hoteldieb. Im Oktober 1959 wurde er in einem Münchner Etablissement in flagranti erwischt und gestand, bei verschiedenen Straftaten insgesamt 12 000 Mark gestohlen zu haben. Seine gesamte Barschaft bei der Festnahme betrug fünf Mark – nicht viel mehr, als ihm Mario Mirelli am 27. März 1952 in die Hand gedrückt hatte. Soweit bekannt, führte er ein unstetes Leben, hatte Schulden. Seine goldene Armbanduhr verkaufte er angeblich.[5]

Konrad Adenauer auf seinem ersten und einzigen Besuch Israels im Mai 1966 mit Israels Exministerpräsident David Ben Gurion in dessen Wohnsitz im Kibbuz S'de Boker.

Konrad Adenauer reiste im Jahre 1966, neunzigjährig, zum ersten und einzigen Mal in seinem Leben nach Israel und besuchte **David Ben Gurion** im Kibbuz S'de Boker im Negev. Den Zenith ihrer langen und wechselhaften politischen Karrieren hatten die Politiker überschritten: Beide waren 1963 zurückgetreten – Adenauer als deutscher Bundeskanzler, Ben Gurion als israelischer Ministerpräsident. Es war nicht ihr erstes Treffen: Am 14. März 1960 hatten sie sich im New Yorker »Waldorf Astoria« Hotel zu einer historischen Begegnung zusammengefunden. Dass

Deutschland und Israel 1965, ein Jahr zuvor, diplomatische Beziehungen aufgenommen hatten, war in erster Linie diesen beiden Politikern zu verdanken. Ben Gurion soll Adenauer stets dankbar dafür gewesen sein, dass er die Veröffentlichung des Namens eines der mutmaßlichen Täter verhinderte. Ob die beiden Staatsmänner je über den versuchten Anschlag miteinander gesprochen haben, ist nicht überliefert.

Hermann Goldberg* konnte in Österreich Fuß fassen, holte seine Promotion nach, wurde Lehrkraft und veröffentlichte einige Bücher. Ob er je seinen Führerschein gemacht hat, ist nicht bekannt. Er verstarb in den achtziger Jahren.

Ricardo-Strate Constantinescu, der Mann mit der Vorliebe für gut geschnittene Anzüge, ging Anfang der fünfziger Jahre mit Frau und Tochter nach Brasilien. Ob ihm auch in Südamerika alle paar Jahre der Boden unter den Füßen zu heiß wurde, so dass er sich mit seinem Lederköfferchen Hals über Kopf ins Ausland absetzen musste, ist nicht bekannt. Ihn begleitete fast die gesamte **Familie Thau** und die **Rosenbergs**. **Gideon Abramowicz** hingegen soll nach Israel emigriert sein.

Dov Shilanski wurde am 5. Oktober 1952 bei dem Versuch festgenommen, in einer Aktentasche eine Bombe ins israelische Außenministerium unter Moshe Sharett zu bringen. Am 24. August 1953 wurde er verurteilt, über seine eineinhalbjährige Haftzeit schrieb er das Buch »In A Jewish Prison«. Nach der Entlassung arbeitete er als Rechtsanwalt, ab 1977 war er Abgeordneter der Knesset für den Likud-Block (9. bis 13. Knesset). Der Regierung Menachem Begins diente er als stellvertretender Minister. Von 1988 bis 1992 bekleidete er das Amt des Sprechers der Knesset unter Ministerpräsident Shamir und hatte damit das zweithöchste Amt des Staates inne. Dov Shilanski lebt heute in Tel

* Name geändert

Abgeordnete der israelischen Knesset gratulieren Dov Shilanski zur Wahl des Knesset-Sprechers am 21. November 1988

Aviv. Seine Teilnahme am Attentat auf Adenauer ist sehr unwahrscheinlich; dass er in der Ermittlungsakte auftaucht, ist auf eine Verwechslung mit Lutan zurückzuführen.

Eliezer Sudit, einer der fünf aus Paris ausgewiesenen Israelis, soll in den siebziger Jahren wieder in der französischen Hauptstadt aufgetaucht sein, nun aber in halboffizieller Mission eines israelischen Dienstes. Damals nannte er sich angeblich Sudit-Scharon. Sein alter Deckname, zum Teil wohl auch Spitzname, haftete ihm aber weiterhin an: »Kabtzan«, zu deutsch »Bettler«. Er hatte da mal in den vierziger Jahren an einem Banküberfall – auf eine britische Bank, versteht sich – teilgenommen und voller Eifer einen schweren Sack Geld rausgeschleppt. Er war voller Kleingeld.

Shmuel Katz, der Chef-Propagandist des Irgun, wurde 1949 Abgeordneter der ersten Knesset, zog sich aber 1951 aus dem politischen Leben zurück und gründete den Verlag Karni. Seine Memoiren »Days of Fire« (1966) sind eines der wenigen Werke über den Irgun, die ins Deutsche übersetzt wurden (»Tage des Feuers. Das Geheimnis der Irgun«, 1981). Dieses Buch demonstriert einmal mehr das altbekannte Problem, dass sich bei einer historischen Einschätzung des Etzel stellt: Der größte Teil der Literatur über die Untergrundorganisation stammt von den ehemaligen Kämpfern selbst, und die schrieben meist so, als hätte der Kampf nie aufgehört. Katz' Buch ist streckenweise reine Propaganda, mit zahlreichen Seitenhieben auf die alten Gegner, unversöhnlich im Tonfall. Shmuel Katz war und blieb ein Mann der politischen Propaganda. Nach 1977 diente er Ministerpräsident Menachem Begin als Ratgeber – für Propaganda-Fragen.

Jakov Amrami, der zweite Chef des Irgun-Geheimdienstes »Delek«, der als Joel Eilberg am Überfall auf die Britische Botschaft in Rom teilnahm, kehrte nach Israel zurück und gründete den Verlag Hadar. Wie so viele ehemalige Irgun-Leute, griff auch er zur Feder und schrieb und verlegte Bücher über die Arbeit des Etzel und anderer Untergrundgruppen. Amrami nahm es recht genau und steuerte eine Bibliographie über die revisionistischen Untergrundorganisationen in Palästina bei.[6] Er starb im Jahre 1996.

Jakov Lutan, der ehemalige Irgun-Aktivist, soll bei der Festnahme Dov Shilanskis im Oktober 1952 einen Polizeioffizier angegriffen haben, allerdings nicht verurteilt worden sein.[7] In Israel ist er heute weder unter dem Namen Jakov bzw. Dan Lutan noch als Hewel bekannt. Er wanderte aus Israel aus – wann, ist nicht bekannt – und ließ sich unter seinem alten *nom de guerre* Dan Nimrod als Verleger und Autor in Dollard des Ormeaux in Quebec, Kanada, nieder. Dort gründete er den Verlag Dawn Publishing Company Ltd., in dem alle seine Bücher erschienen, unter anderen »Peace now: Blueprint for National Suicide« (1984), sein vermutlich wichtigstes Werk. Er schrieb zahlreiche Beiträge für jüdische Zeitungen und Zeitschriften, meist über Israel und den Nahen Osten, sein großes Thema. Im September 2000 vermachte er seine erlesene, 2500 Werke umfassende Bibliothek von Judaica der University's Gelman Library in Washington, D.C. Er starb im Sommer 2002 in Montreal. Sein ganzes Leben war er radikal eingestellt.

Jakov Farshtej, der Mann mit der angeblich ruinierten Gesundheit und den vielen Decknamen, entschied sich irgendwann in den fünfziger Jahren für den Namen Tavin, bei wechselnden Vornamen. Auf den Internet-Seiten von Etzel (www.etzel.org), die die Identität von Tavin und Farshtej bezeugen, wird er Jakov Tavin genannt, im »Who's Who in Israel« ist er als Yaacov Eliezer Tavin aufgeführt, seine Bücher tragen den Autornamen Ely L. Tavin. Er hat es anderen eben nie leicht machen wollen. Er promovierte mit einer Arbeit über den Irgun in Europa, war erfolgreich als Geschäftsmann tätig und blieb der Cheruth-Partei verbunden. Als Parteimitglied stand Tavin jedoch zu keiner Zeit in vorderster Reihe,[8] Abgeordneter in der Knesset war er nie. Für den Likud-Block war er zeitweise als eine Art reisender Botschafter tätig.[9] Er vertrat seine Partei im Verwaltungsrat des israelischen Rundfunks (Board of Governors, Israel Broadcast Authority). In den siebziger Jahren, unter Menachem Begin als Ministerpräsident, bekleidete er den Posten eines leitenden Mitarbeiters der Jewish Agency (Sochnut), in den Jahren vor seinem Tod 1994 leitete er das Jabotinsky-Institut in Tel Aviv. Tavin veröffentlichte mehrere Werke zum internationalen Terrorismus, zum Teil als Koautor mit Yonah Alexander aus den Vereinigten Staaten, und wurde als Experte für Terrorismus zu einschlägigen internationalen Kongressen eingeladen.

Josef K. und sein Bruder **Abraham K.** emigrierten Mitte der fünfziger Jahre unter recht unterschiedlichen Bedingungen nach Israel. Was aus den Brüdern wurde, ist nicht bekannt. Sofern sie leben, hätte Josef K. im Jahre 2003 ein Alter von 85 Jahren erreicht, sein Bruder Abraham wäre 78 Jahre alt. Ob sie je wieder nach Deutschland kamen, ist ebenfalls nicht bekannt.

Walter Vogel (zweiter von rechts) mit Aktivisten vor der Irgun-Zentrale in der Pariser Avenue de Massine 18: S. Checker (rechts), Dr. Moli (Judith) Ruwin, Noah Schneor, der »Schriftsteller«, P. Guttmann, der spätere Irgun-Forscher David Niv und Aryeh Malatzky (von rechts nach links)

Walter V. muss als Irgun-Aktivist ein guter Mann gewesen sein. Tavin war des Lobes voll über ihn, auch Lankin und Livni, hochstehende Etzel-Leute, deren Urteil Gewicht hatte, hielten viel von ihm. Als der Frachter »Altalena« im Sommer 1948 mit 900 Freiwilligen, mit Waffen und Munition nach Israel unterwegs war, ließ er sich mit anderen Irgun-Aktivisten vor der Etzel-Zentrale in der Pariser Avenue de Massine 18 fotografieren: Er ist von mittlerer Größe, schlank, trägt das Haar kurz geschnitten, leichter Ansatz von Geheimratsecken. Er kleidet sich mit Anzug und Krawatte, trägt einen Staubmantel über dem Arm und schaut freundlich in die Kamera. Links von ihm ist S. Checker zu sehen, rechter Hand stehen Dr. Moli (Judith) Ruwin, Noah Schneor, ein Mann mit Namen »Schriftsteller«, P. Guttmann, der spätere Buchautor und Irgun-Forscher David Niv und A. Malatzky (vermutlich der

»Delek«-Mitarbeiter Manahem »Aryeh« Malatzky). Ein Erinnerungsbild an den Irgun in Europa.[10] War Walter V. ein Mitarbeiter des tschechischen Geheimdienstes? Im Jahre 1992 veröffentlichte der tschechische Journalist Petr Cibulka eine knapp 200 Seiten umfassende Liste aller StB-Agenten im Westen; der Name Walter V. war nicht darunter[11] (was jedoch als Gegenbeweis nicht hinreichend ist). Ende Januar 1957 war er zum letzten Mal bei der Sicherungsgruppe in Bonn; irgendwelche neuen Erkenntnisse habe er nicht beisteuern können, heißt es. Noch im Juni 1957 wohnte er in Marseille, 18 Rue Delanglade, als staatenloser Kaufmann – wenn er nicht gerade durch Europa reiste. Er war ledig, seine Freundin Alena hat er also nicht geheiratet. Auf eine Anfrage des Bundeskriminalamtes in Wiesbaden rieb die Schweizerische Bundesanwaltschaft, Abteilung Polizeidienst, im Juni 1957 der deutschen Behörde unter die Nase: »Ueber Vogel Walter wird uns folgendes berichtet: Er sei bei den deutschen Behörden sehr gut angeschrieben und habe für deutsche Angehörige im Ausland schon öfters über schwierige Angelegenheiten bei den deutschen Behörden interveniert. (...) Vogel sei ein hochanständiger Mensch.«[12] Es klingt wie eine Gardinenpredigt. Spurlos verschwand er von der Bildfläche. Ging er nach New York, um in den internationalen Pelzhandel seiner vier Onkel einzusteigen?

Fragen über Fragen.

ANHANG

Anmerkungen

Zu diesem Buch
(Seite 7 bis 15)

1   Es handelt sich dabei mit größter Sicherheit um einen Bericht von Müller und Eiring, den die Ermittler der Sicherungsgruppe Bonn vermutlich im Dezember 1954 schrieben. Darauf lässt ein am 7. Dezember 1954 in Bonn verfasster Vermerk in der Ermittlungsakte schließen, der eine längere, im Wortlaut exakt übereinstimmende Passage des in Frage stehenden Textes enthält; siehe StAM Stanw 21.057, Bl. 266. Der längere Text ohne Angaben von Verfasser, Ort und Datum wurde von der Stiftung Bundeskanzler-Adenauer-Haus, Rhöndorf, zugesandt und stammt ursprünglich aus dem Nachlass Hans Globkes in der Konrad-Adenauer-Stiftung, Sankt Augustin, KAS I-70, 58/3.
2   Die Ermittlungsakte wurde 1992 von der Staatsanwaltschaft des Landgerichts München I an das Staatsarchiv München abgegeben. Die übernommene Bezeichnung auf Blatt 14 der »Abgabe Staatsarchiv 1992, Js-Akten« lautet: »89. K. Josef wegen Sprengstoffverbrechen, 1 c Js 56/54«.
3   BayHStA M Inn 91891–91894.
4   StAM Pol.Dir. 18455.
5   StAM Stanw 21.057.

Tod eines Sprengmeisters
(Seite 17 bis 22)

1   Es bedurfte mehrerer Begehungen des Kellers im Polizeipräsidium München, um jenen Raum zu finden, in dem das Unglück geschah. Die Nachforschungen wurden von den Mitarbeitern und Mitarbeiterinnen der Pressestelle sowie der Abteilung E 32 freundlich unter-

stützt. Letzte Sicherheit ergab nach dem Auffinden der Tatortskizze und der Tatortbeschreibung ein dritter Lokaltermin. Der Raum trägt heute die Bezeichnung K 001, wurde zuletzt von der Technischen Inspektion/Fernmeldedienst des Polizeipräsidiums genutzt und stand im März 2003 mehr oder weniger leer. K 001 liegt an der Löwengrube gegenüber dem Gebäude der Deutschen Bank, unmittelbar am Übergang des braungrünen Hauptgebäudes zum lindgrünen Kopfbau.

2 Grundlage der Rekonstruktion der letzten Minuten im Leben des Sprengmeisters Karl Reichert sind die Vernehmungsberichte aller im ehemaligen Luftschutzkeller anwesenden Zeugen, zu denen auch zwei Lokalreporter des *Münchner Merkur* und der *Abendzeitung* gehörten. Ihre veröffentlichten Zeitungsberichte fanden ebenfalls Verwendung; StAM Pol.Dir. 18455; BayHStA M Inn 91891–91894.

»Gib Obacht«
(Seite 23 bis 40)

1 Die Rekonstruktion der ersten Tage nach dem versuchten Anschlag folgt den Berichten der Münchner Tagespresse, vor allem des *Münchner Merkur* und der *Abendzeitung*. Siehe die Mappe »Versuchter Sprengstoffanschlag auf Bundeskanzler Dr. Adenauer am 27. 3. 1952«, StAM Pol.Dir. 18455 sowie BayHStA M Inn 91891 bis 91894.

2 Die genaue Formulierung Bruno Beyersdorfs im polizeilichen Vernehmungsprotokoll lautet: »Außerdem will er mit größter Wahrscheinlichkeit am Mittelfinger der gleichen Hand eine deutlich sichtbare Verletzung bemerkt haben.« Der Ausdruck »der gleichen Hand« (korrekt müsste es heißen: »derselben Hand«) bezieht sich auf die linke Hand des Täters, deren Zeige- und Mittelfinger stark gebräunt waren. Siehe die Mappe »Versuchter Sprengstoffanschlag auf Bundeskanzler Dr. Adenauer am 27. 3. 1952«, StAM Pol.Dir. 18455.

3 Die »Mirelli«-Zeichnung erschien in der *Abendzeitung* vom 29. März 1952.

4 Obduktionsbericht, StAM Pol.Dir. 18455.

5 Bazi, süddt. für Halunke, Taugenichts.

6 Zitat nach einer maschinenschriftlichen Fassung der Stiftung Bundeskanzler-Adenauer-Haus, Rhöndorf.

7 Erich von Halacz verschickte drei Bomben mit der Post: Am 29. No-

vember 1951 explodierten kurz hintereinander zwei Sprengladungen in der Redaktion der *Bremer Nachrichten* in Bremen sowie auf dem Postamt von Eystrup. Ein drittes Bombenpaket konnte in Verden entschärft werden. Das Motiv des Bombenbauers war Geltungssucht. Halacz wurde Ende April 1952 zu einer lebenslänglichen Zuchthausstrafe verurteilt.

8 Das Bekennerschreiben vom 29. März 1952 ist nur in der Übersetzung erhalten, StAM Stanw 21.057, Bl. 26.

Der Vorhang wird vorgezogen
(Seite 41 bis 55)

1 *Allgemeine Wochenzeitung der Juden in Deutschland*, 11. April 1952.
2 Zur ersten der holländischen Briefbomben siehe StAM Pol.Dir. 18455, BayHStA M Inn 91894.
3 *New York Times* (internationale Ausgabe), 21. September 1952, S. 14; *Süddeutsche Zeitung*, 2. Oktober 1952.
4 *Allgemeine Wochenzeitung der Juden in Deutschland*, 4. April 1952.
5 Bericht vom 7. April 1952, BayHStA M Inn 91892.
6 Siehe StAM Pol.Dir. 18455.
7 Spechts vorschnelle Ankündigung, man habe die Zündanlage rekonstruiert, stammt vom Dienstag, 1. April 1952. Die Untersuchungen liefen jedoch noch bis Anfang Juni des Jahres. Zu den technischen Gutachten siehe Kapitel »Die Bombe: ›Im Ganzen genial, sprunghaft variierend‹«.
8 Bericht vom 9. April 1952, BayHStA M Inn 91892.

»Nous voulons vous parler, Fritz«
(Seite 57 bis 71)

1 Brief vom 24. Mai 1952, BAK B 106/200 260.
2 StAM Stanw 21.057, Bl. 266–268, 270.
3 Bericht von J. Müller und H. Eiring, 6. Dezember 1954, StAM Stanw 21.057, Bl. 242.
4 Bericht von Gnirs, 18. November 1954, StAM Stanw 21.057, Bl. 233, Rückseite.
5 Patrick Wagner: Die Resozialisierung der NS-Kriminalisten. In: Ulrich Herbert (Hg.): Wandlungsprozesse in Westdeutschland. Be-

lastung, Integration, Liberalisierung 1945–1980. Göttingen 2002, S. 179–213, S. 188.

6 Dieter Schenk: Auf dem rechten Auge blind. Die braunen Wurzeln des BKA. Köln 2001.

7 Dieter Schenk, a. a. O., S. 40f.

8 Woher Ochs und Dickopf sich so gut kannten, ist nicht ganz klar. Sie waren jedenfalls keine Lehrgangskollegen in Charlottenburg: Ochs besuchte den 12. Kriminalkommissaranwärter-Lehrgang 1937/38, Dickopf den 13. KKA-Lehrgang 1938/39.

9 Hans Globke spielte bei der politischen Einschätzung der Ermittlungen des Attentats auf Adenauer vermutlich eine wichtige Rolle im Hintergrund.

10 Berichte über die Vorbereitung der Hausdurchsuchung sowie über die Vernehmungen von Samuel Bernstein und seiner Frau Sophie siehe StAM Stanw 21.057, Bl. 242–265.

11 Vernehmung der Sophie Bernstein, Frankfurt/M., 6. April 1952, StAM Stanw 21.057, Bl. 261–265.

12 Vernehmung des Samuel Bernstein, Frankfurt/M., 6. April 1952, StAM Stanw 21.057, Bl. 255–260.

13 Vermerk von Theo Saevecke, Bonn, 7. April 1952, StAM Stanw 21.057, Bl. 244–246.

14 Zu den wichtigsten biographischen Etappen Theo Saeveckes siehe Dieter Schenk, a. a. O., S. 261ff., 287f.

15 Eintrag im Fernsprechverzeichnis »Chef der Sicherheitspolizei und des SD«, Mai 1942: Saevecke, Theo, KK., V A 2, WM 5-6, Zent.: WM, Int.: 332, Post: 332; BAL Dk Versch. Bd. 188, Bl. 38. – Die Zugehörigkeit zum Referat V A 2 konnte Saevecke gerichtlich nicht nachgewiesen werden, BAL 415 AR 1310/63.

16 Beurteilungsschreiben des HSSPF Italien, SS-Obergruppenführer General der Waffen-SS Wolff, BAL Verschiedenes XVI, Bl. 67, 8 AR-Z 4/63.

17 Viele Details stammen aus dem Hörfunk-Feature »Unter Anklage: die SS im besetzten Italien. Aus der Arbeit des deutschen Polizisten Theo Saevecke« von Eggert Blum, gesendet am 14. September 1999 im SWR; Manuskript siehe BAL 109 AR-Z 14/88.

18 Dieter Schenk, a. a. O., S. 266.

Dr. Ochs fährt nach Paris
(Seite 73 bis 86)

1 *France Soir*, 5. April 1952, StAM Stanw 21.057, Bl. 271–274.
2 Zu den Anfragen von Ochs in Paris siehe StAM Stanw 21.057, Bl. 275.
3 Auskünfte aus Paris an Ochs, StAM Stanw 21.057, Bl. 276–280.
4 Die Schreibweisen der Namen sowie einige Vornamen unterscheiden sich geringfügig und wurden korrigiert; zu Eliezer Shostak wird unter www.knesset.gov.il/index.html das Geburtsjahr 1911 angegeben.
5 StAM Stanw 21.057, Bl. 270.
6 Wilhelm Hausenstein: Pariser Erinnerungen. Aus fünf Jahren diplomatischen Dienstes 1950–1955. München 1961.
7 Paul Frank: Entschlüsselte Botschaft. Ein Diplomat macht Inventur. Stuttgart 1981 (2. Auflage).
8 Auskunft von Paul Frank an den Autor am 8. Februar 2003.
9 Bericht vom 25. April 1952, StAM Stanw 21.057, Bl. 281–282.
10 Zu Josef Ochs siehe Dieter Schenk, a. a. O., S. 71f., 205ff., 340, Anmerkung 554.
11 Ochs gehörte dem 12. Kriminalkommissaranwärter-Lehrgang an, er war also kein Lehrgangs-Kollege von Paul Dickopf; BAK Z 42 III/803.
12 Vgl. das Kapitel »Nous voulons vous parler, Fritz«, Anmerkung 15.
13 Voraussetzung der »Vorbeugung« war keine schwere Straftat, sondern allein der Verdacht, es mit einem Berufsverbrecher, Asozialen usw. zu tun zu haben.
14 Schenk, a. a. O., S. 206.
15 Josef Ochs' Akte im BAK enthält recht viele Persilscheine; ihr Aussagewert ist schwer einzuschätzen. In diesen Unterlagen findet sich ein Arbeitszeugnis vom 14. August 1945 einer Düsseldorfer Apotheke, in der Ochs vom 1. Februar 1944 bis 31. März 1945 halbtags als Praktikant gearbeitet haben soll. Wenn dies zutrifft, hat Ochs vormittags im Rahmen der kriminalistischen Vorbeugung Menschen ins Konzentrationslager geschickt und nachmittags zur medizinischen Vorbeugung Medikamente verkauft. Kein Sarkasmus: Hinter dieser seltsamen Situation offenbart sich der Konflikt Ochs', der wegen seiner Weigerung, aus der katholischen Kirche auszutreten, keine Zukunft bei der Kriminalpolizei sah. In diesem Zusammenhang steht auch sein Antrag auf Aufhebung seiner UK.-Stellung zum 1. Januar 1942, was einer freiwilligen Meldung an die Front gleichkam; BAK Z 42 III, 803.

16 Eidesstattliche Erklärung von Otto Hellwig am 30. Januar 1948. Ochs sagte am 5. Februar 1948 aus: »Am 2. Juli 1938 fand das Examen statt, und am Ende desselben wurde uns mitgeteilt, daß wir nunmehr Hilfskriminalkommissare und Untersturmführer der SS sind. (...) Dies war der erste Lehrgang, wo auf diese Art und Weise verfahren wurde. (...) Diese Überführung in die SS stellte eine Zwangsmaßnahme dar. Ich kann mich nicht besinnen, daß ich irgendwelche Antragsformulare zur Aufnahme in die SS unterschrieben habe.« BAK Z 42 III, 803. – Laut Dieter Schenk, der sich auf Unterlagen im Bundesarchiv Berlin beruft, dem ehemaligen Berlin Document Center, war Ochs bereits im Februar 1938 in die SS eingetreten, also ein halbes Jahr vor dem Ende seiner Ausbildung an der Führerschule, siehe Schenk, a.a.O., S. 340, Anmerkung 554.

17 Bericht vom 25. April 1952, StAM Stanw 21.057, Bl. 281–282.

18 StAM Stanw 21.057, Bl. 282–284.

19 Siehe Kapitel »Der V-Mann kehrt zurück« sowie »Vermerk« von J. Müller und Eiring, Bonn, 6. Dezember 1954, StA München, Stanw 21.057, Bl. 285–289.

Die Bombe: »Im Ganzen genial, sprunghaft variierend«
(Seite 87 bis 102)

1 Die Zahl der Aktenordner schwankt, mal ist von 20, dann von 26 Aktenordnern die Rede.

2 »Jeder Raubmord lieber«, *Spiegel* Nr. 30, 23. Juli 1952, S. 6; weitere *Spiegel*-Berichte, in denen das Attentat erwähnt ist: »Ich habe Hitler gesehen«, Nr. 15, 9. April 1952, S. 5; »Militärische Macht notwendig«, Nr. 18, 30. April 1952, S. 7–9.

3 »Gutachten. Versuchter Sprengstoffanschlag auf den Bundeskanzler Dr. Adenauer am 27.3.1952 in München«, fortan: »Gutachten«; 102 Seiten, gezeichnet von Specht, ohne Datum, von Direktor Meinert am 30. September 1952 an das Polizeipräsidium München übersandt, BayHStA M Inn 91894. Das Gutachten basiert auf 89 Einzelgutachten mit 190 Fotos in 60 Bildtafeln, BayHStA M Inn 91891–91893. – Einen Abschlussbericht über die Arbeit der Sonderkommission gab es nicht.

4 Erste Theorie: Einzelgutachten vom 1. April 1952 (Gruppe 1), StAM Pol.Dir. 18455; fehlt in BayHStA M Inn 91891–91894.

5 Zweite Theorie: Einzelgutachten vom 29. April 1952 (Gruppe 5), BayHStA M Inn 91892.

6   Dritte Theorie: Einzelgutachten vom 5. Juni 1952 (Gruppe 2), StAM Pol.Dir. 18455; fehlt in BayHStA M Inn 91891–91894.

7   »Schriftanalytische Untersuchung der Paketaufschriften (Absender und Empfängerangabe)«. Einzelgutachten von Direktor Franz Meinert, 25. April 1952 (Gruppe 8), BayHStA M Inn 91892.

8   Gutachten, BayHStA M Inn 91894, S. 102.

9   *Neue Zeitung*, München, 30. August 1952.

10 »Weder bestätigt noch dementiert. Verwirrende Auskünfte über den Münchner Attentatsversuch auf Adenauer«, *Süddeutsche Zeitung*, 30. September 1952.

11 »Hintergründe des Münchner Attentats. Israelischer Beamter verhinderte weiteren Terror-Anschlag«, *Süddeutsche Zeitung*, 2. Oktober 1952. Das Blatt berief sich auf einen Bericht der *New York Times* vom 21. September 1952, demgemäß ein israelischer Geheimdienst-Mitarbeiter in Den Haag eine zweite Briefbombe in der Post entdeckt hatte.

12 Auch die in Bonn erscheinende Zeitschrift *Deutsche Gemeinschaft* verwies am 1. Oktober 1952 auf eine illegale jüdische Terrororganisation, die das Attentat geplant und ausgeführt habe. In Langemanns Monographie »Das Attentat« wird der Erscheinungstermin der Zeitschrift fälschlich mit April 1952 angegeben, wodurch der Hinweis in ein vollkommen falsches Licht gerückt wurde.

13 »Das Münchner Attentat«, *Die Deutsche Woche*, Nr. 42, 15. Oktober 1952.

Wassenaar: »Die Flügel der Weltgeschichte«
(Seite 103 bis 117)

1   Darstellungen der deutsch-israelischen Verhandlungen finden sich bei: Franz Böhm: Das deutsch-israelische Abkommen 1952. In: Konrad Adenauer und seine Zeit. Politik und Persönlichkeit des ersten Bundeskanzlers. Beiträge von Weg- und Zeitgenossen. Hg. von Dieter Blumenwitz u. a., Stuttgart 1976, S. 437–465; Nahum Goldmann: Adenauer und das jüdische Volk. In: Konrad Adenauer und seine Zeit. Politik und Persönlichkeit des ersten Bundeskanzlers. Beiträge von Weg- und Zeitgenossen. Hg. von Dieter Blumenwitz u. a., Stuttgart 1976, S. 427–436; Nahum Goldmann: Mein Leben als deutscher Jude, München 1980, S. 371–425; Henning Köhler: Adenauer. Eine politische Biographie. Frankfurt/M. 1994, S. 698 bis 722; Hans-Peter Schwarz: Adenauer. Der Aufstieg: 1876–1952. Stuttgart 1986, S. 897–906; Rolf Vogel (Hg.): Deutschlands Weg

nach Israel. Eine Dokumentation. Stuttgart 1967; Rolf Vogel (Hg.): Der deutsch-israelische Dialog. Dokumentation eines erregenden Kapitels deutscher Außenpolitik. München 1987, Teil 1: Politik, Band 1, S. 33–133; Michael Wolffsohn: Das deutsch-israelische Wiedergutmachungsabkommen von 1952 im internationalen Zusammenhang. In: Vierteljahreshefte für Zeitgeschichte, 36. Jahrgang, 4. Heft (Oktober 1988), S. 691–731.

2 Zu den Protesten in Israel siehe Nahum Orland: Die Cherut. Analyse einer rechtsorientierten israelischen Partei, München 1983, S. 152ff.

3 Siehe *New York Times* (internationale Ausgabe), 21. September 1952, S. 14.

4 Am 22. März 1952 war im Frankfurter Stadtwald eine Passagiermaschine des Typs DC-6 der niederländischen Luftfahrtgesellschaft KLM abgestürzt. Unter den 45 Toten waren auch zwei Angehörige der israelischen Delegation bei den Wiedergutmachungsverhandlungen: Dr. J. Isaak Bezner, Direktor der Kredit- und Außenhandelsabteilung des israelischen Finanzministeriums, und D. W. D. Ozari, ebenfalls ein hochrangiger israelischer Regierungsbeamter. Nach Auskunft der Pressestelle von KLM hatten die Piloten den Landeanflug aufgrund der schlechten Sichtverhältnisse zu früh eingeleitet, so dass die Maschine zwei Kilometer südlich der Landebahn in den Stadtwald stürzte. Eine Fremdeinwirkung sei auszuschließen.

Fahndung nach Goldberg
(Seite 119 bis 130)

1 Auskunft von Bernhard Gnirs am 16. Juli 2002.

2 Zum Gutachten siehe Kapitel »Die Bombe: ›Im Ganzen genial, sprunghaft variierend‹«.

3 Fritz Dillinger: Das Bayerische Landeskriminalamt im Spiegel der Zeit 1946-1996. Herausgegeben vom Bayerischen Landeskriminalamt, München 1996.

4 Bernhard Gnirs, Jahrgang 1920, Absolvent der Pionierschule Dessau-Roßlau 1943, im Zweiten Weltkrieg Oberleutnant, Bataillons-Adjutant, Kompanie-Chef, vor allem Fronteinsatz in Italien, zahlreiche Sprengungen; Bayerische Polizeischule, ab 10. August 1946 Dienst im Präsidium der Landpolizei in München, am 23. März 1953 Eintritt ins Bayerische Landeskriminalamt als Leiter des Sachgebiets »Sprengstoff-Delikte«.

5 Bericht von Gnirs, 26. August 1953, StAM Stanw 21.057, Bl. 136.

6 Laufzettel zu den einzelnen Personen, StAM Stanw 21.057, Bl. 5–22 (jeweils Anhang).

7 Urteil des Landgerichts Deggendorf wegen Falschbeurkundung vom 19. August 1954, StAM Stanw 29242/7.

8 Abraham K. in den Deggendorfer Unterlagen: Angeblich vom DP-Lager Föhrenwald zugezogen, seit dem 12. Oktober 1948 wohnhaft in Deggendorf in der Graflinger Straße (IRO), Kennkarte mit der Nummer B 12 936. »1949 von Amts wegen abgemeldet.« – Am 30. Oktober 1952 Strafanzeige der Landpolizei an Staatsanwaltschaft Deggendorf.

9 Josef K. in den Deggendorfer Unterlagen: Im Januar 1952 angeblich wohnhaft in Deggendorf, Westlicher Graben 62, bei Elfriede S. Polizeilich angemeldet am 4. Februar 1952, jedoch zu keiner Zeit wohnhaft in Deggendorf. Am 16. Januar 1952 Einzelreisepass ausgestellt, Nr. 602, Seriennummer 2 517 358. Antrag auf deutsche Kennkarte am 4. Februar 1952, nicht ausgehändigt. StAM Stanw 21.057, Bl. 11.

10 StAM Stanw 21.057, Bl. 6 (Anhang) und 7.

11 Schreiben der Bezirksanwaltschaft Zürich an die Staatsanwaltschaft München vom 15. Juni 1953, StAM Stanw 21.057, Bl. 33.

12 Kopie eines Schreibens des Polizeikorps des Kantons Zürich an das Polizeikommando Zürich vom 17. Juni 1953, StAM Stanw 21.057, Bl. 34–37.

13 Vormerkung vom 23. Juni 1953, StAM Stanw 21.057, Bl. 1–4.

14 Besprechungsnotiz von Mitzdorf vom 23. Juni 1953, StAM Stanw 21.057, Bl. 23.

15 Es handelt sich vermutlich um Inspektor Herrmann Schmitt, Vertreter von Amtmann Johannes Schmid.

16 Schreiben von Gnirs vom 26. Juni 1953, StAM Stanw 21.057, Bl. 24–25.

17 Schreiben des Polizeikommandos des Kantons Zürich an Direktor Meinert, Bayerisches Landeskriminalamt vom 3. Juli 1953, StAM Stanw 21.057, Bl. 32.

18 Emil Weigel, Jahrgang 1919, Heeresfeuerwerkerschule in Berlin-Lichterfelde bis 31. Mai 1940, Leiter verschiedener Fertigungsstellen für Artilleriemunition bis 1. Juni 1942, Lehrgang an der Waffenwerkstatt in Hannover, Sonderlehrgänge (Zünder, Zündmittel, Sabotagefälle) bis Februar 1943, Untersuchung von besonderen Vorfällen bei der Truppe in Nordfinnland bis Juli 1943, Heeres-Waffenamt Abt. Wa Prüf 1 in Berlin, Entwicklung neuer Munition zur Panzerabwehr, ihre Erprobung auf Schießplätzen und Herstellung in Norditalien bis 31. Dezember 1944, Feuerwerker beim Artillerie-Regiment im Westwall-Abschnitt Bergzabern bis Kriegsende; ab De-

zember 1945 Bayerische Landpolizei in Mittelfranken, ab 1. April 1951 Kriminalpolizei-Abteilung im Präsidium der Bayerischen Landpolizei in München, am 23. März 1953 Eintritt ins Bayerische Landeskriminalamt, Sachgebiet »Sprengstoff-Delikte«.

19 Bericht von Weigel und Gnirs vom 7. Juli 1953, StAM Stanw 21.057, Bl. 39–41.

20 Entwurf von Gnirs an Oberstaatsanwalt Dr. Öchsner vom 14. Juli 1953, StAM Stanw 21.057, Bl. 33 a.

Grünblatt und Konsorten
(Seite 131 bis 142)

1 Zur Biographie Goldbergs siehe die Vernehmungs-Niederschrift vom 18. Juli 1953, StAM Stanw 21.057, Bl. 50–62.

2 Niederschrift (ohne Datum) der Vernehmungen am 21. und 22. Juli 1953, StAM Stanw 21.057, Bl. 63–78.

3 Hugo Gold: Geschichte der Juden in der Bukowina, Tel Aviv 1958 und 1962 (2 Bände).

4 Zu den Konzentrationslagern in Transnistrien: Hugo Gold: Geschichte der Juden in der Bukowina, Tel Aviv 1962 (Band 2); Encyclopaedia Judaica, Jerusalem 1971/72.

5 Siehe Gold, a. a. O., S. 17.

6 »Oficiul Judetean al Evreilor Cernauti«, Bezirksrat der Juden in Czernowitz. »Generalsekretär« Hermann Fekler und Dr. Josef Schattner nachgewiesen in Gold, a. a. O., S. 19 und nach S. 66.

7 Vormerkung von Mitzdorf vom 27. Juli 1953, StAM Stanw 21.057, Bl. 79.

8 Auskunft von Emil Weigel am 22. Juli 2002.

9 »Vertrauliche Vernehmung des Goldberg durch Wachtmeister Baumann, Zürich, in München am 29. 7. 1953«, StAM Stanw 21.057, Bl. 80–82.

10 Goldberg: »Persönliche Erklärung z. H. des zuständigen Herrn Staatsanwalts in Zürich« vom 29. Juli 1953, StAM Stanw 21.057, Bl. 93–96.

Streitgespräche mit Abraham K.
(Seite 143 bis 160)

1 Berichte vom 1. bis 3. Juli 1953, StAM Stanw 21.057, Bl. 28, 30, 31.

2 Berichte vom 8. und 15. Juli 1953, StAM Stanw 21.057, Bl. 42–44.

3 Vernehmungs-Niederschrift vom 29. Juli 1953, StAM Stanw 21.057, Bl. 83–92.

4 Zu Lutsk siehe: Jewrejskaja Enziklopedija, St. Petersburg o. J.; Encyclopaedia Judaica, Berlin 1934.

5 Jan Gross: Und wehe du hoffst ... Die Sowjetisierung Ostpolens nach dem Hitler-Stalin-Pakt 1939–1941. Freiburg im Breisgau 1988.

6 Eintrag in der Liste »Sonderlager«, Blatt 78, erstellt von Josef Weiss: »No. 3849, Kronstein, Abraham, 19. 3. 25, Chile, No. 3850, Kronstein Ilia, 30. 10. 75, Chile, No. 3851, Kronstein, Mindel, 1. 1. 90, Chile«; Beit Lahomei Haghetaot (Ghetto Fighters' House), Tel Aviv, Israel, Dutch Archive Section BLH, Dossier Josef Weiss Nr. 317, zitiert nach einer Kopie, GBB.

7 Nathan Eck: The Rescue of Jews with the Aid of Passports and Citizenship Papers of Latin American States. In: Yad Vashem Studies I, Jerusalem 1957, S. 125–152.

8 Dieter Pohl: Nationalsozialistische Judenverfolgung in Ostgalizien 1941–1944. Organisation und Durchführung eines staatlichen Massenverbrechens. München 1996, S. 252f.

9 Gerald Reitlinger: Die Endlösung. Hitlers Versuch der Ausrottung der Juden Europas 1939–1945. Berlin 1960; zu Lemberg siehe Thomas Sandkühler: »Endlösung« in Galizien. Der Judenmord in Ostpolen und die Rettungsinitiativen von Berthold Beitz 1941–1944, Bonn 1996.

10 Streng genommen gab es kein Ghetto in Lwow, weil in dem dafür vorgesehenen Stadtteil der Ausbruch von Seuchen die Deutschen selbst gefährdete. Der Versuch wurde abgebrochen.

11 Eberhard Kolb: Bergen-Belsen. Geschichte des »Aufenthaltslagers« 1943–1945. Hannover 1962; Alexandra-Eileen Wenck: Zwischen Menschenhandel und »Endlösung«: Das Konzentrationslager Bergen-Belsen. Paderborn 2000.

12 »Liste der polnischen Gruppe in Bergen Belsen Block XIII«: »Nr. 176, Kronstein, Abraham, 1925, Luck, Chile; Nr. 177, Kronstein, Ilja, 1875, Luck, Chile; Nr. 178, Kronstein, Mindel, 1890, Kiew, Chile«; die Liste enthält 349 Namen; PRO FO 371//51115, Subfile WR 918, zitiert nach einer Kopie, GBB.

13 »Dodenlijst van het transport van 10.4.1945.« Eintrag: »14.4.1945 op het traject Ülzen-Lüneburg. (...) Kronstein, Elia (Sonderlager), 1.5.72, Chileen. (...) De overledenen (...) zijn begraven op het traject Ülzen-Lüneburg, 70 m ten noorden van kilometerpaal aan de rand van het bosch ten westen van de spoorrails.« Beit Lahomei Haghetaot (Ghetto Fighters' House), Tel Aviv, Israel, Dutch Archive Section BLH, Dossier Josef Weiss Nr. 317, zitiert nach einer maschinenschriftlichen Kopie, GBB.

14 Zum Schicksal des Zuges siehe Hans-Joachim Pohl: Der verlorene Transport. In: Verkehrsgeschichtliche Blätter. Berlin, 25. Jahrgang (1998), Heft 5, S. 120–124; zu den Ereignissen in Tröbitz siehe Erika Arlt: Die jüdischen Gedenkstätten Tröbitz, Wildgrube, Langennaundorf und Schilda im Landkreis Elbe-Elster. Herausgegeben vom Kulturamt des Landkreises Elbe-Elster. Herzberg o. J.

15 Bericht vom 5. August 1953, StAM Stanw 21.057, Bl. 114.

16 Bericht von Gnirs vom 26. August 1953, StAM Stanw 21.057, Bl. 137. – »Der Mantel fand sich bei der Durchsuchung zusammengeknüllt in einer unteren Schrankecke. Der Hut fand sich in der hinteren Ecke einer Kommodenschublade.« – StAM Stanw 21.057, Bl. 139.

17 Berichte vom 29. und 31. Juli 1953, StAM Stanw 21.057, Bl. 98–101.

18 »Disposition« vom 3. August 1953, StAM Stanw 21.057, Bl. 102 bis 103.

19 Erste Vernehmung der Rahel K., Vernehmungsniederschrift vom 3. August 1953, StAM Stanw 21.057, Bl. 104–109.

20 Bericht vom 5. August 1953, StAM Stanw 21.057, Bl. 110–117.

21 Bericht vom 13. August 1953, StAM Stanw 21.057, Bl. 125.

22 Bericht vom 13. August 1952, StAM Stanw 21.057, Bl. 126.

Das Phantom von der Destouchesstraße
(Seite 161 bis 177)

1 Mitteilung des Archivs der Universität Wien, HR Dr. Kurt Mühlberger, vom 23. August 2002 unter Verweis auf Nationale der Medizinischen Fakultät.

2 Josef K.s Wohnadressen in Wien: III., Löwengasse 49, für das Wintersemester 1937/38 (vermutlich die erste Anlaufadresse K.s in Wien), Mitteilung des Archivs der Universität Wien vom 23. August 2002. VI., Mariahilfer Straße 33/26, vom 21. Oktober 1937 bis 16. März 1938 (von dort abgemeldet nach Luzk); IX., Nußdorfer Straße 16/15, vom 6. Mai bis 17. Juli 1938 (von dort abgemeldet

nach Italien); Mitteilung des Wiener Stadt- und Landesarchivs vom 6. September 2002 an den Verfasser.

3 Mitteilung des Archivs der Universität Wien, HR Dr. Kurt Mühlberger, vom 23. August 2002 an den Verfasser unter Verweis auf Nationale der Medizinischen Fakultät.

4 Der vollständige Eintrag für das Wintersemester 1938/39 lautet: »Matrikelnummer 31.622, 9. Dez., Kronsztejn, Josef, geb. 8. November 1918, Fakultät: med., Heimat: Luck, Polen, Muttersprache: poln., Maturitätszeugnis: Roune (korrekt: Rowno), Abgangszeugnis Wien, exmatrikuliert: 12.(17.?)10.1949«. Album Universitatis Bernensis, Universitätsarchiv Bern im Staatsarchiv Bern, BB III b Nr. 1169. Mitteilung des Universitätsarchivs der Universität Bern, Dr. Franziska Rogger, vom 27. August 2002 an den Verfasser.

5 Fakultätssitzung vom 10. Mai 1939, Protokolle der Medizinischen Fakultät der Universität Bern 1939–1940, Sig. 1.8, S. 31; Fakultätssitzung vom 8. Mai 1940, Protokolle 1939–1940, Sig. 1.8, S. 97; Fakultätssitzung vom 8. Dezember 1943, Protokolle 1943-1945, Sig. 1.11, S. 8; Mitteilung des Medizinhistorischen Instituts der Universität Bern, Prof. Dr. med. Urs Boschung, vom 30. August 2002 an den Verfasser.

6 Mitteilung des Universitätsarchivs der Universität Bern, Dr. Franziska Rogger, vom 27. August 2002 an den Verfasser.

7 Am 17. Juli 1938 in Wien abgemeldet nach Italien; Mitteilung des Wiener Stadt- und Landesarchivs vom 6. September 2002 an den Verfasser.

8 Es sind zwei Adressen von Josef K. in Bern bekannt: Neuengasse 39 für das Jahr 1940, SBA P 48474; Mühlemattstrasse 48, Universität Bern, Verzeichnis der Behörden, Lehrer, Studienanstalten und Studierenden, Sommersemester 1949, S. 60. – Siehe auch die Nachricht von Interpol Zürich vom 8. August 1953, StAM Stanw 21.057, Bl. 132.

9 Eintrag in Genfer Adressbüchern der fünfziger Jahre: Alex Kronstein, avocat, 1. rue Rôtisserie (Büro), 8. rue Florissant (Wohnung). »Alex« ist vermutlich die Kurzform für den polnischen Vornamen »Aleksander«. – Über K.s Stiefschwester ist nichts bekannt. – »Erhebungen bei seinen Verwandten in Montreux sind noch im Gange«, Mitteilung von Interpol Zürich am 8. August 1953 nach München, StAM Stanw 21.057, Bl. 132.

10 Die Bemühungen der Vermieterin, ihr Geld von Josef K. wiederzubekommen, führten offenbar zu keinem guten Ende; SBA P 48474.

11 Zum Datum der »Ausreise« am 11. Juli 1949: Nachricht von Interpol Zürich vom 8. August 1953, StAM Stanw 21.057, Bl. 132. –

Über die »Einreise« K.s in Frankreich liegt ein weiteres Datum vor: 27. Januar 1949, Nachricht von Interpol Paris vom 26. August 1953, StAM Stanw 21.057, Bl. 149. Der Widerspruch konnte nicht geklärt werden. Vermutlich war Josef bereits früher in Paris, worauf der Hinweis von Johann B. deutet, er sei »wegen einer Sache, die mit der israelitischen Staatsgründung zusammenhing«, in Haft gewesen, siehe S. 171.

12 Rue Charlot 77 und Rue Massenet 5; Funkspruch von Interpol Paris über Interpol Zürich an die Ermittlungsabteilung des BLKA vom 21. August 1953, Abschrift vom 26. August 1953, StAM Stanw 21.057, Bl. 149.

13 Über den Zeitpunkt der Einreise nach Deutschland (München) liegen ebenfalls zwei Daten vor: Januar 1950 in Zusammenhang mit »Universität München«, StAM Stanw 21.057, Bl. 142; ferner 10. März 1951, Mitteilung von Interpol Paris vom 26. August 1953, StAM Stanw 21.057, Bl. 149.

14 Niederschrift der Vernehmung der Elke Gruber vom 8. August 1953, StAM Stanw 21.057, Bl. 133–135.

15 Bericht vom 20. August 1953, StAM Stanw 21.057, Bl. 164.

16 Wohnadressen Josef K.s in München: ab Januar 1951: Metzstraße 12, Pension »Drei-Mäderl-Haus«; erste Monate 1952 (Tatzeit): Hildebrandstraße 9; Sommer 1952: Liebherrstraße 3, mit seinem Bruder, Untermiete bei W.; Winter 1952/53: Moltkestraße 1, Untermiete bei G.; ab Frühjahr 1953 bis 10. August 1953: Destouchesstraße 21, Untermiete bei M. – Bericht vom 26. August 1953, StAM Stanw 21.057, Bl. 142f.

17 Zweite Vernehmung der Rahel K., Vernehmungsniederschrift vom 10. August 1953, StAM Stanw 21.057, Bl. 122–124.

18 Die Umstände der Flucht Josef K.s sind in der Akte widersprüchlich dargestellt. Einerseits erfuhren die Ermittler erst am 15. August 1953, dass der Verdächtige sich am 10. August abgesetzt hatte; Bericht vom 26. August 1953, StAM Stanw 21.057, Bl. 143. Andererseits heißt es: »Wenige Stunden vor der beabsichtigten Festnahme ist Josef Anatol K. die Flucht aus München gelungen. Unmittelbar danach führte er den falschen Namen ›Balvket‹.« Letzteres ist ein Indiz dafür, dass nur der 10. August 1953 gemeint sein kann, als K. ein Telegramm an Elke Gruber mit ›Balvket‹ zeichnete; Bericht vom 11. Januar 1954, StAM Stanw 21.057, Bl. 168.

19 Bericht vom 26. August 1953 (ohne Verfasser), StAM Stanw 21.057, Bl. 138.

20 Bericht vom 26. August 1953 (ohne Verfasser), StAM Stanw 21.057, Bl. 139.

21 Bericht vom 26. August 1953 (ohne Verfasser), StAM Stanw 21.057, Bl. 140.

22 Bericht vom 26. August 1953 (ohne Verfasser), StAM Stanw 21.057, Bl. 141–143.

23 Zum politischen Hintergrund Josef K.s siehe Bericht vom 26. August 1953 (ohne Verfasser), StAM Stanw 21.057, Bl. 142, die offensichtlich falsche Zeitangabe »Januar 1953« wurde in »Januar 1952« korrigiert; Bericht von Gnirs vom 11. Januar 1954, StAM Stanw 21.057, Bl. 168. Vernehmung des Johann B., Protokoll vom 29. September 1953, StAM Stanw 21.057, Bl. 150. – In eigenartigem Gegensatz dazu steht die Bemerkung, Josef K. sei »Angehöriger einer rechtsradikal jüdischen Organisation«, Bericht vom 11. Januar 1954 (ohne Verfasser), StAM Stanw 21.057, Bl. 169.

24 Bericht vom 26. August 1953 (ohne Verfasser), StAM Stanw 21.057, Bl. 136–146.

25 Bericht vom 15. Oktober 1953, StAM Stanw 21.057, Bl. 153.

26 Bericht vom 16. Oktober 1953, StAM Stanw 21.057, Bl. 155–157.

27 Bericht vom 26. August 1953 (ohne Verfasser), StAM Stanw 21.057, Bl. 143.

28 Bericht vom 22. Oktober 1953, StAM Stanw 21.057, Bl. 159–162.

29 Bericht von Gnirs, 11. Januar 1954, StAM Stanw 21.057, Bl. 165 bis 169.

30 Dr. Ernst Brückner, Jahrgang 1909, Studium der Jurisprudenz an der Universität Marburg, 1933 SS-Nachrichtensturm 212 in Itzehoe (Sturmmann), 1937 Eintritt in die NSDAP, 1939 Staatsanwalt in Itzehoe, September 1939 bis März 1945 Flak-Offizier (freiwillig), 1941 Kriegsverdienstkreuz II. Klasse, 1945 in amerikanischer Kriegsgefangenschaft, ab 1946 Staatsanwalt beim Landgericht in Itzehoe, ab November 1952 Leiter der Sicherungsgruppe des BKA, 1954 nach Otto Johns Flucht in die DDR versetzt zum BfV, 1962 bis 1964 Leiter der Sicherungsgruppe (*Spiegel*-Affäre), von Oktober 1964 bis Frühjahr 1967 Vizepräsident des BfV. Angaben nach Dieter Schenk, a. a. O., S. 341, Anmerkung 584.

31 Bericht von Gnirs vom 18. Januar 1954, StAM Stanw 21.057, Bl. 170–173.

32 Deutsches Fahndungsbuch, Wiesbaden, Nachtrag zu Nr. 31, der Ausgabe für Oktober 1953, Redaktionsschluss des Nachtrags: Anfang Oktober 1953, reguläre Laufzeit des Eintrags bis Nr. 34 (Januar 1954). – Wiederholt erklärten die Ermittler, dass die Fahndung nach Josef K. nicht veröffentlicht werden sollte; der Widerspruch zu dem Eintrag ins DFB konnte nicht geklärt werden. Dass der Haftbefehl gegen Josef K. erst am 18. November 1954 erlassen wurde, er-

klärt sich aus der Geheimhaltung der Ermittlungen innerhalb der Staatsanwaltschaft des Landgerichts München 1, siehe StAM Stanw 21.057, Bl. 171 und 231.

33 Bericht von Gnirs vom 18. November 1954, StAM Stanw 21.057, Bl. 231–232.

34 Deutsches Fahndungsbuch, Wiesbaden, Nachtrag zu Nr. 55, der Ausgabe für Oktober 1955. Redaktionsschluss des Nachtrags: 3. Oktober 1955; Laufzeit des Eintrags bis Nr. 69 (Dezember 1956).

35 Paul Weymar: Konrad Adenauer. Die autorisierte Biographie, München 1955, S. 645.

Irgun Zwai Leumi: Zwischen Freiheitskampf und Terror
(Seite 179 bis 200)

1 Zur Geschichte des Etzel siehe J. Bowyer Bell: Terror out of Zion. Irgun Zvai Leumi, LEHI, and the Palestine Underground, 1929–1949, New York 1977; Saul Zadka: Blood in Zion. How the Jewish Guerrillas drove the British out of Palestine, London 1995.

2 Vgl. Samuel Katz: Tage des Feuers. Das Geheimnis der Irgun. Königstein/Ts. 1981, S. 278f., sowie das Kapitel »Die Akteure und was aus ihnen wurde ...«.

3 Katz, a. a. O., S. 180.

4 Menachem Begin: The Revolt, London 1951, S. 182f.; über Eliezers Gefangenschaft siehe: Bell, a. a. O., S. 129ff.

5 Yehuda Bauer: Flight and Rescue: Bricha. New York 1970.

6 Begin, a. a. O., S. 182.

7 General Evelyn Barker hatte eine Reihe von Todesurteilen gegen Etzel-Leute verhängt und war als Antisemit verhasst. Yaakov Amrami alias Joel Eilberg wollte ihn auf offener Straße erschießen, doch Barker und die Beamten des Criminal Investigation Department (CID) waren auf der Hut. Amrami wurde verhaftet und saß mehrere Monate in britischer Haft – ohne dass die Briten je erfuhren, mit wem sie es zu tun hatten. Als illegaler Immigrant wurde er schließlich abgeschoben. Danach beschaffte er in Paris Waffen und Munition für Palästina; Katz, a. a. O., S. 168ff., Bell, a. a. O., S. 307f.. Siehe ferner das Kapitel »Die Akteure und was aus ihnen wurde ...«.

8 Zu den Kommandeuren und deren Einsatz in Europa siehe: www.etzel.org – Da die Homepage 2002 mit einem Passwort geschützt wurde, sollte man es unter www.etzel.org.il/english oder www.etzel.org.il/english/people versuchen.

9 Ely L. Tavin: The Second Front. The Irgun Zvai Leumi in Europe 1946–48, Tel Aviv 1973 (hebr.), S. 335.

10 Katz, a. a. O., S. 134ff.

11 Zu Dov Shilanski siehe S. 204, 277f., 304.

12 Zur Vorgeschichte des Anschlags siehe Tavin, a. a. O., S. 65.

13 Die Schuh-Episode setzt sich aus zwei Berichten zusammen. Shmuel Katz schreibt in seinen Memoiren, wie sehr ihn die zu engen Schuhe drückten, bis er sie endlich in Paris mit den eingearbeiteten Geheiminformationen an Elizier, den er Pesach nennt, übergeben konnte. Im Untersuchungsbericht aus Rom findet sich das »Gegenstück« zu dieser Episode: Gurvitz fragt beim Vervielfältigen der Irgun-Kommuniqués Narducci, ob sein Bruder die ramponierten Schuhe, die von guter Qualität waren, reparieren könne. Doch der angerichtete Schaden war zu groß. Siehe Katz, a. a. O., S. 134ff.; Untersuchungsbericht über das Sprengstoff-Attentat gegen die Britische Botschaft in Rom vom 22. Dezember 1946, StAM Stanw 21.057, Bl. 345 u. 362, Ziffer 92.

14 Der Hinweis auf Joel Eilberg, Ychiel Kadischai und Menachem Spiegler als die drei Bombenleger von Rom findet sich mitsamt den Fotos bei Eliyahu Lankin: The Story of Altalena, Israel 1967, 3. Auflage 1974, S. 167; Tavin nennt dieses Trio ebenfalls, a. a. O., S. 65.

15 Jakov Hewel stammte aus dem ostpolnischen Kowel, das nicht allzu weit von Luzk entfernt liegt, der Heimatstadt der Brüder K. Selbstredend war Hewel nicht sein richtiger Name. Meist wurde er nur »Dan« genannt. Mehr zu Hewel im Kapitel »Der V-Mann kehrt zurück«; siehe Tavin, a. a. O., S. 69, 76, 88ff.

16 Tavin, a. a. O., S. 69.

17 Untersuchungsbericht über das Sprengstoff-Attentat gegen die Britische Botschaft in Rom vom 22. Dezember 1946, StAM Stanw 21.057, Bl. 339–378.

18 Hinter Dov Gurwitz verbarg sich Jakov Gurwitz, Tiburzio Deitel war Benyamin Zeroni, siehe www.etzel.org.

19 »Die Untersuchung war schwierig. Diese Juden sind meistenteils fanatische Britengegner … Sie bewegen sich leicht von einer Stadt zur andern, benutzen Decknamen, vermeiden den Kontakt mit der italienischen Polizei, solange es möglich ist, und leben ohne jegliche Ordnung, so daß oft der Leiter des Flüchtlingslagers, in welchem sie sich aufhalten, nicht einmal weiß, wer sie sind oder was sie tun. Sie können sich oft 2, 3 manchmal auch 4 Lebensmittelkarten beschaffen. Beim Verhör geben sie niemals etwas zu, sondern versuchen, den Einvernehmenden durch langweilige und wortreiche Erzählun-

gen zu ermüden und direkten Antworten durch Ausweichen und Umschreibungen aus dem Wege zu gehen. Sie geben die Wahrheit nur dann zu, wenn sie mit dem handgreiflichen Beweis gegenübergestellt werden, und das kommt selten vor.« Untersuchungsbericht vom 22. Dezember 1946, StAM Stanw 21.057, Bl. 372f., Ziffer 117.

20 Katz, a. a. O., S. 138f.

21 Tavin, a. a. O., S. 188.

22 Bell, a. a. O., S. 343.

23 Hans Langemann: Das Attentat. Hamburg 1957, S. 368.

24 Eitan Livni: I.Z.L. – Operations and Underground (Memories). Jerusalem 1987 (hebr.), S. 310.

25 Moshe Feldenkrais (1904–1984), Physiker, Physiologe, Psychosomatiker von Weltruf, Autor von »Body and Mature Behaviour« (1949), »The Potent Self. A Guide to Spontaneity« (verfasst in den vierziger Jahren, engl. 1985), deutsch: »Das starke Selbst« (1985).

26 Zu den Irgun-Aktivitäten in Österreich siehe Thomas Albrich: Exodus durch Österreich. Die jüdischen Flüchtlinge 1945–1948, Innsbruck 1987, S. 167ff.

27 Katrin Oberhammer: Saalfelden – Gnadenwald – Meran. Mit der Bricha durch die französische Zone nach Südtirol. In: Thomas Albrich (Hg.): Flucht nach Eretz Israel. Die Bricha und der jüdische Exodus durch Österreich nach 1945. Innsbruck 1998, S. 199–224, hier S. 214.

28 Die Konstruktionsbeschreibung wurde im Oktober 1946 von einem Privatmann auf Geschäftsreise nach Italien gebracht; Tavin, a. a. O., S. 102, Anmerkung 73.

29 Livni, a. a. O., S. 310.

30 Langemann, a. a. O., S. 368; »Wer sind die Terroristen?«, Bonn o. J., S. 9, Abschnitt: »8. Paket- und Briefbomben gegen Briten«.

31 Zur »Altalena«-Affäre siehe Katz, a. a. O., S. 309ff.; Nachum Orland: Die Cherut. Analyse einer rechtsorientierten israelischen Partei, München 1983, S. 48ff.

32 Orland, a. a. O., S. 46–72, S. 211ff.

33 Tavin, a. a. O., S. 248.

34 Die Teilnehmer des Treffens mit Menachem Begin Ende Dezember 1948 im Pariser Hotel »Royal Monceau« waren: David Ostshinski (Italien), Bezalel Singer (Deutschland), Itzchak Siklor (Tschechoslowakei), Abraham Tahor (Belgien), Itzchak Raviv (Österreich), Avigdor Friedman (Großbritannien), David Danon (Nordfrankreich), Jehoshua Oson (Nordfrankreich), Bruno Lunenfild (Schweiz), Dr. Shmuel Ariel (Frankreich), Jehoshua Halperin (Frankreich), Baruch Minz, Jerachmiel Wernik, Josef Krost, Moshe Ernst, Walter

Vogel »und andere«, wie Ely L. Tavin schreibt. Die Reihenfolge ist die von Tavin vorgegebene; wer sich hinter dem Ausdruck »und andere« verbirgt, ist nicht bekannt. Mit einer Ausnahme: Tavin war ebenfalls dabei. Siehe Tavin, a. a. O., S. 248.

35 Richard Deacon: The Israeli Secret Service, London 1977, S. 49ff.

36 Mitteilung von Tom Segev, Journalist in Jerusalem, an den Autor.

Der V-Mann kehrt zurück
(Seite 201 bis 224)

1 Hermann Eiring, geb. am 20. November 1903 in Frankfurt/Main, 1. August 1935 förderndes Mitglied der Allgemeinen SS, 1. Mai 1937 Eintritt NSDAP, ab 25. Oktober 1938 Vollmitglied der SS, 1939 Kriminaloberassistent beim RKPA, im März 1939 beim Einsatzkommando II der Einsatzgruppe I, Prag, unter SS-Hauptsturmführer und Regierungsrat Günther Herrmann (siehe Jens Banach: Heydrichs Elite, S. 257), seit 1943 Kripoleitstelle Prag, Februar 1944 Kriminalkommissar, Mai 1944 SS-Obersturmführer, 1952 Kriminalkommissar des BKA (Sicherungsgruppe), 1958 Kriminalhauptkommissar; Eiring war in der Kriegsverbrecherliste der ČSR unter lfd. Nr. 735 als Angehöriger der Gestapo in Prag vermerkt, ein Ermittlungsverfahren der Staatsanwaltschaft Frankfurt gegen Angehörige der Kripoleitstelle Prag erbrachte keine Beteiligung Eirings an NS-Verbrechen; BAK I – 110 AR 1251/67.

2 Es ist nicht klar, ob das erste Gespräch am 27. September oder am 28. September 1952 stattfand, Bericht von Krim.Insp. J. Müller und Krim.Komm. H. Eiring, Bonn, 28. September 1954, StAM Stanw 21.057, Bl. 293–295.

3 Über diesen versuchten Anschlag ist kaum etwas bekannt. Ein Zusammenhang mit den Wiedergutmachungsverhandlungen in Wassennaar liegt nahe, zumal die Vertragsunterzeichnung nur wenige Wochen zurücklag.

4 Bericht an das Auswärtige Amt vom 7. Mai 1952, siehe »Vermerk« von J. Müller und H. Eiring, Bonn, 6. Dezember 1954, StAM Stanw 21.057, Bl. 285–288; siehe weiterhin den Brief des V-Mannes an »Herrn Fr...« im deutschen Generalkonsulat in Marseille vom 30. April 1952, StAM Stanw 21.057, Bl. 288, sowie eine Aufzeichnung anlässlich eines Besuchs des V-Mannes in der deutschen Diplomatischen Mission in Paris am 14. Oktober 1952, StAM Stanw 21.057, Bl. 289. Das letztgenannte Aktenstück offenbart die Verwechslung Lutans mit Dov Shilanski.

5　Der Bericht an das Auswärtige Amt vom 7. Mai 1952 ist nicht Teil der Ermittlungsakte; ob es sich bei Eirings Bericht vom 6. Dezember 1954 um eine genaue »Abschrift« handelt, ist nicht sicher, liegt aber aufgrund der Wortwahl nahe. Die indirekte Rede wurde vermutlich vom Bericht des Auswärtigen Amtes übernommen, weswegen das Zitat sprachlich schwer verständlich ist; StAM Stanw 21.057, Bl. 285–288.

6　Tavin, a. a. O., S. 248; siehe weiterhin das Kapitel »Irgun Zwai Leumi: Zwischen Freiheitskampf und Terror«, Anmerkung 34.

7　Eliyahu Lankin: The Story of Altalena. Tel Aviv 1967, 3. Auflage 1974 (hebr.).

8　Titel der Doktorarbeit: The Political and Military Struggle of the Irgun Zwai Leumi in Europe (Jan. 1946–Jan. 1949), Hebrew University, Jerusalem (Jahr nicht bekannt); Tavins Doktorvater war Jakov Talmon.

9　Das Hewel-Porträt im Text folgt vor allem Tavin, a. a. O., S. 69, 76f. (Hewel in Italien), S. 88–92 (Hewel in Deutschland), S. 196 (Hewel in Frankreich); weitere Fundstellen zu Hewel: Livni, a. a. O., S. 272 (Hewel in Italien); Lankin, a. a. O., S. 234, 271, 295.

10　Dov Shilanski, 1924 in Litauen geboren, organisierte 1941 bis 1944 den Widerstand in litauischen Ghettos. Unmittelbar nach Kriegsende traf er in München ein und beteiligte sich am politischen Leben der Juden in der US-Besatzungszone, gab Hebräisch-Kurse. Anfang 1946 ging er nach Italien, wo er unter Eliezer (David Witten) die südliche Sektion des Etzel mit Rom, Ostia, Neapel und Salerno leitete. Am Attentat auf die Britische Botschaft in Rom am 31. Oktober 1946 war Shilanski laut Tavin beteiligt. Nach dem Besuch eines Trainingslagers ging er im Dezember 1946 für den Irgun nach München, sein Nachfolger dort war laut Tavin Gideon Abramowicz. 1948 emigrierte er nach Israel. – Eine Teilnahme Shilanskis am Attentat auf Adenauer ist unwahrscheinlich. Dass er in der Ermittlungsakte auftaucht, ist auf eine Verwechslung mit Lutan zurückzuführen, dessen Vornamen der V-Mann mit »Dov« angibt. Siehe ferner das Kapitel »Die Akteure und was aus ihnen wurde …«.

11　Zu Lutan alias Hewel siehe www.freeman.org/nimrod.htm und das Kapitel »Die Akteure und was aus ihnen wurde …«.

12　Tavin, a. a. O., S. 248.

13　Weitere Decknamen Eliezers: David Witten, Natan Jevkowicz, Tomi, Dr. Jerusalmi, Pesach, Rimer; Tavin, a. a. O., S. 357.

14　Zu Jakov Farshtej: Sein Geburtsdatum ist 10. Mai 1919, nicht 10. Mai 1909, wie oft angegeben. Auf den Internet-Seiten des Etzel (www.etzel.org) wird die Identität Farshtejs und Tavins bezeugt.

Seine Kurz-Biographie ist im »Who's Who in Israel« der siebziger Jahre wiedergegeben. Die Bücher, die er schrieb, sind im Anhang zu finden, die Liste ist vermutlich nicht vollständig. Siehe ferner das Kapitel »Die Akteure und was aus ihnen wurde ...«.

15 Bell, a. a. O., S. 343ff.

16 Telefongespräch des Verfassers mit I. R. in Israel am 6. Mai 2002.

17 Bericht von Krim.Insp. J. Müller und Krim.Komm. H. Eiring, Bonn, 7. Oktober 1954, StAM Stanw 21.057, Bl. 297.

18 Über den mehrtägigen Aufenthalt des V-Mannes (Pelat) in München Anfang Oktober 1954 liegen zwei Aktenstücke vor: Bericht von Krim.Insp. J. Müller und Krim.Komm. H. Eiring, Bonn, 7. Oktober 1954, StAM Stanw 21.057, Bl. 297–301; Zwischenbericht v on Gnirs an den Oberstaatsanwalt beim Landgericht München 1, 18. November 1954, StAM Stanw 21.057, Bl. 231–238.

19 Der Sprengstoff-Fachmann »David« wurde in den weiteren polizeilichen Ermittlungen nicht mehr beachtet. Wenn Pelats Hinweis zutrifft, dass »David« bei Etzel eine ranghöhere Position eingenommen habe als Lutan, der immerhin Chef von drei Länder-Sektionen war, kann dies nur bedeuten, dass der unbekannte Sprengstoff-Fachmann Mitglied des Oberkommandos des Irgun Zwai Leumi in Palästina gewesen sein muss, ein überschaubarer Kreis von 14 Personen bei Kriegsende. Auf den Internet-Seiten des Etzel findet sich ein David Grosbard (1915–1990) aus Russland, der 1934 nach Palästina emigrierte, 1936 dem Etzel beitrat, 1944 den Distrikt Tel Aviv leitete und 1945 in das Oberkommando des Irgun aufgenommen wurde. Ab 1947 leitete Grosbard für den Irgun die Produktion von Granatwerfern, Maschinenpistolen, Handgranaten und Sprengsätzen. Bell weist auf David Grosbards Aufnahme in das Oberkommando und seine Tätigkeit als »QMG« hin (»Quartermaster-General«, dt. Generalquartiermeister), a. a. O., S. 134 u. 139. Bei Katz findet sich die Bemerkung: »Unter Reuven (David Groszbard), der dem Oberkommando angehörte, begannen wir mit der eigenen Herstellung von Gewehren und Granaten«; Katz, a. a. O., S. 254.

20 Zwischenbericht von Gnirs an den Oberstaatsanwalt beim Landgericht München 1, 18. November 1954, StAM Stanw 21.057, Bl. 231–238.

21 Wer Palme war, konnte nicht ermittelt werden.

22 Siehe Zwischenbericht von Gnirs an den Oberstaatsanwalt beim Landgericht München 1, 18. November 1954, StAM Stanw 21.057, Bl. 237, Rückseite.

23 Erste Vernehmung des Tobias Silbermann, 29. November 1954, StAM Stanw 21.057, Bl. 305–307.

24 Zweite Vernehmung des Tobias Silbermann, 18. April 1955, StAM Stanw 21.057, Bl. 311.

25 Vernehmung des Samuel Bernstein im Polizeipräsidium Frankfurt durch Eiring und Gnirs, Vernehmungsniederschrift vom 26. Mai 1955, StAM Stanw 21.057, Bl. 323–324.

26 Ein weiteres Indiz, dass Dov Shilanski der Täter von München nicht sein kann: Er ist seit Jahrzehnten Cheruth-Mitglied.

27 Eliezer Sudit-Sharon: Irgun-Kommandant, Deckname »Kabtzan« (Bettler), siehe Katz, a. a. O., S. 363; siehe www.etzel.org und das Kapitel »Die Akteure und was aus ihnen wurde . . .«.

28 Der prominenteste Fall ist der von H. Reinhold, der in den vierziger Jahren mehrere Überfälle des Etzel an die Briten verriet. Kurz bevor Reinhold aufflog, wurde er von den Briten außer Landes geschafft. Irgun-Leute entdeckten ihn nach Kriegsende in Brüssel und wollten ihn ermorden. Das geplante Attentat schlug fehl, die Täter wurden gefasst.

29 StAM Stanw 21.057, Bl. 287 und 309–310.

Walbaums Theorie
(Seite 225 bis 255)

1 Der Anschlag forderte drei Menschenleben, 18 Personen wurden zum Teil schwer verletzt, der Sachschaden lag bei 10 000 Mark. Zu den Ermittlungsergebnissen bis Anfang August 1955 siehe BayHStA M Inn 91889.

2 Ferdinand Durcansky war stellvertretender Ministerpräsident und Außenminister des Slowakischen Staates; über seine Tätigkeit im Exil liegen verschiedene Angaben vor: Er sei Vorsitzender des »Slowakischen Nationalausschusses« bzw. Leiter des »Slowakischen Befreiungskomitees« in München gewesen.

3 Die Bombe schien dann doch nicht so spektakulär gewesen zu sein. Am 19. Oktober 1955 berichtete die *Süddeutsche Zeitung*, es habe sich um eine britische »Handgranate« mit mindestens 700 Gramm Trinitrotoluol gehandelt; die Konstruktion sei selbst Interpol unbekannt gewesen. An dieser Mitteilung stört, dass eine Handgranate mit 700 Gramm Sprengstoff keine Handgranate mehr ist; zusammen mit dem Stahlmantel käme der Sprengsatz auf mehrere Kilogramm Gewicht. Die Erkenntnis, dass die Täter so wenig Spuren wie möglich hinterlassen wollten, bleibt davon unberührt.

4 Bericht von Gnirs, 11. Juli 1955, BayHStA M Inn 91889.

5 Bericht von Gnirs, 6. August 1955, BayHStA M Inn 91889.

6 Bericht von Gnirs, 6. August 1955, S. 3, BayHStA M Inn 91889.

7 Reinhard Gehlen (1902–1979) übernahm am 1. April 1942 im Generalstab der deutschen Wehrmacht die Leitung der Abteilung »Fremde Heere Ost«, einen militärischen Nachrichtendienst, dessen wichtigstes Tätigkeitsfeld die Rote Armee war. Kurz vor dem Zusammenbruch des Dritten Reiches konnte Gehlen das Archiv des Dienstes, das rund fünfzig Stahlkisten umfasste, in Bayern vergraben. Bei Vernehmungen in den Vereinigten Staaten überzeugte er amerikanische Geheimdienstleute von seinen umfassenden Kenntnissen über die Sowjetunion. Daraufhin finanzierten die Vereinigten Staaten nach Einsetzen des Kalten Krieges einen Nachrichtendienst unter Gehlens Leitung, der nach Osten aufklären sollte und in dem ehemalige Mitarbeiter von »Fremde Heere Ost« arbeiten konnten. Dafür gingen alle nachrichtendienstlichen Erkenntnisse an die USA. Ende 1946 nahm die »Organisation Gehlen« ihre Arbeit in Oberursel auf, Mitte 1947 zog der Dienst nach Pullach um. In den ersten Jahren ihrer Tätigkeit war die »Organisation Gehlen« für die USA aufgrund der früheren Agenten von »Fremde Heere Ost«, die nach dem Vormarsch der Roten Armee in der Sowjetunion verblieben waren, und wegen des erhaltenen Archivs überaus wertvoll.

8 »Wer war Matus Cernak?«, herausgegeben vom Slowakischen Nationalrat im Ausland, München, August 1955, S. 48, BayHStA M Inn 91889.

9 Bericht von Gnirs, 6. August 1955, BayHStA M Inn 91889; nach anderen Informationen fand der Prozess in Pressburg (Bratislava) statt, es seien Agenten angeklagt worden, die mit dem Fallschirm abgesprungen seien, um gegen die Prager Regierung gerichtete Flugblätter zu verteilen, deren Verfasser Cernak gewesen sein soll; angeblich habe die ČSR die Amerikanische Botschaft in Bonn ersucht, Cernak aus Deutschland auszuweisen; siehe »Wurde sein Todesurteil in Preßburg gesprochen?«, *Münchner Merkur*, 7. Juli 1955.

10 »Wurde sein Todesurteil in Preßburg gesprochen?«, *Münchner Merkur*, 7. Juli 1955.

11 Bericht von Gnirs, 6. August 1955, BayHStA M Inn 91889.

12 *Süddeutsche Zeitung*, 19. Oktober 1955.

13 Brief vom 16. Juli 1957, StAM Stanw 21.057, Bl. 423–428; der sechsseitige Brief ist das einzige Schriftstück der gesamten Ermittlungsakte mit antisemitischen Bemerkungen.

14 Die vier Brüder hießen: Zdeněk Vogel, geb. am 2. Juni 1900 in Dolni Kralovice, Slowakei, das »Oberhaupt« der Vogel-Gruppe; Richard Vogel, geb. am 13. Juni 1897 in Dolni Kralovice; Karel Vogel, geb. am 21. Juli 1892 (oder am 21. Dezember 1892) in Dolni Kralovice;

über Otto Vogel ist nichts bekannt. Die Brüder emigrierten 1938 in die Vereinigten Staaten und lebten als Geschäftsleute in New York; StAM Stanw 21.057, Bl. 423f.

15 Edvard Beneš (1884–1948), 1918 bis 1935 Außenminister der ČSR, 1935 bis 1938 Präsident, 1940 bis 1945 Leiter der der tschechoslowakischen Exilregierung in London, 1945 bis 1948 erneut Präsident der ČSR. Er demissionierte im Juni 1948, vier Monate nach dem kommunistischen Staatsstreich. Sein Nachfolger wurde der damalige Ministerpräsident Klement Gottwald (1896–1953), treibende Kraft des kommunistischen Umsturzes vom Februar 1948. – Honza Masaryk: gemeint ist Jan Masaryk (1886–1948), Sohn von Tomáš G. Masaryk (1850–1937), dem Präsidenten der ČSR 1918 bis 1935. Jan Masaryk war 1925 bis 1939 Gesandter in London, 1940 bis 1945 Außenminister der tschechoslowakischen Exilregierung in London, 1945 bis 1948 Außenminister der ČSR; sein Selbstmord 1948 ist fraglich.

16 Slansky-Salzmann: Rudolf Slánský (1901–1952), mit Decknamen Salzmann, war ab 1929 Mitglied des Zentralkomitees und des Politbüros der Kommunistischen Partei, ab 1945 ihr (moskautreuer) Generalsekretär. Beteiligte sich führend am kommunistischen Umsturz im Februar 1948. Als Stalin 1948/49 die Anpassung der ČSR an sowjetische Verhältnisse forderte, geriet Slánský als Verbündeter des Slowaken Gustáv Husák in Gegnerschaft zum Staatspräsidenten Klement Gottwald. Bereits am 6. September 1950 wurde Slánský vom Posten des Generalsekretärs der KPČ abgesetzt. Die Anklage des von Gottwald in Moskaus Sinne eingeleiteten Schauprozesses vom 20. bis 27. November 1952 lautete auf »bürgerlichen Nationalismus« und »Zionismus«. Von den 14 Angeklagten waren 11 jüdischer Abstammung. Elf der Angeklagten wurden zum Tode verurteilt, drei erhielten lebenslängliche Gefängnisstrafen. Slánský wurde am 3. Dezember 1952 durch den Strang hingerichtet.

17 Über eine »Ausreiseklausel der sechsten Abteilung des tschechoslowakischen Innenministeriums« konnte nichts in Erfahrung gebracht werden.

18 Zum Hintergrund der Wirtschaftsbeziehungen zwischen der Schweiz und der ČSR sowie zum Charakter der Umgehungsgeschäfte siehe Christoph Späti: Die Schweiz und die Tschechoslowakei 1945–1953. Wirtschaftliche, politische und kulturelle Beziehungen im Polarisationsfeld des Ost-West-Konfliktes. Zürich 2001.

19 The Jews of Czechoslovakia. Historical Studies and Surveys, vol. I, New York 1968, S. 417. Joseph C. Pick, der Verfasser, geht in seinem Bericht »The Economy« auf keinen der Brüder namentlich ein;

im Namenregister (S. 581) werden jedoch Zdeněk Vogel und sein Bruder Richard Vogel genannt. Sie könnten die aktiveren der vier Brüder gewesen sein.

20 Wismut AG: Im Jahre 1947 als Sowjetische Aktiengesellschaft (SAG) gegründeter Konzern, der 1954 in die Sowjetisch-Deutsche Aktiengesellschaft Wismut (SDAG Wismut) mit fünfzigprozentiger Beteiligung der DDR umgewandelt wurde. Die SDAG Wismut förderte Uranerz für die sowjetische Atomwaffenproduktion und Atomindustrie, 1967 erreichte die Produktion ein Maximum von 7100 Tonnen Uran. Die Förderung wurde 1990 eingestellt; Ende 1991 ging die SDAG Wismut in die Wismut GmbH über.

21 Die USIA unterstand formal der sowjetischen Staatsplan-Behörde Gosplan in Moskau, die Betriebe wurden im Mai 1955 an Österreich zurückgegeben.

22 Zu Tichomirow: Schreiben der Stadtpolizei Zürich an das Kriminalkommissariat vom 22. Januar 1951, SBA C.12.45, E 4320 (B) 1984/29, Bd. 65; Tichomirow soll enge Handelsbeziehungen mit der Sowjetischen Aktiengesellschaft (SAG) unterhalten haben.

23 Dr. Peter Zenkl: Petr Zenkl, im Jahre 1945 »volkssozialistischer Politiker und Bürgermeister von Prag«, siehe Späti, a. a. O., S. 645.

24 Der Bulgare Boris Trifonow, in Zürich lebend, stand im Verdacht, mit östlichen Geheimdiensten zusammenzuarbeiten.

25 Schreiben vom 16. Januar 1951, SBA C.12.45, E 4320 (B) 1984/29, Bd. 65.

26 SBA C.16.7089, E 4320 (B) 1990/266, Bd. 340.

27 Zur Lage der Juden im Slowakischen Staat und zum Slowakischen Aufstand 1944 siehe Ladislav Lipscher: Die Juden im Slowakischen Staat 1939–1945. München 1980; Jehuda Bauer: Freikauf von Juden? Verhandlungen zwischen dem nationalsozialistischen Deutschland und jüdischen Repräsentanten von 1933 bis 1945. Frankfurt am Main 1996.

28 Arno Lustiger, »Helden, die man dem Vergessen entreißen muß«, *Frankfurter Allgemeine Zeitung*, 19. April 2003, S. 39.

29 Livni, a. a. O., S. 264.

30 »Eidesstattliche Erklärung« Cernaks in Oberursel vom 11. Dezember 1945: Er habe 1941 lediglich gehört, dass Juden nach Polen deportiert wurden; »Kenntnis von der Judenaktion« habe er erst seit September 1944; BAL Verschiedene Ordner 301 AAh, Band 115, Bild 304–305.

31 Siehe Yehuda Bauer: Flight and Rescue: Bricha. New York 1970.

32 Tavin, a. a. O., S. 96.

33 Vlamimir (Vlado) Clementis (1902–1952), führender slowakischer

Politiker im Londoner Exil, 1948 bis 1950 Außenminister der ČSR, am 3. Dezember 1952 durch den Strang hingerichtet.

34 Tavin, a. a. O., S. 154ff.

35 Bericht Walbaums vom 3. August 1961, StAM Stanw 21.057, Bl. 420–422.

36 Siehe Kapitel »Nous voulons vous parler, Fritz«.

37 Gnirs wies darauf hin, dass Israel die Festnahme der fünf Personen in Paris veranlasst hatte; StAM Stanw 21.057, Bl. 167.

38 Roger Wybot, Jahrgang 1912, hieß mit bürgerlichem Namen Roger Warin. Er war der erste Direktor des im November 1944 gegründeten Nachrichtendienstes DST. 1959 musste er die Leitung aufgrund politischer Differenzen an Gabriel Eriau abgeben.

39 StAM Stanw 21.057, Bl. 420–422.

40 Nach den erkennungsdienstlichen Fotos zu urteilen, zeigte der Leichnam Cernaks buchstäblich kein Gesicht mehr, BayHStA M Inn 91889.

41 Tavin, a. a. O., S. 65.

42 Friedl Weber, Mitarbeiter der Sicherungsgruppe seit der ersten Stunde, gab dies in einer launigen Rede aus Anlass des 20-jährigen Bestehens der SG im Juli 1971 bekannt. Unter dem Datum des 11. Januar 1952 berichtete Weber: »V-Mann im tschechischen ND berichtet über Attentatspläne gegen den Bundeskanzler. Zum gleichen Zeitpunkt berichtet Bankier Pferdmenges (Intimus des Bundeskanzlers Dr. Adenauer) über Vorhaben, den Wagen des Bundeskanzlers auf der engen Zufahrtsstraße nach Bonn zwischen Rhöndorf und Königswinter durch Lkw zu rammen. Gemeinsame Überlegungen zwischen Bundeskanzler und SG-Beamten über zu treffende Sicherheitsmaßnahmen, diese Art Anschläge zu verhüten.« Ansprachen zum 20-jährigen Bestehen der Sicherungsgruppe, Rede von Kriminaloberkommissar Fridolin Weber, S. 9f. – In seiner Ansprache findet sich auf S. 25/26 unter dem Stichwort »Eigenartige Verfahren« der Hinweis: »Die folgenden untypischen bzw. eigenartigen Verfahren von großer und größter Bedeutung wurden bearbeitet und aufgeklärt: Attentat auf BK Adenauer, Sprengstoffanschlag auf Wissenschaftler in Ägypten …« Es folgen neun weitere »bearbeitete und aufgeklärte« Fälle.

43 Ladislav Bittman war 1954 bis 1968 Mitarbeiter des StB und arbeitete vor allem in der Abteilung »D« (Desinformation).

44 Das Paket, das am 17. Mai 1957 eintraf, tötete die Ehefrau Trémeauds; Bittman, Geheimwaffe D, S. 23f.

45 Siehe Ladislav Bittman: Geheimwaffe D. Bern 1973, S. 29f.; ders.: Zum Tode verurteilt. Memoiren eines Spions. München 1981, S. 37.

46 Bericht von Weigel, 27. Januar 1959, StAM Stanw 21.057, Bl. 332 bis 336. Zu Palme siehe außerdem den Bericht von Gnirs, 18. November 1954, StAM Stanw 21.057, Bl. 231–238.

Letzte Fragen, einige Antworten
(Seite 257 bis 272)

1 *New York Times* (internationale Ausgabe), 21. September 1952, S. 14.
2 Eine Anfrage des Verfassers beim französischen DST über die Hintergründe der Ausweisung der fünf Israelis und zu Lutan bzw. Walter V. blieb, wie zu erwarten war, ohne Antwort.
3 Bericht von Gnirs vom 18. Januar 1954, StAM Stanw 21.057, Bl. 170–173.
4 Weymar, a. a. O., S. 645.
5 Zu Franz N., StAM Stanw 21.057, Teil 2 (blaue Paginierung), Bl. 64 bis 68.
6 Zu Jürgen Thorwald, StAM Stanw 21.057, Teil 2 (blaue Paginierung), Bl. 70, 72–74.
7 Verfügung vom 27. Oktober 1978, StAM Stanw 21.057, Teil 2 (blaue Paginierung), Bl. 453–455.
8 Nochmalige Vernehmung von Beyersdorf am 28. März 1952, Niederschrift von Schmitt, StAM Stanw 21.057, Bl. 177.
9 »Adenauer und das explosive Lexikon« von Johann Freudenreich, *Süddeutsche Zeitung* vom 4./5. September 1993, S. 47.
10 Hans Langemann: Das Attentat. Hamburg 1957.
11 Frank P. Heigl, Jürgen Saupe: Operation EVA. Die Affäre Langemann. Eine Dokumentation. Hamburg 1982.
12 *Konkret*, März 1982.
13 Heigl, a. a. O., S. 93 und 97.
14 Heigl, a. a. O., S. 141.
15 Heigl, a. a. O., S. 190.
16 Christian Zentner: Illustrierte Geschichte der Ära Adenauer. München 1984, S. 152.

Die Akteure und was aus ihnen wurde ...
(Seite 273 bis 282)

1 Schreiben vom 16. Januar 1964, StAM Stanw 21.057, Bl. 446–450.
2 Zu den Anschlägen auf die deutschen Wissenschaftler in Ägypten

siehe Michael Bar-Zohar: Die Jagd auf die deutschen Wissenschaftler (1944–1960), Berlin 1965, S. 280ff.; Deacon. a. a. O., S. 146ff.

3 Eggert Blum: »Ein Nazi hat sich hochgearbeitet«, *Die Weltwoche*, Zürich, 4. 6. 1998, S. 9.

4 Einiges zu den Vorwürfen ist enthalten in BayHStA M Inn 91893.

5 »Heldenruhm für zwei – doch glücklich wurde nur einer«, *Quick*, Ende März 1977.

6 Yaakov Amrami: Practical Bibliography: Nili, »Brit Habiryonim«, The Irgun Zvai Leumi, Lohamey Herut Israel. Tel Aviv 1975 (hebr.).

7 Zu Lutan siehe www.freeman.org/nimrod.htm.

8 Mitteilung von Yechiam Weitz, Historiker der Universität Haifa, der die Gründung der Cheruth-Partei erforschte, gegenüber dem Verfasser.

9 Bell, a. a. O., S. 349.

10 Das Foto ist abgedruckt in Tavin, a. a. O., S. 241.

11 Necenzurovane Noviny (»Rudé Krávo«), herausgegeben von Petr Cibulka, Bratislava, Jahrgang 2, 1992, Nr. 13, 14 und 15.

12 Schreiben vom 21. Juni 1957, SBA C.16.7089, E 4320 (B) 1990/266, Bd. 340.

Glossar

Abwehr
eigentlich »Amt Ausland/Abwehr«, Geheimdienst des Oberkommandos der Wehrmacht unter Leitung von Admiral Wilhelm Canaris

AHK
Alliierte Hohe Kommission, von 1949 bis 1955 bestehendes, oberstes gemeinsames Kontrollorgan der drei Westmächte (USA, Großbritannien, Frankreich) für die Bundesrepublik Deutschland

AJDC
American Joint Distribution Committee, meist nur »Joint« genannt, dt.: Gemeinsamer amerikanischer Verteilungsausschuss, 1914 in den USA gegründete Hilfsorganisation zur Unterstützung der jüdischen Opfer des Ersten Weltkrieges, seit dem Zweiten Weltkrieg internationale Zentralorganisation der jüdischen Wohlfahrtsverbände

Aliyah B
auch Aliyah Bet, illegale Einwanderung von Juden in das britische Mandatsgebiet

AP
Associated Press, amerikanische Nachrichtenagentur

Betar
Kurzname für »Brit Joseph Trumpeldor« (Brit = Bund), 1923 gegründete zionistische Jugendorganisation, benannt zu Ehren des jüdischen Offiziers der zaristischen Armee Joseph Trumpeldor (1880–1920); schloss sich den Revisionisten an; aus ihr rekrutierten sich die meisten Irgun-Aktivisten, bis heute existent

BfV
Bundesamt für Verfassungsschutz, 1950 in Köln geschaffen

BKA
Bundeskriminalamt, gegründet gemäß dem Gesetz über das Bundeskriminalamt vom 8. März 1951

BLKA
Bayerisches Landeskriminalamt, Voraussetzung der Gründung war das Polizeiorganisationsgesetz vom 1. November 1952

BND
Bundesnachrichtendienst, hervorgegangen aus der »Organisation Gehlen«, die Ende 1946 in Oberursel gegründet wurde und den Vereinigten Staaten unterstand, Mitte 1947 nach Pullach umzog und im April 1956 von der Bundesrepublik als Bundesnachrichtendienst übernommen wurde

Bricha
dt.: Flucht; jüdische Fluchthilfeorganisation

Cheruth
dt.: Freiheit, im Sommer 1948 von Menachem Begin und einigen seiner Irgun-Kommandeure gegründete, revisionistisch-zionistische Partei, besteht innerhalb des Likud-Blocks bis heute

CIA
Central Intelligence Agency, Auslands-Geheimdienst der Vereinigten Staaten, 1947 gegründet als Nachfolge-Organisation des OSS

CIC
Counter Intelligence Corps, der militärische Geheimdienst der USA, bestand 1945 bis 1965

CID
Criminal Investigation Department, die Kriminalpolizei von Scotland Yard

Claims Conference
eigentlich: Conference on Jewish Claims Against Germany, im Oktober 1951 gegründeter Interessenverband von 22 jüdischen Organisationen zur Durchsetzung von Wiedergutmachungsansprüchen gegenüber Deutschland

ČSR
Československá Republika, Tschechoslowakische Republik, bestand 1918 bis 1939, 1945 bis – formal – 1960

ČSSR
Československá Socialistická Republika, Tschechoslowakische Sozialistische Republik, bestand 1960 bis 1989

Delek
dt.: Treibstoff; Nachrichtendienst des Irgun Zwai Leumi, 1948 aufgelöst

DFB
Deutsches Fahndungsbuch, herausgegeben vom BKA

DP
»Displaced Person«: durch den Zweiten Weltkrieg entwurzelte Personen, meist ehemalige Insassen von Konzentrationslagern, Zwangsarbeiter und Flüchtlinge

DST
Direction de Surveillance du Territoire, der Zentrale Nachrichtendienst Frankreichs, wurde im November 1944 gegründet und ist zuständig für Spionageabwehr und Gegenspionage

EA
Ermittlungsabteilung

ETZEL
siehe Irgun

FBI
Federal Bureau of Investigation, 1908 gegründete Bundeskriminalpolizei der USA, auch tätig in der Spionage- und Sabotageabwehr sowie im Staatsschutz

Gestapo
Geheime Staatspolizei

Haganah
dt.: Verteidigung; 1920 von Wladimir Jabotinsky gegründete militärische Organisation der Juden im britischen Mandat Palästina, die den Schutz der jüdischen Siedlungen übernahm, unterstand der Jewish Agency, Stärke 1948: rund 100 000 Mann, ging bei der Gründung des Staates Israel 1948 in der israelischen Armee auf

HSSPF
Höchster SS- und Polizeiführer

IKPO
Internationale Kriminalpolizeiliche Organisation – Interpol

Irgun
Irgun Zwai Leumi, auch IZL oder Etzel genannt, dt.: Nationale Militär-Organisation, zionistisch-revisionistische Untergrundorganisation, 1931 von Wladimir Jabotinsky gegründet, ab 1943 unter dem Kommando von Menachem Begin, 1948 offiziell aufgelöst; der Irgun in Europa existierte bis Januar 1949

IRO
International Refugee Organization, dt.: Internationale Flüchtlingsorganisation, 1947 gegründete Organisation zur Betreuung der der UNO unterstellten Flüchtlinge und »Displaced Persons«, Ende 1951 aufgelöst

IZL
siehe Irgun

Jewish Agency for Palestine
auch »Jewish Agency«, hebräisch: Sochnut, Repräsentant des jüdischen Volkes im britischen Mandatsgebiet, als politische Körperschaft vom Völkerbund anerkannt

KK
Kriminalkommissar

KKA
Kriminalkommissaranwärter

KPABrZ
Kriminalpolizeiamt der Britischen Zone, in Hamburg angesiedelt, ging Ende Oktober 1951 im BKA als »Bundeskriminalamt Hamburg« auf, Mitte 1952 nach Wiesbaden verlegt

KPČ
Kommunistische Partei der Tschechoslowakei

KPS
Kommunistische Partei der Slowakei

KR
Kriminalrat

LEA

Landeserkennungsamt, im Mai 1946 gegründet, Vorgänger des BLKA

Lehi

Lohamei Herut Israel, auch LHI, »Lechi«, »Stern-Gruppe« oder Stern-Bande« genannt; zionistisch-revisionistische Untergrundorganisation, die Ende der dreißiger Jahre von Avraham Stern als linke Abspaltung des Irgun Zwai Leumi gegründet wurde, 1948 aufgelöst

LHI

siehe Lehi

Mapai

Miflegeth Poale Erez Jsrael, dt.: Israelische Arbeiterpartei, dominierende politische Kraft der Jewish Agency unter Führung von David Ben Gurion, bestimmte nach 1948 für lange Zeit die israelische Politik

Mossad

ursprünglich der Auslands-Geheimdienst der Haganah; israelischer Auslands-Geheimdienst, dt.: »Institut«, offiziell neugegründet im März 1951, Leiter: Reuven Shiloah (bis September 1952), Isser Harel (September 1952 bis 1963); 1952 bis 1953 war der Mossad noch voll und ganz mit seiner Umstrukturierung beschäftigt

ND

Nachrichtendienst, Geheimdienst

NKWD

Narodny Komissariat Wnutrennich Del, dt.: Volkskommissariat des Inneren, später Ministerium des Inneren in der Sowjetunion; da dem Volkskommissariat des Inneren von 1934 bis 1943 der sowjetische Geheimdienst unterstellt war, steht »NKWD« meist für diesen Dienst

NSDAP

Nationalsozialistische Deutsche Arbeiter-Partei

OSS

Office of Strategic Services; 1942 gegründeter Geheimdienst der USA, Vorläufer der CIA

Palmach

Palugot Machaz, dt.: Stoßtruppen, Elite-Verband der Haganah, ging 1948 in der israelischen Armee auf

Pg.
Parteigenosse der NSDAP

POG
Gesetz über die Organisation der Polizei in Bayern vom 1.11.1952, auch: Polizeiorganisationsgesetz

RKPA
Reichskriminalpolizeiamt, Teil des RSHA

RSHA
Reichssicherheitshauptamt

SA
Sturmabteilung der NSDAP

SD
Sicherheitsdienst, Geheimdienst der SS, Teil des RSHA

SG
Sicherungsgruppe des BKA, gegründet am 16. September 1950, einsatzbereit am 15. Mai 1951, existiert bis heute in Meckenheim-Merl und Berlin

Shin Beth
Sheruth Bitakhon, dt.: Sicherheitsdienst, israelischer Inlands-Geheimdienst, zu dessen Aufgaben auch Gegen- und Militärspionage gehören, 1949 gegründet

Sipo
Sicherheitspolizei (Gestapo, Kripo und SD), Teil des RSHA

SS
Schutzstaffel

StB
Státní Bezpečnost, der tschechoslowakische Geheimdienst

Sûreté Nationale
der nationale Sicherheitsdienst Frankreichs

SVP
Slowakische Volkspartei

TNT
Trinitrotoluol, Trotyl; Plastiksprengstoff

UK, u. k.
unabkömmlich gestellt; jemand mit »UK-Stellung« wurde im Dritten Reich nicht zum Militär eingezogen

UNRRA
United Nations Relief and Rehabilitation Administration, 1943 in den USA gegründete, 1945 von der UNO übernommene Hilfsorganisation zur Unterstützung der »Displaced Persons«, 1947 aufgelöst, Nachfolgeorganisation war die IRO

UPI
United Press International, amerikanische Nachrichtenagentur

USIA
Uprawlenie Sowetskowo Imuschtschestwa w Awstrii, dt.: Verwaltungsstelle für sowjetisches Eigentum in Österreich; Besatzungsbehörde in Österreich, die ehemals deutsche Firmen verwaltete

V-Mann
Vertrauensmann, Verbindungsmann

Wismut AG
1947 als Sowjetische Aktiengesellschaft (SAG) gegründeter Konzern, 1954 umgewandelt in die Sowjetisch-Deutsche Aktiengesellschaft Wismut (SDAG Wismut), förderte Uranerz für die sowjetische Atomwaffenproduktion und Atomindustrie

Zentralamt
Kurzname für »Zentralamt für Kriminalidentifizierung und Polizeistatistik des Landes Bayern«, den Vorläufer des BLKA

Quellen

Archive

BAK   Bundesarchiv Koblenz

BAL   Bundesarchiv – Außenstelle Ludwigsburg

BayHStA Bayerisches Hauptstaatsarchiv München

GBB   Gedenkstätte Bergen-Belsen

PRO   Public Record Office London

SBA   Schweizerisches Bundesarchiv Bern

StAM   Staatsarchiv München, Stiftung Bundeskanzler-Adenauer-Haus Rhöndorf, Konrad-Adenauer-Stiftung Sankt Augustin

Zeitungen

Abendzeitung – France Soir – Frankfurter Allgemeine Zeitung – Hamburger Abendblatt – Münchner Merkur – New York Times – Süddeutsche Zeitung

Zeitschriften

Allgemeine Wochenzeitung der Juden in Deutschland – Quick – Der Spiegel – Stern

Internet

Zum Irgun Zwai Leumi:

      www.etzel.org – www.etzel.org.il/english – www.etzel.org.il/english/people

Zu Lutan:

      www.freeman.org/nimrod.htm

Zur Knesset:

      www.knesset.gov.il/index.html – www.knesset.gov.il/main/eng/home/asp

Literatur

Albrich, Thomas: Exodus durch Österreich. Die jüdischen Flüchtlinge 1945–1948. Innsbruck 1987

Albrich, Thomas: Fluchtwege durch Österreich. In: Überlebt und unterwegs. Jüdische Displaced Persons im Nachkriegsdeutschland. Herausgegeben vom Fritz-Bauer-Institut, Jahrbuch 1997 zur Geschichte und Wirkung des Holocaust. Frankfurt am Main/New York 1997, S. 207–227

Albrich, Thomas (Hg.): Flucht nach Eretz Israel. Die Bricha und der jüdische Exodus durch Österreich nach 1945. Innsbruck 1998

Amrami, Yaakov: Practical Bibliography: Nili, »Brit Habiryonim«, The Irgun Zvai Leumi, Lohamey Herut Israel. Tel Aviv 1975 (hebr.)

Arlt, Erika: Die jüdischen Gedenkstätten Tröbitz, Wildgrube, Langennaundorf und Schilda im Landkreis Elbe-Elster. Herausgegeben vom Kulturamt des Landkreises Elbe-Elster. Herzberg o. J.

Banach, Jens: Heydrichs Elite. Das Führerkorps der Sicherheitspolizei und des SD 1936–1945. Paderborn 1998

Bar-Zohar, Michael: Die Jagd auf die deutschen Wissenschaftler (1944 bis 1960). Berlin 1965 (Originaltitel: »La chasse aux savants allemands«)

Bar-Zohar, Michael: The Avengers. London 1968 (Übersetzung aus dem Französischen)

Bauer, Yehuda: The Initial Organization of the Holocaust Survivors in Bavaria. In: Yad Vashem Studies, Band VIII, 1970, S. 127–157

Bauer, Yehuda: Flight and Rescue: Bricha. New York 1970

Bauer, Yehuda: Freikauf von Juden? Verhandlungen zwischen dem nationalsozialistischen Deutschland und jüdischen Repräsentanten von 1933 bis 1945. Frankfurt am Main 1996

Begin, Menachem: The Revolt. London 1951

Bell, J. Bowyer: Terror out of Zion. Irgun Zvai Leumi, LEHI, and the Palestine Underground, 1929–1949. New York 1977

Ben-Ami, Yitshaq: Years of Wrath, Days of Glory. Memoirs from the Irgun. New York 1982

Bittman, Ladislav: Geheimwaffe D. Bern 1973

Bittman, Ladislav: Zum Tode verurteilt. Memoiren eines Spions. München 1981

Black, Ian; Morris, Benny: Israel's Secret Wars. The Untold History of Israeli Intelligence. London 1991

Black, Ian; Morris, Benny: Mossad. Heidelberg 1994

Böhm, Franz: Das deutsch-israelische Abkommen 1952. In: Konrad Adenauer und seine Zeit. Politik und Persönlichkeit des ersten Bun-

deskanzlers. Beiträge von Weg- und Zeitgenossen. Hg. von Dieter
Blumenwitz u. a. Stuttgart 1976, S. 437–465

Buchheit, Gert: Die anonyme Macht. Aufgaben, Methoden, Erfahrungen der Geheimdienste. Frankfurt am Main 1969

Deacon, Richard: The Israeli Secret Service. London 1977

Deutsches Fahndungsbuch. Herausgegeben vom Bundeskriminalamt,
Hamburg und Wiesbaden, ab 1951, monatlich

Dietl, Wilhelm: Die BKA-Story. München 2000

Dillinger, Fritz: Das Bayerische Landeskriminalamt im Spiegel der Zeit
1946–1996. Herausgegeben vom Bayerischen Landeskriminalamt,
München 1996

Eck, Nathan: The Rescue of Jews with the Aid of Passports and Citizenship Papers of Latin American States. In: Yad Vashem Studies I, Jerusalem 1957, S. 12–152

Eisenberg, Dennis; Dan, Uri; Landau, Eli: The Mossad – Inside Stories.
Israel's Secret Intelligence Service. New York 1978

Encyclopaedia Judaica. Das Judentum in Geschichte und Gegenwart.
Berlin 1928–1934

Encyclopaedia Judaica. Jerusalem 1971–72

Frank, Paul: Entschlüsselte Botschaft. Ein Diplomat macht Inventur.
Stuttgart 1981 (2. Auflage)

Freudenreich, Johann: Es geschah in dieser Stadt. Münchens dienst-
ältester Kriminalreporter blickt zurück. München 1994

Gold, Hugo: Geschichte der Juden in der Bukowina. 2 Bände, Tel Aviv
1958 und 1962

Goldmann, Nahum: Adenauer und das jüdische Volk. In: Konrad Adenauer und seine Zeit. Politik und Persönlichkeit des ersten Bundeskanzlers. Beiträge von Weg- und Zeitgenossen. Hg. von Dieter Blumenwitz u. a. Stuttgart 1976, S. 427–436

Goldmann, Nahum: Mein Leben als deutscher Jude, München 1980

Gordon, Thomas: Die Mossad-Akte. Israels Geheimdienst und seine
Schattenkrieger. München 1999

Gross, Jan: Und wehe du hoffst ... Die Sowjetisierung Ostpolens nach
dem Hitler-Stalin-Pakt 1939–1941. Freiburg i. Br. 1988

Gutman, Israel (Hg.): Enzyklopädie des Holocaust. Die Verfolgung
und Ermordung der europäischen Juden. 3 Bände, München 1998
(2. Auflage)

Hachmeister, Lutz; Siering, Friedemann (Hg.): Die Herren Journalisten.
Die Elite der deutschen Presse nach 1945. München 2002

Hansen, Niels: Aus dem Schatten der Katastrophe. Die deutsch-israelischen Beziehungen in der Ära Adenauer und David Ben-Gurion.
Düsseldorf 2002

Hausenstein, Wilhelm: Pariser Erinnerungen. Aus fünf Jahren diplomatischen Dienstes 1950–1955. München 1961

Heigl, Frank P.; Saupe, Jürgen: Operation EVA. Die Affäre Langemann. Eine Dokumentation. Hamburg 1982

Herman, Edward S.; O'Sullivan, Gerry: The Terrorism Industry. The Experts and Institutions That Shape Our View of Terror. New York 1989

Hurewitz, Jakob Coleman: Struggle for Palestine. New York 1968 (Reprint)

Jacobmeyer, Wolfgang: Vom Zwangsarbeiter zum Heimatlosen Ausländer. Die Displaced Persons in Westdeutschland 1945–1951. Göttingen 1985

Jacobmeyer, Wolfgang: Die Lager der jüdischen Displaced Persons in den deutschen Westzonen 1946/47 als Ort jüdischer Selbstvergewisserung. In: Brumlik, Micha (Hg.): Jüdisches Leben in Deutschland seit 1945, Frankfurt am Main 1986, S. 31–48

Jena, Kai von: Versöhnung mit Israel? Die deutsch-israelischen Verhandlungen bis zum Wiedergutmachungsabkommen von 1952. In: Vierteljahreshefte für Zeitgeschichte, 34. Jahrgang, 4. Heft (1986), S. 457–480

Jewrejskaja Enziklopedija. Redakteur: L. Kazenelson. St. Petersburg o. J.

The Jews of Czechoslovakia. Historical Studies and Surveys, Band I, New York 1968

Jüdische Schicksale. Berichte von Verfolgten. Hg. vom Dokumentationsarchiv des österreichischen Widerstandes. Wien 1992

Jüdisches Lexikon. Ein enzyklopädisches Handbuch des jüdischen Wissens. 4 Bände, Berlin 1927–1930, Nachdruck Königstein/Ts. 1992

Die Kabinettsprotokolle der Bundesregierung. Band 5: 1952. Boppard a. Rh. 1989

Katz, Samuel: Tage des Feuers. Das Geheimnis der Irgun. Hg. u. eingeleitet von Harald Vocke. Königstein/Ts. 1981

Kolb, Eberhard: Bergen-Belsen. Geschichte des »Aufenthaltslagers« 1943–1945. Hannover 1962

Kolb, Eberhard: Bergen-Belsen 1933–1945. Vom »Aufenthaltslager« zum Konzentrationslager 1943–1945. Göttingen 1985 (6. Auflage 2002)

Köhler, Henning: Adenauer. Eine politische Biographie. Frankfurt am Main 1994

Köhler, Otto: Rudolf Augstein. Ein Leben für Deutschland. München 2002

Königseder, Angelika; Wetzel, Juliane: Lebensmut im Wartesaal. Die jüdischen DPs im Nachkriegsdeutschland. Frankfurt am Main 1994

Krekel, Michael: Wiedergutmachung. Das Luxemburger Abkommen vom 10. September 1952. Rhöndorfer Hefte. Publikationen zur Zeitgeschichte

Kroll, Frank-Lothar: Deutschlands Weg nach Europa. Der Wiederaufbau des Auswärtigen Dienstes und die Errichtung deutscher Generalkonsultae in Paris und London 1950. In: Historische Mitteilungen 3/1990, Heft 2, S. 161–180

Langemann, Hans: Das Attentat. Hamburg 1957

Lankin, Eliyahu: The Story of Altalena. Israel 1967. Israel 1974 (3. Auflage; hebr.)

Laske, Karl: Ein Leben zwischen Hitler und Carlos: François Genoud. Zürich 1996

Lipscher, Ladislav: Die Juden im Slowakischen Staat 1939–1945. München 1980

Livni, Eitan: I.Z.L. – Operations and Underground (Memories). Jerusalem 1987 (hebr.)

Lustiger, Arno: Zum Kampf auf Leben und Tod! Das Buch der Juden 1933–1945. Köln 1994

Mitteilungen des Presse- und Informationsamtes der Bundesregierung. Jahrgang 1951, 1952

Nachama, Andreas; Schoeps, Julius H. (Hg.): Aufbau nach dem Untergang. Deutsch-jüdische Geschichte nach 1945. Berlin 1992

Niv, David: Battle for Freedom. The Irgun Zvai Leumi. 2 Bände, Tel Aviv 1965 (hebr.)

Oberhammer, Katrin: Saalfelden – Gnadenwald – Meran. Mit der Bricha durch die französische Zone nach Südtirol, S. 214. In: Thomas Albrich (Hg.): Flucht nach Eretz Israel. Die Bricha und der jüdische Exodus durch Österreich nach 1945. Innsbruck 1998, S. 199–224

Örtliches Fernsprechbuch München: Ausgaben 1946, 1948, 1949 (München); 1952, 1953, 1954, 1955 (München und Oberbayern); 1956/57 (München); 1956/57, 1957/58, 1958/59, 1959/60, 1960/61 (München und Oberbayern)

Orland, Nachum: Israels Revisionisten. Die geistigen Väter Menachem Begins. München 1978

Orland, Nachum: Die Cherut. Analyse einer rechtsorientierten israelischen Partei. München 1983

Orland, Nachum: Deutsch-israelische Beziehungen. Verständigung, Versöhnung und die Schatten der Vergangenheit. In: Nachama, Andreas; Schoeps, Julius H. (Hg.): Aufbau nach dem Untergang. Deutsch-jüdische Geschichte nach 1945. Berlin 1992. S. 355 bis 361

Orland, Nachum: Cherut-Gachal-Likud 1965 bis 1977. Begins Weg zur Macht. Frankfurt am Main 1994

Osterheld, Horst: Konrad Adenauer. Ein Charakterbild. Bonn 1973 (3. Auflage 1974)

Ostrowsky, Viktor; Hoy, Claire: Mossad. Ein Ex-Agent enthüllt Aktionen und Methoden des israelischen Geheimdienstes. Hamburg 1992

Piekalkiewicz, Janusz: Israels langer Arm. Geschichte der israelischen Geheimdienste und Kommandounternehmen. Frankfurt am Main 1975

Philo-Lexikon. Handbuch des jüdischen Wissens. Königstein 1982

Pohl, Dieter: Nationalsozialistische Judenverfolgung in Ostgalizien 1941 bis 1944. Organisation und Durchführung eines staatlichen Massenverbrechens. München 1996

Pohl, Hans-Joachim: Der verlorene Transport. In: Verkehrsgeschichtliche Blätter. Berlin, 25. Jahrgang (1998), Heft 5, S. 120–124

Polizeireport München 1799–1999. Herausgegeben von Michael Farin. Katalog der gleichnamigen Ausstellung im Stadtmuseum München 23. 4. – 22. 8. 1999

Prante, Helmut: Paul Dickopf oder Die Gründungsgeschichte des Bundeskriminalamtes. Versuch einer Lebensbeschreibung aufgrund von Selbstzeugnissen, Briefen und Berichten. Eine zeitgeschichtliche Studie. Zusammengestellt von Helmut Prante (unveröffentlicht); Bd. 1: Zweite berichtigte und ergänzte Fassung, Wiesbaden 1976/77; Bd. 2: Dritte berichtigte und ergänzte Fassung, Wiesbaden 1976/79

Prittie, Terence: Konrad Adenauer. Vier Epochen deutscher Geschichte. Stuttgart 1971

Rath, Ari: Die historischen Begegnungen der beiden großen Staatsmänner Konrad Adenauer und David Ben-Gurion – New York, März 1960, und Israel, Mai 1966. In: Recht und Wahrheit bringen Frieden. Festschrift aus Israel für Niels Hansen. Hg. von Shmuel Bahagon. Gerlingen 1994, S. 214–219

Reitlinger, Gerald: Die Endlösung. Hitlers Versuch der Ausrottung der Juden Europas 1939–1945. Berlin 1960

Rosenkranz, Herbert: Verfolgung und Selbstbehauptung. Die Juden in Österreich 1938–1945. Wien 1978

Sandkühler, Thomas: »Endlösung« in Galizien. Der Judenmord in Ostpolen und die Rettungsinitiativen von Berthold Beitz 1941–1944. Bonn 1996

Schenk, Dieter: Auf dem rechten Auge blind. Die braunen Wurzeln des BKA. Köln 2001

Schultz, Uwe: Große Verschwörungen. Staatsstreich und Tyrannensturz von der Antike bis zur Gegenwart. München 1998

Schwarz, Hans-Peter: Die Ära Adenauer (1949–1957). Stuttgart 1983

Schwarz, Hans-Peter: Adenauer. Der Aufstieg: 1876–1952. Stuttgart 1986

Seifert, Jürgen (Hg.): Die Spiegel-Affäre. Olten 1966, Band I: Die Staatsmacht und ihre Kontrolle. Herausgegeben von Alfred Grosser und Jürgen Seifert

Shinnar, Felix A.: Bericht eines Beauftragten. Die deutsch-israelischen Beziehungen 1951–1966. Tübingen 1967

Snopkowski, Simon: Zuversicht trotz allem. Erinnerungen eines Überlebenden in Deutschland. München 2000

Späti, Christoph: Die Schweiz und die Tschechoslowakei 1945–1953. Wirtschaftliche, politische und kulturelle Beziehungen im Polarisationsfeld des Ost-West-Konfliktes. Zürich 2001

Stadtadreßbuch München: Ausgaben 1947, 1950, 1952, 1954, 1955, 1956, 1957, 1959, 1960

Talos, Emmerich; Hanisch, Ernst; Neugebauer, Wolfgang: NS-Herrschaft in Österreich 1938–1945. Wien 1988

Tavin, Ely L. (?): The Political and Military Struggle of the Irgun Zwai Leumi in Europe (Jan. 1946 – Jan. 1949), Hebrew University Jerusalem (o. Jahr; Promotionsschrift)

Tavin, Eli: The Attack on the British Embassy in Rome, in: Ha'uma, Tel Aviv, June 1971 (hebr.)

Tavin, Ely L.: The Second Front. The Irgun Zvai Leumi in Europe 1946–1948. Tel Aviv 1973 (hebr.; Überarbeitung der Promotionsschrift)

Tavin, Eli; Alexander, Yonah (Hg.): Psychological Warfare and Propaganda. Irgun Documentation. Wilmington, Del., 1982

Tavin, Eli; Alexander, Yonah (Hg.): Terrorists or Freedom Fighters. Fairfax, Va., 1986

Tavin, Ely; Alexander, Yonah; Neeman, Yuval (Hg.): Terrorism: Future Trends. Analysis of Terrorist Warfare in the World Arena, and how to fight back. Washington, D. C., 1991 (Auswahl von Unterlagen einer Tagung zum Thema »Terrorism: Future Trends« der Universität Tel Aviv, 4. 8. 1988)

Tessler, Mark: A History of the Israeli-Palestinian Conflict. Bloomington 1994

Tobias, Jim G.; Zinke, Peter: Nakam – Jüdische Rache an NS-Tätern. Hamburg 2000

Ulfkotte, Udo: Verschlußsache BND. München 1998

Uthmann, Jörg von: Attentat. Mord mit gutem Gewissen. Berlin 1996

Verzeichnis der Dipolmatischen Vertretungen der Bundesrepublik Deutschland. Herausgegeben vom Auswärtigen Amt. Bonn 1954

Vogel, Rolf (Hg.): Deutschlands Weg nach Israel. Eine Dokumentation. Stuttgart 1967

Vogel, Rolf (Hg.): Der deutsch-israelische Dialog. Dokumentation eines erregenden Kapitels deutscher Außenpolitik. Teil 1: Politik, Band 1, München 1987

Wagner, Patrick: Ehemalige SS-Männer am »Schilderhäuschen der Demokratie«? Die Affäre um das Bundesamt für Verfassungsschutz 1963/64. In: Gerhard Fürmetz, Herbert Reinke, Klaus Weinhauer (Hg.): Nachkriegspolizei. Sicherheit und Ordnung in Ost- und Westdeutschland 1945–1969. Hamburg 2001

Wagner, Patrick: Die Resozialisierung der NS-Kriminalisten. In: Ulrich Herbert (Hg.): Wandlungsprozesse in Westdeutschland. Belastung, Integration, Liberalisierung 1945–1980. Göttingen 2002, S. 179 bis 213

Wagnleitner, Reinhold (Hg.): Understanding Austria. The Political Reports and Analyses of Martin F. Herz, Political Officer of the US Legation in Vienna 1945–48. Salzburg 1984

Weitz, Yechiam: From Military Underground to a Political Party: The Founding of the Herut Movement 1947–1949. S'de Boker 2002 (hebr.)

Wenck, Alexandra-Eileen: Zwischen Menschenhandel und »Endlösung«: Das Konzentrationslager Bergen-Belsen. Paderborn 2000

Wetzel, Juliane: Jüdisches Leben in München 1945–1951. Durchgangsstation oder Wiederaufbau? München 1987

Weymar, Paul: Konrad Adenauer. Die autorisierte Biographie. München 1955

Wildt, Michael: Generation des Unbedingten. Das Führungskorps des Reichssicherheitshauptamtes. Hamburg 2002

Wolffsohn, Michael: Das deutsch-israelische Wiedergutmachungsabkommen von 1952 im internationalen Zusammenhang. In: Vierteljahreshefte für Zeitgeschichte, 36. Jahrgang, 4. Heft (Oktober 1988), S. 691–731

Zadka, Saul: Blood in Zion. How the Jewish Guerrillas drove the British out of Palestine. London 1995

Zentner, Christian: Illustrierte Geschichte der Ära Adenauer. München 1984

Zittel, Bernhard: Die UNRRA-Universität in München 1945–1947. In: Archivalische Zeitschrift, Band 75, Köln 1979, S. 281–301

Namenverzeichnis

Alias-Namen, Decknamen, Kurznamen und Pseudonyme

Jakov (Yaakov) Amrami
  Isarov Amrami – Joel Eilberg –
  »Joe« – »Sika«

Jakov (Yaakov) Farshtej
  »Eli« – Eliezer – Dr. Jerusalmi –
  Natan Jevkowicz – Orbach –
  Pesach – Rimer – Ely L. (Eli)
  Tavin – Jakov (Yaakov) Eliezer
  Tavin – Tomi – David Witten –
  Wittlin und andere

Hermann Goldberg*)
  Olmar Landberg – Elmer Sundberg

David Grosburd (Groszbard)
  »David« – Ruwen (Reuven) –
  Amazia

»Palme« (Deckname)
  Klarname nicht bekannt

Ricardo-Strate (?) Grünblatt
  meist: Ricardo-Strate Constantinescu; fälschlich: Rudolf Abramovici

Ychiel Kadischai
  »Simon«

Josef K.
  Balvket; im Deutschen Fahndungsbuch fälschlich: Balveket

Eliyahu Lankin
  »Benjamin«

Dov Lutan (fälschlich: Liothan)
  »Alfred« – »Dan« – Jakov
  Lutan (Luthan) – Jakov Hewel –
  Dan Nimrod – Ben Josef Dov –
  »Louis« und andere

Boruch Sakin
  meist: Gideon Abramowicz –
  Ber Wilenczyk

Menachem Spiegler
  »Julek« – Benor

Eliezer Sudit
  Eliezer Sudit-Scharon –
  »Kabtzan«

Walter V.
  Pelat – der »slowakische Emigrant« – der »V-Mann«

Bildnachweis

Abendzeitung vom 29. März 1952: 31

Archiv für Kunst und Geschichte, Berlin: 229

Archiv Henning Sietz: 20, 23, 25, 29, 31 (unten), 37, 46, 91, 93 (unten)

Bayerisches Hauptstaatsarchiv München, BayHStA M Inn 91892:
51

Bayerisches Hauptstaatsarchiv München, BayHStA M Inn 91891:
93 (oben)

DIZ Dokumentations- und Informationszentrum, München:
116, 151, 187

Deutsche Presse-Agentur, Hamburg: 35, 66, 115, 278

Interfoto, München: 173

Privatbesitz Erika Arlt: 153

Privatbesitz Werner Breitschopp: 33, 45

Staatsarchiv München, StAM Stanw 21.057: 205 (oben und unten)

ullsteinbild, Berlin: 19, 60, 77, 79, 105, 133, 231, 263, 276

Die übrigen Bilder stammen aus folgenden Büchern:

Ely L. Tavin, The Second Front. The Irgun Zvai Leumi in Europe
1946–1948, Tel Aviv 1973: 259, 281

Eliyahu Lankin, The Story of Altalena, Israel 1967 (3. Auflage 1974):
211